ワードマップ

現代形而上学

分析哲学が問う、人・因果・存在の謎

鈴木生郎・秋葉剛史
谷川 卓・倉田 剛

新曜社

現代形而上学——目次

装幀＝加藤光太郎

序章　現代形而上学とは何か

0-1

現代哲学の一分野としての形而上学

形而上学とは、古代ギリシア以来の伝統をもつ哲学の一分野である。[1] 誤解を恐れずに単純化して言えば、形而上学が研究対象とするのは、**この世界の基礎的なあり方**である。（ここで言う世界とは、地球上に存在する事物だけでなく、おおよそ存在するあらゆるものを含む全体のことである。）この世界の基礎的なあり方を統一的、整合的に理解しようとするとき、私たちは様々な哲学的問題に直面する。それらの問題を解決し、この世界についての正しい哲学的理解に至ることが、形而上学の目的にほかならない。そして、世界の基礎的なあり方を探求する形而上学は、哲学の長い歴史の中でその課題を少しずつ変化させながらも、私たちが世界について何らかの知識をもつとはどのようなことかを問う**認識論**（**知識論**）や、世界のうちで私たちや物事がどうあるべきかといった問題を扱う**倫理学**（**価値論**）といった分野と並んで、哲学の中心分野でありつづけてきた。[2]

本書は、こうした形而上学の歴史におけるごく最近の試み――とくに「**分析哲学**」と呼ばれる現代哲学の一潮流において発展してきた、**現代形而上学**についての入門書

[1] 「形而上学（メタフィジックス metaphysics）」という分野の名前は、古代ギリシアの哲学者アリストテレスの著作の（後世における）呼び名に由来する。この言葉は、そもそもはアリストテレスの著作が後にまとめられた際の著作の順番を表わすものだった（アリストテレスの著作である『自然学（フィジックス）』に「後続する（メタ）」著作という意味であった）が、さらに時代が下るにつれて、そこで扱われていた問題を扱う分野そのものを表わすようになった。

[2] 哲学は、形而上学、認識論、倫理学、美学といった分野の他に、言語哲学、心の哲学、科学哲学、法哲学、宗教哲学といった特定のトピックに関する分野も含んでいる。また、哲学史研究や過去の哲学者の思想の解明も哲学の重要な課題である。

である。(この点で、本書が扱う現代形而上学は、「分析(的)形而上学」と呼ばれることもある。)この分野の特色は、分析哲学において整備された論理的手法を用いて、古典的な形而上学的問題にまっすぐ切り込んでいく点にある。つまり、過去の哲学者たちが形而上学的問題にどう取り組んできたかを明らかにする歴史的なアプローチではなく、形而上学的問題にできるかぎり明確な解答を与える問題解決的アプローチを重視するのである。[3] 本書は、こうした現代形而上学の試みを、細かな論理的手法の解説は最小限にとどめながら、できるかぎりわかりやすく提示することを目指している。同時に、形而上学的問題を直接的に考えることの楽しさを伝えることや、現代形而上学に興味をもった読者がさらに勉強を進めるための手引きとなることも本書の重要な目標である。

とはいえ、多くの読者にとって「形而上学」という言葉は、単に馴染みがないか、あるいはひどく古めかしい学問という印象を与えるものだろう。したがって、本章の目標は、現代形而上学の基本的なイメージをつかみ、本書を読み進める準備をすることである。そのためにまず、形而上学が扱う問題を具体的に提示することから始めよう。そこで確認するのは、形而上学の問題が、私たちがこの世界を理解するときに前提せざるをえないような、基礎的な事実について生じる問題だということである。さらに、様々な形而上学の問題が、世界のあり方を経験的に調べるだけでは解決しないことや、相互に複雑に関連しあっているという特徴をもつことも確かめる。こうした

[3] ただし、現代形而上学が歴史的研究の意義を否定するものではないことに注意しよう。本書を読み進めればすぐに明らかになるように、現代形而上学は古典的な哲学者の思想を、その議論の重要な源泉としている。また逆に、現代形而上学の問題解決的なアプローチを学ぶことは、歴史的な研究の意義を明らかにするために役立つはずである。したがって、問題解決的アプローチと歴史的なアプローチは敵対するものではなく、むしろ互恵的な関係にある。

点は、私たちが世界のあり方を理解しようとするときに、形而上学の問題を避けられないことや、形而上学の問題には独自の難しさがあることを示すものである。

次に確認するのは、こうした問題の解決を目指す現代形而上学とはいったいどのようなものなのかということである。そのためにまず、現代形而上学が分析哲学の内部でどのように成立し、その結果として現代形而上学がどのような一般的傾向をもつことになったのかを確認する。続いて、現代形而上学が、形而上学の問題を解決するために用いる標準的な手続きや方法についての解説を与える。さらに、現代形而上学の位置づけをはっきりさせるために、それを現代の科学——すなわち、世界のあり方を解明しようとする極めて強力な試み——と比較することも試みよう。こうしたことを通じて、現代形而上学についての基本的な理解を得ることがそこでの狙いである。そして最後に、本書全体の章の構成や内容についての見取り図を与える。

0-2 形而上学的問題

世界の基礎的な事実

私たちは普段、この世界に様々な事柄が成り立っていることを疑うことなく生きている。たとえば、あなたが今読んでいるこの本について考えてみよう。この本について、次のような事実が成り立つことはごく当たり前であるように思われる。

(1) あなたが今読み進めているこの本は、今この瞬間だけに存在しているだけではない。この本は、かつて書店に置かれていたときにも間違いなく存在した。つまり、**この本は、かつて書店に置かれていた特定の本と同一の本である**。

(2) あなたがこの本を投げれば、今あなたの昼食を狙ってこっそりと忍び寄っている猫を追い払うことができる。つまり、**あなたが本を投げることは、それが原因となって、猫を追い払うという結果を引き起こす**。

(3) この本は、あなたが所有している他の本と比べると、書いてある内容も版型も異なるだろう。しかし、**この本も他の本も、〈本である〉という共通の性質をもっ**

ている。

こうした事実について、いくつかの重要な特徴を指摘することができる。まず、これらの事実は、〈何かと何かが同一である〉、〈何かが何かを引き起こす〉、〈何かと何かが共通の性質をもつ〉といった事実の一例である。もう少し抽象的に言えば、これらの事実は、**「同一性」**、**「原因と結果（因果性）」**、**「共通の性質をもつこと」**に関する事実なのだ。このように一般的に記述してしまうと、こうした事実はなじみのないものに感じられるかもしれない。しかし、これらの事実は私たちの身の回りにいくらでも見出すことができる。たとえば、『ハムレット』の作者はシェイクスピアであるという事実は、『ハムレット』の作者とシェイクスピアが同一であるという事実にほかならない。身体を冷やしたせいで風邪を引いたという事実は、身体を冷やすことが原因となって風邪を引くという結果が生じたという事実である。さらに、食塩や砂糖が水溶性（水に溶ける性質）という共通の性質をもつ、という事実もおなじみのものだろう。(1)－(3)の事実は、こうしたありふれた事実のひとつにほかならない。

さらに、同一性、原因と結果、共通の性質をもつことに関する事実は、単にありふれているだけではない。こうした種類の事実を理解することなしに世界のあり方を理解することは難しいという意味で、こうした事実は世界のあり方の理解の基礎になっているのだ。このことを、(1)を典型とする同一性に関する事実について確かめよう。

たとえばあなたは、目の前の本は隣にあるコップとは（もちろん）別のものであるが、数日前に書店に置かれていた特定の本とは同一のものであることを理解している。このように、私たちは、世界に存在するもののうち、どれがどれと同一のものであり、どれがどれと別のものであるかを理解し、そのことを前提にして生きている。逆に、もしあなたが世界にあるもののうちどれとどれが同一であるかをまったく理解していないとしたら、あなたは目の前の本とコップを区別することさえできないことになる。つまり、同一性についての事実は、それを前提しないことには、私たちが現にもっている世界のあり方についての理解が成り立たないようなものなのだ。ただし、もちろん特定の場合に、何と何が同一であるかわからないということは生じうる。たとえば、今自分の目の前にいる人物が、十年前に旅先で見かけた人物と同一であるかがわからないということはありうるだろう。しかしそれでも、私たちは大多数の場合においては何と何が同一であるか（同一でないか）を把握しているだけでなく、こうした把握なしには世界のあり方をまともに理解することができない。

同様に、この世界に生じる様々な事柄に因果関係が成り立つことや、この世界に存在するもののうちに共通の性質があることも、世界のあり方の理解にとって基礎的である。たとえば、ある事柄がどのような原因によって生じたのかを調べたり、複数のもののうちに共通の性質を見つけ出したりすることができるということは、日常生活においてだけでなく、様々な科学研究を行なう際にも不可欠な前提だろう。したがって、(1)－(3)を典型例とする事実は、私たちが世界を理解するために前提とせざるをえない基礎的な事実である。

形而上学的問題

以上のことから、「同一性」や「因果性」、「共通の性質をもつこと」に関する事実が私たちが世界のあり方を理解するにあたって基礎的であることがわかる。しかし、私たちはときに、こうした基礎的な事実についての疑問にぶつかることがある。たとえば、次のような問いを考えてみよう。

(a) この本を構成する個々の分子や原子に目を向けるならば、その一部は時間の経過とともに失われたり、新たな部分が付け加わったりしている。しかしそうであるならば、厳密にはこの本は書店にあった本と異なっており、同一であるとは言えないのではないだろうか。そもそも、何かが過去に存在したものと同一であるとはどのようなことなのだろうか。

(b) あなたが本を投げた結果として猫が逃げ出す場合と、たとえば、猫が走り去った後にたまたま雨が降ってきた場合とは、大きな違いがあるように思われる。つまり、前者の場合には因果関係が成り立っているが、後者の場合には成り立っておらず、たまたま二つの出来事が続いて生じただけだ。しかし、正確に言って、一方の場合に因果関係が成り立ち、他方で成り立っていないと言えるのはどうしてなのだろうか。そもそも、何かと何かの間に因果関係が成り立つとはどのようなことなのだろうか。

(c) 私たちは、たしかにこの本と他の本が共通の性質をもつと主張する。しかし、そもそも性質とは一体何なのだろうか。それは、それぞれの本そのものとは独立に存在し、それぞれの本が共通に関係しているような何か特別なものなのだろうか。それとも、もしかすると「性質」と呼ばれるものなど存在せず、ただ単にこの本と他の本が何らかの点で似ているということを言い表わすための便利な表現として「共通の性質をもつ」と述べているだけなのだろうか。

これらの問いは、世界のあり方について私たちの理解が、実はかなりあやふやであることを示している。つまり、こうした問いが生じるのは、同一性や因果性や共通の性質をもつことについて、私たちがまだ確固とした理解をもっていないからなのだ。そして、この種の事柄についての事実が非常に基礎的な事実であることを思い出すならば、これらの問題に答えることは、世界の基礎的なあり方を理解するための課題となる。形而上学が答えようとする問いは、まさにこうした問題にほかならない。形而上学とは、世界の基礎的な事実について生じる哲学的問題に答え、世界のあり方を統一的、整合的に理解しようとする試みなのである[1]。

[1] ここで挙げた三つの問いは、本書で論じられるものでもある。同一性の問題は、私たち「人」についての同一性の問題として第1章で論じられる。また、因果性の問題は第4章の、共通の性質の問題は（「普遍者」の問題として）第5章の中心的なテーマとなる。

こうした形而上学的問題が、さらに二つの重要な特徴をもつことを確認しておこう。第一に、(a)‐(c)のような形而上学的問題は、たとえば「現存する哺乳類はすべて胎生であるかどうか」といった問いとは異なる。「現存する哺乳類はすべて胎生であるかどうか」といった種類の問いは、少なくとも原理的には、地球上に存在している哺乳類を調べていけば答えられる問いである。[2] すなわち、このような問いは、世界のあり方を具体的に調べれば解決できるという意味で「**経験的な**」問題である。こうした問題は、生物学の問題であって形而上学の問題ではない。それに対して、(a)‐(c)の形而上学的問題は、単純に世界のあり方を調べるだけでは答えることはできない。なぜなら、こうした問いは、「あるものが時間を通じて変化しながら同一でありつづけるとはどのようなことか」、「因果関係とはどのようなものか」、「共通の性質をもつとはどのようなことか」といった高度に一般的、抽象的な問いに答えることを要求するからである。こうした課題は単純な観察だけによって解決するものではなく、それに答えるためには「同一性」や「因果性」、「共通の性質をもつこと」の内実を明らかにしなければならない。形而上学の問題は、こうした点で通常の経験的な問題とは区別される。

第二に、形而上学的問題は、相互に複雑に関係しており、個別の問題だけを取り出して解決することができないという特徴をもつ。たとえば、同一性の問題は、それ自体として論じられるべき内容をもつ一方で、本書の別の箇所で取り上げられる**必**

[2] カモノハシは哺乳類であるが卵生でもあるため、「現存する哺乳類はすべて胎生である」というのは誤りである。

然性や**可能性**（「必然性」や「可能性」の概念は一般に「**様相**」概念と呼ばれる）の問題と切り離すことができない。同様に、因果性の問題は、必然性や可能性の問題と結びついているだけでなく、本書の別の箇所で論じられる**自由**の問題とも深く関わっている。したがって、形而上学的問題を本当に解決するためには、それぞれの問題を単独に考えるだけでなく、こうした問題全体について考えていくことが不可欠となる。もちろん、本書は入門書であるという事情から、本書の各章では、個々の形而上学的問題をできるかぎり独立なものとして提示する。しかしそれは決して、形而上学の問題がそれぞれ独立に解決できることを意味するわけではない[3]。

以上で明らかになったことをまとめよう。形而上学的問題とは、世界の基礎的な事実について生じる哲学的問題のことである。形而上学的問題は、世界のあり方を具体的に観察することによってだけでは解決せず、相互に密接に関連しているという特徴をもつ。そして、形而上学とは、まさにこうした問題に答える試みである。

[3] 形而上学の問題の相互関係については本書の終章でさらに詳しく論じられる。

0-3 現代形而上学の成立とその特色

分析哲学における形而上学

本書で扱う現代形而上学は、現代哲学の中でも特に「分析哲学」と呼ばれる潮流に属している。[1] 分析哲学とは、十九世紀後半から二十世紀初頭にかけて、ドイツの数学者・論理学者である**G・フレーゲ**や、イギリスの哲学者・数学者・論理学者である**B・ラッセル**の業績を端緒として始まった哲学的潮流である。[2] とはいえ、分析哲学はすでに百年以上の歴史をもち、その中で様々な変化を経験してきたために、今日では「分析哲学とはこのようなものだ」という一般的な特徴づけを与えることは難しくなっている。しかし本書は読み進めるために分析哲学についての特別な理解を必要とするものではないため、ここでは分析哲学が一般的に次の特徴をもつことを確認しておけば十分である。すなわち、分析哲学が、フレーゲやラッセルの業績を端緒として発展した論理的手法を背景に、**哲学的問題を厳密かつ明晰な議論を通して解決しようとする**、ということである。[3] つまり、言葉の意味や主張の根拠をはっきりさせること（明晰であること）や、論理的に穴のない論証を積み重ねること（厳密であること）

［1］　分析哲学の一般的な入門書としては、青山拓央『分析哲学講義』（筑摩書房、二〇一二年）および、八木沢敬『分析哲学入門』（講談社、二〇一一年）がある。より体系的に学ぶための文献としては、飯田隆『言語哲学大全』（勁草書房）のシリーズ（全四巻）が最も包括的である。

［2］　フレーゲは現代論理学の創始者であるとともに、言語哲学に関する重要な論考を残した。ラッセルは、数学や論理学の基礎および哲学に関する多彩な業績に加えて、平和活動家としてもよく知られている。分析哲学の創始者として、さらにイギリスの哲学者・倫理学者であるG・E・ムーアの名前が挙げられることもある。分析哲学の歴史について詳しく述べた著作としては、飯田隆（編）『哲学の歴史11：論理・数学・言語』（中央公論新社、二〇〇七年）および、M・ダメット『分析哲学の起源――言語への展開』（野本和幸訳、勁草書房、一九九八年）がある。

に基づいて、哲学的問題を解決しようとするわけである。分析哲学の一分野としての現代形而上学も、この特徴を共有している。つまり、本書で扱う現代形而上学は、形而上学的問題をこうした議論によって解決することを目指す分野なのである。

とはいえ、分析哲学について一定の知識をもつ読者の中には、分析哲学の中に形而上学的問題を扱う分野が存在することに驚きを感じる人もいるかもしれない。一般に、分析哲学は言語の問題を哲学の中心問題とし、形而上学的問題を軽視するというイメージが根深いからである。もちろん、このことには理由がある。実際分析哲学はその勃興期において、形而上学的問題を「無意味なもの」として排斥してきた歴史をもつのである。[4] しかし、現代の分析哲学は、言語について哲学的に考察することによって得られる洞察を重視する一方で、急進的な言語中心主義をほとんど放棄している。それと並行して、分析哲学の内部で形而上学的問題を論じる試みは復活し、すでに分析哲学の一分野として確固たる地位を確立しているのだ。[5] 本書が背景としているのは、こうした分析哲学における新しい形而上学研究である。

現代形而上学の方法

現代形而上学は、論理的手法を背景に、形而上学的問題に厳密かつ明晰な議論によって答えようとするものであることを確認した。しかし、実際のところ、現代形而上学はどうやって形而上学的問題を解決しようとしているのだろうか。世界のあり方を

［3］ もちろんこのことは、他の哲学的潮流が論理的手法や明晰な議論を軽視しているということを意味するものではないし、分析哲学における議論が常にわかりやすいということでもない。しかし、それでも分析哲学は、論理的手法を重視し明晰さを追求する傾向を特に強くもっていると言えるだろう。

［4］ こうした歴史において中心的な役割を果たしたのは、『論理哲学論考』や『哲学探究』といった著作で知られるL・ウィトゲンシュタインや、「論理実証主義」、「日常言語の哲学」と呼ばれる哲学運動である。ただし、こうした初期の分析哲学における「形而上学の排斥」をどこまで額面通りに理解してよいのかということ自体、検討を要する問題である。というのも、初期分析哲学においても、現代的な観点から見れば明らかに「形而上学的問題」に分類される問題が論じられていたからである。

単に調べるだけでは解決せず、相互に密接に関連しあっているような難しい問題について、そもそも私たちが答えることなどできるのだろうか。こうした問題は解決不可能なのであって、だからこそ形而上学の問題は二千年以上解かれないままなのではないのだろうか。

実際のところ、これらの疑念に完全な答えを与えることは難しい。形而上学的問題に対してどのような仕方で答えるべきかという問題は、それ自体が現代形而上学の中心的トピックである。さらに、形而上学的問題に答えがあるのかという疑問も、形而上学の重要な問題にほかならない（形而上学的問題には答えはないというのも、それ自体として検討に値するひとつの形而上学的立場である）[6]。結局のところ、こうした問いについては、後に続く各章を読み、具体的に問題を考えながら検討してもらうしかない。とはいえ、現代形而上学には、問題を解決するために用いられる比較的標準的なやり方がある（こうしたやり方は、現代形而上学に固有の方法というよりも、哲学を含む様々な学問分野で幅広く用いられているものである）。それは、第一に**言葉の意味や議論の構造を明確化する**という手続きであり、第二に「**反照的均衡**[7]」と呼ばれる方法である。ここでは、現代形而上学の基本的な考えの筋道を確認するために、これらの手続きないし方法がどのようなものかを確認することにしよう。

分析哲学の一分野である現代形而上学が、厳密かつ明晰な議論を重んじることはすでに述べた。用いる言葉の意味や、主張を導くための議論の構造を明確化する手続き

［5］分析哲学の内部で形而上学が復興を遂げた具体的な事情については、加地大介「分析哲学における伝統的形而上学の復興」（『現代思想』、第三二巻八号、二〇〇四年、一六六―一七八頁）が詳しい。

［6］より正確には、この問題は「メタ形而上学」と呼ばれる分野に属する。メタ形而上学については【9-1 本書で主題的に扱わなかった形而上学の問題領域】を参照。

［7］「反照的均衡（Reflective Equilibrium）」はときに「反省的均衡」、「往復均衡」と呼ばれることもある。（「反照的均衡」という名前は倫理学者のJ・ロールズに由来する）。倫理学における反照的均衡の使用については、たとえば、伊勢田哲治

を重視することは、まさにそのことの表われである。そして、この手続きは、形而上学的問題の解決にとっても重要な意義をもつ。たとえば、「目の前の本がかつて書店に置かれたものと同一であるのはなぜか」という形而上学的問題を解決するためには、「同一性」という言葉が何を意味し、同一性について一般的にどのようなことが言えるのかを明らかにしなければならない。また、性質が存在するかどうかについて結論を下すためには、存在を肯定する立場と否定する立場それぞれがもちだす根拠や論証をはっきりさせる必要がある。したがって明確化の手続きは、形而上学的問題に正確な意味を与え、一歩一歩問題解決に近づくために不可欠の手段なのだ。本書でも、こうした明確化を重視する点は一貫している。

　反照的均衡とは、私たちが常識的に正しいと考えている様々な事柄を出発点にして、それらとうまく整合的になるように配慮しながら、哲学的問題の解決を図る方法のことである。ふたたび、同一性の問題を例に取ろう。私たちは、同一性に関する形而上学的問題に対する解答をあらかじめもっているわけではもちろんない。しかしそれでも、私たちは、同一性について成り立つ事実に関する一定の常識的理解をもっている。[8] たとえば、あなたが小学校の自分自身と同一であることや、あなたが友人や親とは別人であることは明らかだ。さらに私たちは普通、「ある人が過去に犯罪を犯した（ある人が過去に犯罪を犯した特定の人と同一人物である）場合には、その人はその犯罪の責任を問われるべきだ」とも考えている。こうした**常識は、私たちが自分自**

『動物からの倫理学入門』（名古屋大学出版会、二〇〇八年）の終章、および『倫理学的に考える』（勁草書房、二〇一二年）の第一章を参照。なお、本章で紹介する反照的均衡は、より正確には「広い反照的均衡」と呼ぶべきものである。

[8]　もちろんこうした常識には、多くの誤りや偏りが含まれていることが十分にありうる。しかしそれでも、私たちが世界について大規模に間違った理解をしているという極端な立場をとらないかぎり（さらに、様々な考慮の結果常識が修正される可能性があることが理解されているかぎり）常識をひとまずの出発点とすることには理がある。

身の同一性について考えるための重要な出発点となる。私たちは、これらの常識的な考えに含まれる重要な考えを明確化することで、形而上学的問題の解決を目指すことになるからだ。さらに、こうした常識にはもうひとつの重要な役割がある。すなわち、**常識は、同一性の問題に対する様々な形而上学的立場を評価するための基準になる。**なぜなら、ある形而上学的立場が私たちの常識に著しく反する結論を導いてしまうならば、その立場はその分だけ説得力を失うことになるからである。たとえば、私たちが過去の自分と同一人物ではないという結論を導く形而上学的立場は、とうてい受け入れられないものに感じられるだろう。その点で、私たちが当然正しいと考えていることと矛盾しないことは、様々な形而上学的立場が目指すべき大事な目標である。しかし他方で、ときには哲学的解答ではなく、常識のほうが修正されることもある。たとえば、常識が互いに不整合であることが示されたり、常識が他の知見（たとえば、科学的知見）と衝突していることが判明したりしたときには、形而上学的立場ではなく常識の方が改められることがある。反照的均衡とは、こうしたやり方で、常識と形而上学的立場を互いに照らし合わせながら修正を重ね、世界についてもっとも整合的な理解を与えてくれるような形而上学的立場に至ろうとする方法である。[9]

　反照的均衡の方法が重要であることは、赤さや丸さのような「性質は存在するか」といった問いを考えるとさらにはっきりする。こうした問題を考えるときに、私たちは（たとえば「白いカラスは存在するか」という問いに答える場合のように）世界を

［9］厳密に言えば、形而上学的立場を評価する際には、ここで述べた反照的均衡に含まれる以上の事柄が考慮されることもある。こうした点については、第5章のコラム「理論評価のための基準」を参照のこと。

　また、反照的均衡の手法を用いるからといって、現代形而上学が「常識的」な見解ばかりを主張し、世界を捉えるための新しい見方を提示しないということにはならないことに注意しよう。実際には、現代形而上学の多くの立場は驚くべき主張をいくつも含んでいる。そのことはたとえば、第1章で登場するD・パーフィットや、第3章で論じられるD・ルイスの立場にはっきりと見て取れるだろう。（ちなみにルイスは、形而上学において反照的均衡の方法を用いることをとくに強調した哲学者でもある。）しかし、それでもなお、こうした立場を正当化するときには、私たちがふだん正しいと考えている様々な事柄が本質的な役割を果たしてい

観察してその存在を確かめるという方法をとるわけにはいかない。むしろ私たちは、「性質の存在を認める立場」と「性質の存在を認めない立場」のどちらが、われわれの世界の常識的理解に合致し、世界についての整合的な理解を与えてくれるかを考えることになるのである。この意味で反照的均衡は、私たちが経験的に確かめることで解決できないような問題を考えるためにも役立つ方法なのだ。この方法も、本書の中で、形而上学的問題に対する様々な解答を評価する際に（明示的にではないにせよ）一般的に用いられることになる。

現代形而上学と現代科学

さて、以上のような特徴をもつ現代形而上学は、他の様々な知的活動と比べてどのような違いがあるのだろうか。ここでは特に、現代形而上学と現代の科学を比較することで、現代形而上学の位置づけを明確化することを試みよう。

形而上学は、世界の基礎的なあり方に関する哲学的問題を解決し、世界のあり方について整合的な理解を与える試みである。他方で、明らかに科学もまた、この世界の基礎的なあり方を解明し、世界全体についての整合的な理解を与えようとする試みでありうる。たとえば物理学は、この世界を構成する基礎的な物質の振る舞いについて成り立つ一般的な法則を明らかにしたり、時間や空間とは何かという問題に対して新たな見方を提供したりすることに成功している。では、一見したところ非常によく似

る。この点を明確化したのが、反照的均衡という方法である。

た目的をもつ科学と形而上学は、いったいどのような点で区別されるのだろうか。

この問いには、暫定的なものではあるけれども、ひとまず次のような解答が与えられるだろう。私たちは先に、形而上学が扱う問題が「経験的に調べるだけでは解決できない」という特徴をもつことを確認した。こうした種類の問題を中心的に扱うという点は、形而上学の重要な特徴であると言えるだろう。形而上学を科学と区別する特徴として、さらに二つほど指摘することもできる。第一に、形而上学が扱う問題は、科学において扱われる問題に比べて非常に一般的である。現代の科学においては、それぞれの分野が、それぞれ特徴的な探求領域に結びつけられている。物理学はまさに世界の物質的側面に関する探求であり、生物学は生物を、心理学は心のあり方を、経済学は私たちの経済活動を主な研究対象とする。それに対して形而上学は、特定の研究領域にのみ結びつけられてはいない。たとえば、形而上学が扱う同一性や因果性、共通の性質に関する問題は、日常生活においてだけではなく、物理学や経済学といった様々な科学において一般的に生じる。形而上学が扱うのは、このような「分野横断的に」生じる問題なのである。第二に、形而上学は、科学がふつう研究対象とはしていないような事柄にも関心を寄せる。本書で扱われる「必然性／可能性」といった様相に関する問題は、その典型例である。一般に科学は、それがこの世界についての経験的な学問であるかぎりで、「世界が現実にどのようなあり方をしているか」ということを探求する。それに対し、形而上学は「この世界がこの世界であるかぎり必ず成り立たなければならないことは何か」や「この世界がこの世界であるかぎりどのようなことが成り立つことが可能であるのか」といったことも問題にする。こうした探求課題をもつこともまた、形而上学に特徴的な側面である。

　これらの特徴は現代形而上学を理解するために非常に重要である。ただし、こうした特徴によって形而上学と科学が厳格に区別されるという考えも、やや行き過ぎたものだろう。すでに述べたように、形而上学が扱う問題は、たしかに経験的な探求のみによっては解決できない。しかし、このことによって、形而上学と科学を完全に区別できるわけではない。科学もまた、単に経験的探求によって解決できるわけではない抽象的な問題を扱うことがあるからである。たとえば現代の物理学は、間違いなく、空間や時間についての高度に抽象的な問題に答えようとしている。さらに、形而上学の探求を進める際には、科学が明らかにしている様々な事柄を無視することはできない。時間や空間とは何かという問題は現代形而上学の主要な問題のひとつでもあるが、こうした問題に答えるためには現代の物理学についての知見が不可欠である。したがって、形而上学の問題が「経験的探求のみによって解決しない」ということは、形而上学と科学を厳密に区分するものではないし、形而上学が科学と独立に成立することを意味するものでもない。

　したがって、形而上学と科学の区別は――先に挙げたような違いが存在する一方で――ある程度連続的なものでもある。その境界は確定したものではなく、ひょっとすると今後の学問の発展によって変化するかもしれない。(実際のところ、これは形而上学の歴史において繰り返し生じてきた事態である。) ただし、このことは、形而上学の境界を多少曖昧にするものではあっても、それ自体として深刻な問題であるわけではない。実際、形而上学が世界の基礎的なあり方について整合的で統一的な理解を得ることを目指すものであることを考えるならば、科学と密接な関係をもつことは不可避であるとさえ言えるのだ。加えて、科学との連続性は形而上学の価値を貶めるものでもない。そのことによって、現代形而上学が蓄積してきた、世界の基礎的なあり方についての知見の価値が失われるわけではないからである。形而上学は、科学と連続的な側面をもちつつも、世界の基礎的なあり方についての理解に独自の貢献を果たそうとするものなのである。

以上で私たちは、本書で扱う現代形而上学の基本的な特徴を確認した。現代の形而上学は、分析哲学の一分野であり、厳密かつ明晰な議論によって形而上学的問題を解決することを目指す。こうした現代形而上学は、明確化や反照的均衡を用いて、形而上学的問題に切り込んでいく。さらに現代形而上学は、現代の科学とも密接に関係しながら、世界の基礎的なあり方についての理解をもたらす試みでもある。

0-4 現代形而上学の世界へ

本書の構成と内容

最後に、本書の内容と構成に関して解説しておこう。本章に続く八つの章（第1章－第8章）では、現代形而上学の中心的問題が紹介される。そこで扱われている形而上学的問題は、古典的なものから、比較的最近になって注目を集めるようになったものまで幅広い。もちろん、現代形而上学は非常に広大な分野であり、これら八つの章によって形而上学的問題のすべてを網羅できるわけではない。とはいえ、各章の内容を学ぶことで、形而上学の問題を考えるための基礎となる一般的な知識や考え方を学ぶことができるだろう。さらに終章では、本書で扱うことができなかった形而上学的問題や、関連する哲学的問題についても解説される。終章の目的は、こうした補足によって形而上学の問題の深さや広がりを理解してもらうことである。

各章には、文献や内容に関する脚注に加えて、必要に応じてコラムを配している。コラムには、本文で扱った内容に関連する問題や概念、歴史的背景についての解説が含まれている。また、本書の最後には、現代形而上学に興味を持った読者のために文献案内を付した。さらなる形而上学的探求のためにぜひ役立ててほしい。

各章で扱われる話題について、ごく簡単な見通しを与えておこう。本書で扱われる話題は、二つの章ごとに内容的なまとまりをもっている。つまり、第1章と第2章、第3章と第4章、第5章と第6章、第7章と第8章は、それぞれ内容的に深く関連している。ただし、とくに連続性の強い第3章と第4章、第7章と第8章のペアを除けば、各章は比較的独立に読むことが可能であり、読者は関心に応じて好きな順番で読み進めることができる。

第1章と第2章において扱われるのは、この世界に存在するもののうちで最も身近でありながら深刻な形而上学的問題の源泉であるもの、すなわち、私たち自身についての形而上学的問題である。第1章ではこうした問題のひとつとして、「現在の自分と過去の自分が同一人物であるのはなぜか」という、**人の同一性**の問題が論じられる。この問題はそれ自体として興味深いだけでなく、私たち人とは何者であるのか、人が存在しなくなるということはどのようなことかといった、私たちの自己理解に関わる切実な問題とも深く結びついている。もちろん、人の同一性について考えることは、人以外の様々な物体の同一性について考える手がかりにもなるだろう。続く第2章で扱われるのは、「私たちの行為が自由でありうるという考えと、私たちの行為が過去に生じた出来事の必然的な結果であるという決定論の考え方が両立するか」という**自由と決定論**の問題である。この問題が重要なのは、これがまさに、私たちと世界に関する二つの根本的な理解――すなわち、「私たちは自分の行為を自由に選びながら生きている」という理解と、「この世界の出来事は自然法則に従って推移する」という科学的理解――を調停するという課題だからである。さらに、自由と決定論の問題を考えることは、「自由」や「責任」についての深い洞察をもたらすことになる。

第3章と第4章で扱われるのは、形而上学において最も中心的な二つの問題――すなわち、**様相と因果性**に関する問題である。様相と因果性は、ともに様々な形而上学的問題（さらには、形而上学以外の哲学的問題）を論じるときも常に問題になることから、その適切な理解は重要な課題である。様相の問題を扱う第3章の第一の課題は、「何かが必然的である」とか「何かが可能である」といった主張が、そもそも何を主張するものなのかという問題である。この問題に答えるひとつの有力な方法は、「可能世界」という道具立てに訴えることである。というのも、必然性や可能性についての主張は、すべて可能世界について何かを述べているものだと理解できるからである。このことは必然性や可能性についての理解の進展をもたらすものだが、一方で新たな謎を呼ぶ。というのも、そもそも可能世界とは何かという問題が生じてしまうのである。第3章ではまず、こうした問いに対する様々な解答が検討される。さらに、「本質」といった、人や物の同一性に深く関わる概念の問題を考えることも、第3章の重要な課題である。続く第4章では、因果性の問題が扱われる。そこで中心的な問題となるのは、十八世紀の哲学者**D・ヒューム**に由来する「**ヒューム主義**」と呼ばれる考え方である。ヒューム主義の特徴は、因果関係が何らかの「必然的な関係」（すなわち、ある出来事が「必然的に」別の出来事を引き起こすといった関係）であることを明確に否定する点にある。現代の因果性についての論争は、まさにこのヒューム主義の検討を通して因果性とは何かを明らかにしようとしており、第4章ではそうした議論状況が紹介される。（第4章の議論は、第3章で説明される可能世界の概念を用いるため、第3章と第4章は続けて読むことをお勧めする。）

第5章と第6章では、形而上学の重要な下位区分である「**存在論**」と呼ばれる分野の問題が扱われる。存在論とは、この世界に存在するものを抽象的な分類（こうした分類は「カテゴリー」と呼ばれる）のもとに整理し、この世界に存在するものの包括的なリストを作ろうとする試みである。[1] この二つの章の目的は、存在論における代表的な問題を扱うと同時に、そこでよく用いられる典型的な議論を示すことにある。まず第5章では、存在論における最も古典的な問題のひとつである、**普遍者の存在**をめぐる問題が論じられる（「普遍者」とは、あるものがもつ「性質」や、ものの間に成り立つ「関係」を一般的に表わす用語であると考えてよい[2]）。そこでは、赤さや丸さのような普遍者の存在を認める「**実在論**」と、普遍者の存在を否定する「**唯名論**」の二つの立場が優劣を競って争うことになる。こうした論争は、特定の種類の存在者を認めるか否かをめぐって争われる存在論の論争がどのような形をとるのかを教えてくれる。続く第6章で扱われるのは、人や猫や机といった、私たちが普段目にしている

[1] そのため、存在論は「カテゴリー論」と呼ばれることもある。

[2] 現代形而上学では、「普遍者」と「性質」を区別し、それぞれに違った役割を付与することがあるが、本書では「性質」は、赤さや丸さといった、人や物がもつ特徴を表わす、ごく日常的な意味で用いる。

「個物」に関する問題である。赤さや丸さのような普遍者の場合とは異なり、個物が存在することを否定する人はほとんどいない。しかしもしかすると個物は、それが様々な場面でもつ色や形のような普遍者をまとめた束のようなものに過ぎないのではないだろうか。もしこうした考えが正しいならば、「個物」というカテゴリーに属するものは、結局「普遍者」のカテゴリーに吸収されることになる。第6章の目的は、まさにこうした発想に基づく様々な提案を評価することである。個物を普遍者によって説明しようとするこうした議論は、あるカテゴリーに属するものを別のカテゴリーに属するものに還元する**「存在論的還元」**と呼ばれる一般的方法の一例である。

第7章と第8章は、現代形而上学のなかでも特に最近の試みを紹介することを目的にしている。現代形而上学において近年顕著なのは、「この世界に存在する様々なもののうちで、何が最も基礎的なものであるのか」といったことを明らかにしたいという問題意識である。[3] すなわち、存在するもののリストを作るだけでなく、そうした存在者の間に成り立つ様々な秩序ないし序列関係を明らかにすることが試みられているのである。そして、こうした秩序を明らかにするための概念として注目されているのが、**「存在依存」**と呼ばれる関係である。第7章では、この存在依存の概念が一般的に導入され、存在するものの間に成り立つ様々な秩序を適切に捉えるための定義が模索される。第8章は、存在依存の概念を用いることで、重要な存在論的問題を解決できることを論じるものである。（この点で、第7章と第8章は連続したものになって

[3] こうした問題意識は、むしろ形而上学の創始者であるアリストテレスにおいて顕著であったため、こうした点を重視する立場は「新アリストテレス主義」と呼ばれることがある。

いる。）そこで紹介されるのは、これまで存在論において分類が困難だった「**人工物**」のカテゴリーを存在依存を用いて適切に分類する試みと、存在者を分類するためのカテゴリーそのものを存在依存を用いて厳密に特徴づける試みである。これはまさに、存在論に対する新しい貢献にほかならない。また、こうした存在依存の関係を明らかにするための発想の源が、一般的に分析哲学の伝統の外側に位置づけられている**E・フッサール**や、**R・インガルデン**といった哲学者であることも、現代形而上学の新たな動きとして注目に値する点である。

本書の概要は以上である。前置きはここまでとし、ここからは実際に現代形而上学の世界に足を踏み入れることにしよう。

第1章　人の同一性

1-1　人の同一性の問題

あなたはいま小学生のときに撮影された自分の写真を眺めている。その子供は、あなたの面影を残してはいても、それほどあなたと似ていない。体型も服装も、おそらく考えていることも今のあなたのものとはずいぶん違っている。しかしそれでも、そこに写っているのはたしかにあなた自身である。

こうした事例は、私たちに形而上学的難問を投げかける。いったい、あなたが写真の子供と同じ人であるのはなぜだろうか。あなたがその子供と似ているからではない。もしあなたに瓜二つの人間が目の前にいたとしても、あなたとその人が同一人物であることにはならないからだ。同じ物質によって構成されているからでもない。あなたの体を構成する物質は代謝によってすっかり入れ替わっており、その子供を構成していた物質とは異なっている。にもかかわらず、あなたはその写真の子供と同一人物である。だとすれば、あなたと写真の子供が、これほどの変化にもかかわらず同一人物であるのはなぜだろうか。この問題こそ、本章で扱われる**人の同一性**の問題である[1]。

[1]　本書で用いる「人の同一性」や「人」という日本語は、英語の「パーソナルアイデンティティ（personal identity）」と「パーソン（person）」という言葉に対応する。これらの用語は専門用語として「人格の同一性」や「人格」と訳されることが多いため、邦語文献を参照する際は注意してほしい。本書でこうした標準的訳語を採用しないのは、英語の「パーソン」が私たち自身を表わす日常的な言葉であり、その点で「人」の方が訳語として適切だからである。

本論に入る前に、人の同一性と日常的実践との重要な結びつきについて指摘しておこう。私たちの様々な日常的実践は、人が過去や未来の自分と同一であることを前提にしていると考えられる。たとえば**将来への希望**は、人が未来の自分に対してもつ希望である。同様に、人は、過去に自分が行なった（あるいは怠った）ことに対して**責任**を負う[2]。たとえば、あなたが将来作家になることを望むとしよう。このとき、未来に別人が作家になることは、あなたの希望とは特に関係がない。あなたが望んでいるのは、あくまでも、あなた自身が未来に作家になることである。つまり、未来に自分と同一人物が存在することを前提しないかぎり、将来への希望をもつことは意味をなさないように思われるのだ。同様に、過去に別人が盗みを働いたかどであなたを逮捕することは、明らかに不当である。あなたが責任を負うのは、あなた自身が過去に犯した犯罪についてである。すると、過去にあなたと同一人物が存在したことを前提しないかぎり、あなたに過去の行為の責任を問うことはできないようにみえる。このことは、人の同一性の問題がなぜ私たちにとって重要な問題であるのかを示すだけでなく、後に見るように、人の同一性の問題そのものを考える上でも重要になる。

［2］私たちが過去や未来の自分と同一であることと密接に結びついているように思われる実践は、他にもたくさんある。たとえば、自分がしたことに基づいて報酬を得ること、自分の将来について不安や恐怖を覚えることが挙げられる。また、恋人を愛し続けることや友情を育むことも、その相手が時間を通じて同一であり続けていることを前提にしている。

1-2 同一性と変化

通時的同一性と数的同一性

ある対象が別の時点に存在する対象と同一であるということは、両者の間に時間の経過を通じた同一性が成り立つことである。この時間を通じた同一性のことを「**通時的同一性**」と呼ぶ。通時的同一性とは何かを理解するために、まず「同一性」の概念について基本的な事実を確認しておこう。一般に、同一性については「**質的同一性**」と「**数的同一性**」を区別する必要がある。質的同一性とは、ある対象とある対象が同じ性質を共有しているということである[1]。たとえば、「人類はみな同じ人間だ」という主張は、〈人間である〉という性質を共有している点で、人類が質的に同じであることを表わす。他方、数的同一性とは、ある対象とある対象がまったく同じひとつのものだということである。たとえば、「昨晩の宝石泥棒は、太郎と同一人物だ」という主張は、宝石泥棒と太郎が同じ一人の人であるということ、つまり数的に同一であることを表わしている。そして重要なのは、ある対象がある対象と通時的に同一かどうかを考えるときに問題となるのが、数的同一性だということである。私たちが知り

[1] 本章では、議論を単純化するために「性質」という言葉で、赤さや丸さのようなあるものがもつ性質だけでなく、ものとものの間に成り立つ関係も含めることとする。

たいのは、人が別の時点に存在する人と同じ性質をもつ（質的に同一である）のはなぜかということではなく、同じの一人の人である（数的に同一である）のはなぜかということなのだ。

さらに、数的同一性についてライプニッツの法則が成り立つということも確認しておこう。ここで、「X」と「Y」を、任意のものを表わす表現であるとする。ライプニッツの法則とは、XとYが数的に同一である場合に成り立つ次の法則である。

ライプニッツの法則：XとYが数的に同一であるならば、どのような性質についても、XもしくはYの一方がその性質をもつならば他方もその性質をもつ。

たとえば、マーク・トウェインとサミュエル・クレメンスは数的に同一の人である。すると、ライプニッツの法則によれば、両者が同じ一人の人である以上、トウェインはクレメンスがもつどんな性質ももち、またその逆も成り立つ。たとえば、トウェインが〈『ハックルベリー・フィンの冒険』の作者である〉という性質をもつならば、同一人物であるクレメンスもその性質をもつ。このライプニッツの法則は、その対偶も重要であるため、それも確認しておこう。[2]

ライプニッツの法則の対偶：ある特定の性質について、XあるいはYの一方がその

［2］対偶の概念についてごく簡単に確認しよう。「AならばB」という形の条件文（「A」、「B」は任意の文である）があるとき、その対偶は「BということがないならばAということがない」という形の文となる。一般に「AならばB」とその対偶「BということがないならばAということがない」は同じことを述べるものであるため、一方が成り立つならば他方も成り立つ。このことは、ライプニッツの法則とその対偶が、直観的にはまったく同じことを別の仕方で述べたものにすぎないことからも見てとることができる（同一のものはすべての性質を共有するというのは、要するに、ひとつでも性質を共有しないならば同一のものではないということである）。

性質をもち他方がその性質をもたないならば、XとYは数的に同一ではない。

つまり、もしトウェインが〈『ハックルベリー・フィンの冒険』の作者である〉という性質をもち、たとえばチャールズ・ディケンズがこの性質をもたないならば、両者は同一の人ではないと結論しなければならない[3]。

以上で、(1)本章で扱われるのが通時的同一性の問題であること、(2)通時的同一性とは、時間を通じた数的同一性であること、(3)数的同一性についてライプニッツの法則が成り立つことを確認した。しかしここで、この点に関してひとつの問題が生じる。人の同一性について具体的に考える前に、まずこの問題に答えておこう。

通時的同一性と変化

私たちは、時間を通じて変化する。写真に写った小学生のあなたの身長は一三〇センチメートルであったが、現在はもっと大きくなっているかもしれない。厳密に見れば、一秒前にあなたの体の表面を構成していたいくつかの分子は、現時点ですでにあなたの体から離れてしまっただろう。非常に短い時間の間にも、私たちは微細な変化を免れない。

ここで、〈身長一三〇センチメートルである〉という性質に注目しよう。小学校の時の写真に写ったあなたはこの性質をもつが、あなたはすでに成長し変化しているた

[3]　ライプニッツの法則とその対偶が、ごく日常的な考えを表わしたものであることに注意しよう。私たちは、太郎が昨日自宅を一歩も出ていないことが判明しているときには、太郎が昨晩宝石店で盗みを働いた犯人ではないと結論するだろう。このとき私たちは、まさにライプニッツの法則の対偶を用いている。つまり、泥棒が〈昨日宝石店にいた〉という性質をもち、太郎がこの性質をもたないことから、両者が同一人物ではないと結論しているわけである。また、ライプニッツの法則（とその対偶）が、同一性についてたまたま成り立っていることがらを述べるものではないことも付言しておく。つまり、ライプニッツの法則は、同一性が問題になるおよそあらゆるものについて、必ず成り立っていなければならないような法則（つまり、「必然的な」法則）なのである。必然性（および可能性）についてより詳しくは、第3章を参照。

め、この性質をもたないように思われる。そして、もし写真の子供が〈一三〇センチメートルである〉という性質をもち、あなたが〈一三〇センチメートルである〉という性質をもたないならば、両者は同一人物ではないことになる（これはまさにライプニッツの法則の対偶から導かれることだ）。同様の議論を他の微細な変化についても適用すれば、あなたは一秒前の自分とすら同一人物ではないという結論が導かれてしまうだろう。

しかし、この議論はひどくおかしい。そもそも成長は、私たち自身に生じる変化である。「あなたの身長が伸びる」というのは、成長前のあなたと成長後のあなたが同一人物でないかぎり意味をなさない。もし成長前の子供があなたと別人であるなら、背の高さが異なる二人の別人が存在するだけで、それを「あなたが成長したこと」として記述することはできない。つまり、先の議論が正しいならば、私たちが成長することは不可能になってしまうのだ。こうした奇妙な結論を導く議論には、どこかにおかしな点があると疑ってかかるべきだろう。

そして実際に、「写真の子供は〈一三〇センチメートルである〉という性質をもち、あなたはその性質をもたない」という先の議論の前提は疑わしい。この前提は、写真の子供やあなたが、まるで時間と関係なく様々な性質をもつかのように述べている。しかし実際には人は、〈一三〇センチメートルである〉という性質を時間と無関係にもったりもたなかったりするわけではない。たとえば写真の子供は、小学校のある時期において一三〇センチメートルであった。つまり、その子供がもつ性質は、厳密に明示すれば、〈小学校のある時期において一三〇センチメートルであった〉という性質である。このように明示されるならば、あなたもこの性質をもつことは明らかである。あなたは過去に存在し、小学生の頃に一三〇センチメートルであったからだ。したがって、写真の子供もあなたも共に〈小学校のある時期において一三〇センチメートルであった〉という性質をもつ。すると、両者が同じ性質をもつ以上、ライプニッツの法則の対偶を用いて、両者が同一ではないと結論することはできない。同様に、あなたは〈いまこの時点において一三〇センチメートルである〉という性質をもたないが、写真の子供もまたこの性質をもたない。その子供は写真に撮られた瞬間にだけ存在するわけではなく、その後成長し、いまこの時点では一三〇センチメートルではなくなっているからだ。したがって、両者が共に同じ性質をもっていないため、ここでも両者が同一人物ではないという結論は導かれない。

こうした考察は、通時的同一性に関する大事な教訓を与えてくれる。通時的同一性について考えることは、写真を撮られた瞬間だけに存在する子供と、いまこの時点だけに存在するあなたを並べて、両者が同じかどうかを考えることではない。このように考えてしまうと、一方が一三〇センチメートルであり他方が一三〇センチメートルではないことから、両者は同一人物ではないという誤った結論に至ってしまう。むしろ、通時的同一性について考えることは、時間を通じて変化するあるものと、時間を通じて変化するあるものが同一であるかどうかを考えることである。写真の子供は、写真を撮られた瞬間だけに存在するのではなく、変化しながら――〈小学校のある時期において一三〇センチメートルであった〉という性質をもつが、〈いまこの時点においてて一三〇センチメートルである〉という性質をもたないという仕方で――存在している。あなたも同様だ。このように理解するかぎり、私たちが変化するという事実は、私たちが過去や未来に存在する人と数的に同一であることを排除しない。

もちろんこうした事実は、変化と通時的同一性が矛盾しないことを示すだけであり、過去のあなたと現在のあなたが数的に同一であるのはなぜかを教えてくれるわけではない。この問題こそ、次節以降で考察していくべき問題である。

1-3 身体説と記憶交換の思考実験

身体説と通時的同一性

私たちが関心をもつのは、ある人が時間を通じて同一であり続けるのはなぜかという問題である。本節ではまず、この問題に答えるひとつの有力な立場として、「**身体説**」と呼ばれる立場を紹介しよう。

身体説の主張を確認するために、あなたの目の前のこの本について考えることから始めよう。この本は紙やインクといった部分から成る。細かく見れば、これらの部分は分子や原子のような物質から構成されているだろう。このように、様々な物質によって構成された対象のことを「**物質的対象**」と呼ぶ。身体説とは、まさに私たちをある種の物質的対象、すなわち**身体**と同一視する立場である。[1] この身体説の主張には一定の魅力がある。なぜなら、人が頭や腕、さらにはそれを構成する分子や原子から構成された物質的対象だと考えることは、現代の私たちにとってごく常識的であるからだ。すると、私たちをその身体と同一視することには理がある。というのも、もし私たちが何らかの物質的対象であるとすれば、それは身体より他にないように思われる

[1] 身体説の代表的な擁護者は、B・ウィリアムズである。身体説を擁護し、後の人の同一性の議論に決定的な影響を与えた論考としては、B. Williams, "Personal Identity and Individuation," *Proceedings of the Aristotelian Society* 57, 1956-7, pp. 229-252; B. Williams, "The Self and the Future," *Philosophical Review* 59, 1970, pp. 161-180（ともに論文集 *Problems of the Self*, Cambridge University Press, 1973 に所収）がある。

からである。

身体説によれば、人は身体であり、人の同一性は身体の同一性によって説明される。では、ある身体が時間を通じて同一であり続けるのはなぜなのだろうか。この問いに答えるために、ふたたび身近な物質的対象を例に考えてみよう。あなたが今読んでいる本は過去のある時点で製造され、その後あなたに購入された[2]。この本はおそらく将来どこかの時点で失われて存在しなくなる。この期間本には様々な変化が生じる。たとえば日に焼けていくかもしれないし、一部が修繕されるかもしれない。しかし、外観や構造の多少の変化は、この本が同一の本であり続けることの妨げにはならない（前節の議論を思い出そう）。目の前の少し折り目の付いた本は、あなたが購入した本そのものである。

では、この本が存在しなくなるのはどんな場合だろうか。たとえば、この本を燃やしてしまえば、この本は存在しなくなるだろう。なぜなら残された炭は、本であるために備えなければならない最低限の機能――たとえば、読むことができるという機能――を完全に失い、本であると言えないからである。ここから引き出される教訓は次である。すなわち、本が時間を通じて同じものであり続けるためには、変化を通して本としての**機能が保たれていること**が必要である。

もうひとつの重要な問題を考えよう。あなたが本を購入した際、書店には他に同じ本が複数あったかもしれない。これらの本は、あなたが購入した本と瓜二つである。

[2] 本は、厳密に言えば物質的対象のうちでも「人工物」と呼ばれるカテゴリーに含まれる。人工物のカテゴリーをどのように特徴づけるかという問題については、第8章を参照。

しかし、あなたの本と同一なのはあなたが購入した特定の本だけだ。ではいったい、あなたが買った本が目の前の本と同一であり、書店にあった他の本がそうではないのはなぜだろうか。この問いに答えるために重要なのが、「**時空的連続性**」と呼ばれる概念である。この概念を理解するために、あなたの本が辿ってきた経歴を考えよう。たとえば、この本は製本所で製造され、書店に運ばれ……といった経路を経て現在あなたの目の前にある。このとき、あなたの本が時空間の中を移動してきた連続した経路を考えることができるだろう。「時空的連続性が成り立つ」とは、まさにこうした「時空間内の連続した移動経路で結びつけられる」ということである。あなたがかつて購入した本と目の前の本の間にはこうした時空的連続性が成り立つ。他方、書店にあった別の本とこの本の間には、時空的連続性は成り立たない。別の本は別の人に買われて別の場所に移動しており、その移動経路はあなたの目の前の本に繋がっていないからだ。

以上の議論をまとめよう。ある時点に存在する本が後のある時点に存在する本と同一であることは、その期間本としての最低限の機能が保たれており、さらに、両者の間に時空的連続性が成り立つことによって説明される[3]。この説明は、本だけでなく他の物質的対象、つまり身体にも適用できる。すなわち、ある時点に存在する身体が後の時点に存在する身体と同一であるのは、(1)その期間身体としての最低限の機能が保たれており、(2)両者の間に時空的連続性が成り立っているためである[4]。

[3]　最低限の機能と時空的連続性は、それが失われるならば当の対象が存在しなくなるような特徴である。こうした特徴は、一般に「**本質**」と呼ばれる。この本質の概念は、本章のような時間的変化を考える場面だけではなく、ある対象についてどのような変化が「可能」であるかという問題を考える場面でも重要となる。本質についての議論の詳細は【3-3　本質】を参照。

[4]　物質的対象の同一性についての以上の理解は比較的標準的なものだが、そこに形而上学的問題がないわけではない。こうした問題について論じたものとしては、たとえば、E・コニー、T・サイダー『形而上学レッスン——存在・時間・自由をめぐる哲学ガイド』（小山虎訳、春秋社、二〇〇九年）の第七章、及びT・サイダー『四次元主義の哲学——持続と時間の存在論』（中山康雄監訳、小山虎・齋藤暢人・鈴木生郎訳、春

ここで、身体の機能について補足しておこう。私たちの身体が保つべき機能は、「身体」というものをどう捉えるかに応じて異なる。しかし、ここではその点に深入りせず、ひとつの有力な見解を採用することにしよう。この考えによれば、私たちの身体とは、生命をもった**生物としての身体**である。そして、身体が保持すべき機能とは「生きている」こと、すなわち、**生命機能**である。[5] このように理解された身体説によれば、私たちの始まりや終焉は、生物学的な誕生や死にぴったり重なる。すなわち、私たちが存在し始めるのは、生命機能を備えた身体（つまり、特定の生物個体）が生まれるときである。そして、私たちが終焉を迎えるのは、身体の生命機能が失われるとき、すなわち生物学的な死を迎えるときである。

身体説の主張をまとめよう。身体説によれば、人は様々な物質から構成された身体である。そして、人が時間を通じて同一であり続けることは、生命機能の保持と時空的連続性によって説明される。

身体説に対する批判

しかし、この身体説の主張には深刻な批判がある。その批判は次のような**思考実験**に基づいている。思考実験とは、架空の状況を考えることを通して、様々な哲学的立場の正しさを吟味する試みのことである。こうした思考実験を用いるのは、そのことによって、身体説の問題点が明瞭になるからにほかならない。

秋社、二〇〇七年）を参照してほしい。後者は体系的であるが、やや専門家向けである。

[5] この立場は、私たちをまさに特定の生物種に属する動物と同一視することから、「動物説」と呼ばれることがある。

まず、将来次のような**記憶交換装置**が発明されたとしよう。この装置に二人の人が入ると、装置はそれぞれの人から記憶を抜き取って消去し、もう一人の方に移し替える。この装置から出てきた二人は、ちょうど記憶が入れ替わる形になる。たとえばルパンと銭形がこの装置に入るならば、**ルパンの身体と銭形の記憶をもった人**と、**銭形の身体とルパンの記憶をもった人**が出てくる。では、この二人の人のうち、装置に入る前のルパンと同一人物なのはどちらだろうか[6]。

この問いをもっと具体的に考察するために、さらに想定を加えよう。ルパンはかつて重大な犯罪を犯して警察に追われている。ルパンは眠っている銭形——ルパンを追い続けてきた刑事——を密かに運び出し、一緒にこの装置に入る。そして、装置から二人の人が出てきたそのときに警官隊が踏み込んでくる。ここで、警官たちは二人の人のどちらを捕まえるべきだろうか。

もし身体説が正しいならば、捕まえるべきはルパンの身体と銭形の記憶をもつ人である。なぜなら身体説によれば、装置に入る前のルパンと同一であるのはルパンの身体をもつ人であり、本章の冒頭でも確認したように、人は過去に自分が行なった行為について責任を負うからである。しかし、ここで身体説は困難に直面する。というのも、身体説から導かれるこの責任についての主張が、ひどく不当に感じられるからである。ルパンの身体と銭形の記憶をもつ人にとって、ルパンがかつて犯した罪はまったく身に覚えのないものである。何しろこの人は、自分はルパンを追い続けてきた刑

[6] こうした思考実験は、十七世紀の哲学者ジョン・ロックに由来する（ジョン・ロック『人間知性論（二）』、大槻春彦訳、岩波書店、一九七四年、三二一頁）。また、【1-3 身体説と記憶交換の思考実験】注[1]で紹介したウィリアムズも同趣旨の思考実験を提示しているが、ウィリアムズ自身はこうした思考実験による心理説の擁護に反対することに注意してほしい。ウィリアムズ自身の議論については、前掲 Williams, "The Self and the Future" を参照。心理説の側からのウィリアムズに対する反論としては、たとえば、John Perry, "Williams on the Self and the Future," in John Perry, *Identity, Personal Identity, and the Self*, Hackett, 2002, pp. 103–118 がある。

事であるとしか考えていないのだ。この人物をルパンの過去の犯罪を理由に牢につなぐのは、奇妙なことだろう。つまり、ルパンの犯罪の責任を、ルパンの身体をもつ人に問うべきだとする身体説は、責任に関しておかしな主張をすることになる。

それに比べて、ルパンの記憶と銭形の身体をもつ人に責任を問うことは、はるかに自然である。この人は過去の犯罪の計画立案から実行に至るまで、すべて身に覚えのある人であるからだ。すると、この人は、異なる身体をもつにもかかわらず、過去のルパンの犯罪の責任を負うように思われる。もしこのことが正しいならば、ルパンの記憶を受け継いだこの人こそ、装置に入る前のルパンと同一人物であると考えたくなる。なぜなら、人は過去に自分が行なった行為について責任を負うという常識的理解に従うかぎり、過去のルパンの犯罪の責任を負う人こそ、過去のルパンと同一人物であると結論すべきだからである。

以上の記憶交換の思考実験は、同身体説の問題点を鮮やかに浮かび上がらせる。すなわち、身体説が正しいならば、過去の犯罪にまったく身に覚えのない人にその責任を負わせなければならなくなる。それだけでなく、この思考実験は、記憶交換装置に入った人と同一人物であるのは、同じ身体をもつ人ではなく、記憶を受け継いだ人であるという考えを支持するように思われる。すると、人の同一性にとって本質的なのは身体の同一性ではなく、むしろ記憶のような心理的な結びつきであると考えたくなる。こうした考えを発展させたのが、次の【1-4】で論じる心理説である。

1-4 心理説と複製の問題

記憶説とその問題点

【1-3】の「記憶交換装置」の思考実験は、人の通時的同一性にとって重要なのは身体ではなく、記憶であることを示すように思われた。すると、ここで自然に思いつくのは、記憶こそが私たちの人の同一性を説明するという考えだろう。つまり、人が過去の自分と同一の人であることは、その人が過去の自分の経験を思い出せることに基づくのだ。この考えを「**記憶説**」と呼ぼう[1]。

しかし、この単純な記憶説にはすぐに問題が生じる。ひとつは、**忘却の問題**である。私たちは、しばしば自分が過去に経験したことを忘れる。あなたは小学生のときに経験したことをまったく思い出せないかもしれない。しかし、だからといってあなたが小学生のときの自分と同一ではないと結論するのは明らかにおかしい。もうひとつの問題は、**意識喪失の問題**である。たとえば、あなたは眠っているときには意識を失うため、その期間のことを思い出すことはできない。すると、記憶説によれば、あなたは眠っているときの自分と同一人物であるとは言えないことになる。しかし、こ

[1] 古典的な記憶説は、しばしばロックに帰される立場である。人の同一性についてのロック自身の立場については、前掲ロック『人間知性論（二）』、第二七章を参照。

れもまた受け入れがたい結論である。人は眠っている間別人になるわけではないからだ。

したがって、単純な記憶説はうまくいかない。私たちの通時的同一性にとって記憶が重要であるとしても、単に過去の経験を記憶していることによって人の同一性を説明することはできないのである。

記憶説から心理説へ

こうした問題を受けて、記憶説を洗練させた立場が**心理説**である[2]。心理説の主張を確認するために、現在のあなたの心のあり方を考えることから始めよう。あなたの心のあり方に含まれるのは**記憶**だけではない。たとえば、今あなたは本を読むという**経験**をしているだろう。さらにあなたは、目の前にある本が自分のものだと**信じている**だけでなく、コーヒーを飲みたいという**欲求**をもっているかもしれない。加えてあなたは、特定の**性格**や**嗜好**も備えているだろう。こうした様々な心のあり方は、まさにあなたが今どんな人かを決める。心理説が重視するのはこの点である。心理説によれば、あなたを他人と区別し、あなたをあなた自身にしているのは、あなたの記憶、経験、信念、欲求、嗜好、性格といった心のあり方である。以下では、こうした心のあり方をひっくるめて「**心理状態**」と呼ぼう。

心理説は、人の通時的同一性をこうした心理状態の間の結びつき、すなわち**心理的**

[2] 記憶説には、先に挙げたものとは別の困難もある。その中でも特に深刻なのは、記憶の概念が人の同一性の概念を前提しているために、記憶によって人の同一性を説明することはできないのではないかという問題である。この問題に対処するためには、人の同一性を説明する際に用いられる「記憶」を、人の同一性を前提しない概念として再解釈することが必要になる。こうした点を含め、記憶説を心理説へと改良する試みとしては、S・シューメイカー「人格の同一性——唯物論者の説明」（S・シューメイカー、R・スウィンバーン『人格の同一性』、寺中平治訳、産業図書、一九八六年、一〇三—二〇三頁）と、D・パーフィット『理由と人格——非人格性の倫理へ』（森村進訳、勁草書房、一九九八年）の第一〇章が詳しい。

連続性によって説明する。次にこの点を確認しよう。あなたが現在もつ心理状態の大半は、あなたが今突然もつようになったものではない。現在の心理状態は、あなたが過去に特定の心理状態をもったことの結果である。たとえば、あなたが現在この本を自分のものだと信じているのは、かつてこの本を購入する経験をもったことの結果だろう。あなたの現在の記憶や性格や嗜好もまた、過去の経験の結果形成されたものだ。すなわち、過去のあなたの心理状態と、現在のあなたの心理状態の間には**因果関係**が成り立つ。[3] 心理的連続性は、まさにこうした因果関係の連鎖として捉えられる。あなたの現在の心理状態は、小学生のときのあなたの心理状態とは大きく異なる。しかしそれでも、現在の心理状態は昨日の心理状態の結果であり、昨日の心理状態はその前日の心理状態の結果であり……といった因果関係の連鎖を辿っていけば、両者の心理状態はこうした連鎖によって繋がっている。つまり、あなたの現在の心理状態は、あなたの小学生のときの心理状態の遠い結果なのである。心理説は、この心理的連続性によって人の同一性を説明する。つまり、ある時点に存在する人が後の時点に存在する人と同一人物であるのは、両者の間に心理的連続性が成り立つからである。

ここで、心理説が先の記憶説の問題点をどう乗り越えているかを確認しておく。忘却の問題から始めよう。人はたしかに過去に経験したことを忘れる。しかしそれでも、私たちが現在もつ大部分の信念、欲求、性格、嗜好は、依然として過去の自分の心理状態の結果である。心理説にとって、こうした心理的連続性が成り立っているか

[3] 因果性に関する形而上学的問題の詳細については、第4章を参照のこと。

[4] この点はたとえば、認知症などによって過去の記憶を大部分失ってしまう場合にも同様に成り立つ。こうした患者の信念、欲求、性格や嗜好は、多くの場合過去の経験や信念、欲求、性格や嗜好の影響をとどめており、その点で心理説はこうした患者が過去の自分と同一であることを心理的連続性によって説明することができる。

[5] 一般に、私たちは起きている間でも、自分のもつ記憶、信念、欲求、性格や嗜好にいつも気づいているわけではない。たとえばあなたは今現在はっきり意識していなくとも、地球が丸いことを信じているだろう

ぎり、一部の記憶の忘却は人の同一性の喪失を意味しない[4]。意識喪失の問題はどうだろうか。たしかに私たちは眠っている間のことを覚えていない。しかし、たとえ気づくことはなくとも、人は眠っている間も記憶や信念や欲求、性格や嗜好を保持している[5]。むしろ、あなたが今特定の心理状態にあるのは、あなたが寝ている間に心理状態を保持していた結果なのだ。したがって、心理説は、人が寝ている間の自分と同一であることを心理的連続性によって説明することができる。

心理説の主張をまとめよう。心理説によれば、人をまさにその人自身にするのは、身体ではなくその心理状態である。そして、人の通時的同一性は各時点での心理状態の間に成り立つ因果関係の連鎖によって説明される。心理説によれば、人は何らかの心理状態をもつようになって初めて――何らかの経験をもつことができるほど脳が発達した後に――誕生する。さらに、脳の壊滅的損傷などによって心理的連続性が保てなくなると、人は終焉を迎える[6]。

心理説の問題点

しかし、心理説にも難問が待ち構えている。ここで取り上げるのは、その中でも特に厄介な「**複製の問題**」である。この問題を確かめるために、先ほどとは別の思考実験をしてみよう。将来的に次のような**脳状態移植装置**が開発される[7]。この装置は、あなたの脳状態を正確に読み取った後、その情報を別に培養されたあなたのクローンの

[4] し、聞かれればそう信じていると答えるだろう。したがって、自分の心理状態に気づいていないことは、その心理状態をもっていないことを意味しない。

[6] 心理説にとって、人が脳のような物質的基盤をもつことは重要である。現代の科学的知識に従うならば、私たちは脳のような物質的基盤なしに心理状態をもつことはできないからである。ただし、大半の心理説の論者は、心理状態の物質的基盤が必ず脳でなければならないとは考えない。たとえば、心理的連続性が保たれるかぎり、その物質的基盤は何らかの高性能コンピューターであってもよい。したがって心理説によれば、人は脳や身体を失っても存在可能な、特別な種類の対象であることになる。

[7] この思考実験は、前掲シューメイカー「人格の同一性――唯物論者の説明」の第一〇節から借りている。

脳に正確にコピーする（その段階で元の身体は廃棄される）。そのことであなたの心理状態をクローンに「移植」するわけである。このとき、装置に入ったあなたと装置から出てきた人の間には心理的連続性が成り立つ。たとえば、あなたが装置に入る前に映画を観たいと思っていたならば、このクローンはその欲求を引き継ぐ。したがって心理説によれば、装置に入る前のあなたは、装置から出てきた人と同一である。

さて、ここで少し想定を変えよう。装置を操る技術者の手違いによって、あなたの心理状態が一体のクローン（「A」と呼ぼう）だけでなく、バックアップ用に保存されていた別のクローン（「B」と呼ぼう）にも移植されてしまったとしよう。つまり、あなたの心理状態が二体のあなたの**複製**に移植されてしまったのだ。このとき、AとBは瓜二つであるが、互いには数的には同一ではない[8]。これは、性格のよく似た一卵性双生児が同一人物ではないのと同様である。

このとき心理説の論者は、あなたはAもしくはBのどちらか一方だけと同一だと論じることはできない。なぜなら、同じ心理状態を引き継ぐ以上、心理的連続性に関して両者に違いはないからだ。すると心理説の論者は、共に心理的連続性が成り立つ以上、あなたはAとBの両方と同一だと考えざるをえない。しかし、これは数的同一性の意味からして選ぶことのできない選択肢である。すでに確認したように、数的に同一であるとは同じ一人の人であるということである。したがって、AとBが別人である以上、あなたがその両方と同じ一人の人であることはできない。人は二人の別人と

［8］　このことは、心理説の立場からも確かめることができる。確かに、移植直後には、Aがもつ心理状態とBの心理状態は非常によく似ている。しかし、それでもAとBの間に心理的連続性は成り立っていない。そのことをはっきりさせるため、移植後Aが沖縄に行き、Bが北海道に行ったとしよう。このとき、Aが沖縄で暑さを経験することが、Bにアイスクリームを食べようという欲求を引き起こすことはない。したがって、一方の心理状態は他方の心理状態とまったく独立であり、AとBの間には心理的連続性は成り立たない。したがって、心理説において、AとBは同一人物ではない。

同じ一人の人であることはできないのだ[9]。

この事例の問題は、あなたの心理状態がAとBの二人に移植されることで、心理的連続性が「**枝分かれ**」してしまうことにある。だからこそ、一人の人が二人の別人と同一人物であるというありえない結論が導かれてしまうのだ。すると、心理説は、この事態を回避するために立場を修正することができる。すなわち、人が後の時点におけるある人と同一人物であることは、両者の間に**枝分かれを含まない**心理的連続性が成り立つことに基づく、と修正するのである。このように修正すると、先の問題は解消するように見える。すなわち、あなたの心理状態が一体のクローンに移植される場合には、心理的連続性は枝分かれを含まないため、移植後の人はあなたと同一である。他方、あなたの心理状態が二体のクローンに移植されると、心理的連続性は枝分かれする。この場合には、修正版心理説によれば、あなたは装置から出てきた二人の人のどちらとも同一人物ではない。この修正版心理説は、少なくとも数的同一性の意味に反する主張をしないで済む点で、元の心理説を改良したものになっている。

しかし問題は、この修正版心理説がそれ自体として奇妙な帰結をもつことである。修正版心理説によれば、心理状態が二人に移植される場合には、あなたは移植後の二人のどちらとも同一ではない。それはつまり、他にあなたと同一視できる人が残されていない以上、あなたは装置に入った時点で存在しなくなるということだ。しかし、これはひどくおかしな事態ではないだろうか。あなたの心理状態が一体のクローンに

［9］一般に、数的同一性は**推移的**である。すなわち、XがYと数的に同一であり、YがZと数的に同一であるならば、XはZと数的に同一である。さらに、数的同一性は**対称的**でもある。すなわち、XがYと数的に同一であるならば、YはXと数的に同一である。これらはどちらも、数的同一性が備えていなければならない基本的な特徴だと考えられている。そして、この二つの特徴からは、あなたが二人の別人と数的に同一であることはありえないことが導かれる。つまり、あなたがAと同一であり、あなたがBと同一であるならば、AとBは同一であるのでなければならない。したがって、AとBという二人の別人について、あなたがその両方と同一であるとする選択肢は、数的同一性の基本的特徴に反するものなのである。

移植された場合には、修正版心理説においてもあなたは存在し続ける。しかし、移植プロセスに何の問題もないにもかかわらず、あなたの心理状態を引き継ぐクローンを別に一体増やすだけで、あなたは急にいなくなってしまうのだ。

こうして、心理説は深刻な困難に陥る。修正前の心理説は、移植前の人を移植後の二人の人と同一視することになるために、数的同一性の基本的な理解に反してしまう。しかし、修正版心理説は、心理状態を引き継ぐ人が増えるとその当人が存在しなくなるという、容易には受け入れがたい帰結をもつことになる。

1-5 人の同一性は重要か

パーフィットの議論

私たちは、こうした心理説の困難から何を学ぶべきだろうか。この心理説の困難から「**人の同一性は重要ではない**」という驚くべき教訓を引き出したのが、イギリスの哲学者**D・パーフィット**である。

本章の冒頭で述べたように、私たちにとって人の同一性が重要であることは否定しがたい。私たちは自分が過去に行なったことの責任を負い、自分の未来に希望を抱く。私たちは自分が未来に存在し続けることを望み、自分が終焉を迎えることを忌避する。こうした実践的な重要性があるからこそ、人の同一性を解明することが重要な課題となるのだ。しかし、パーフィットによれば、こうした私たちの常識的な考えを捨てることこそ、私たちが複製の問題から学ぶべき教訓なのである[1]。

このパーフィットの議論を確認しよう。修正版心理説によれば、あなたの心理状態が二人の複製に移植される場合には、心理的連続性が枝分かれするため、あなたは二人の複製のどちらとも同一ではない。したがって、あなたが自分の未来の幸福を望む

[1] 以下の議論は、前掲パーフィット『理由と人格』、第一二章―第一五章の議論に基づく。

ならば、この事態を忌避すべきだろう。なぜなら、二人があなたと別人である以上、この事態はあなたが存在しなくなることを意味するからだ。さらに、人が過去の自分の行為に責任を負うべきならば、別人である二人があなたの行為の責任を問われることもない。

しかし、パーフィットはこうした判断は不合理だと論じる。もちろん、二人の複製は、一人の人が二人の人と同一であることが不可能である以上、どちらもあなたと同一ではない。この点はパーフィットも認める。したがって、二人の複製が存在するようになると、あなたはたしかに存在しなくなる。しかし、それでもあなたと二人の複製の間には依然として心理的連続性が成り立つ。つまり、二人は共にあなたの記憶や計画、性格や嗜好を引き継ぎ、あなたの望んだことを実現しようと試みる。パーフィットによれば、こうした事態は、あなたが未来に存在し続けるのと同じくらい望ましい事態である。同様に、二人の複製は、あなたの過去の行為について身に覚えがあり、その行為をもたらした性格や信念を保持している。したがって、二人はあなたの行為の責任を問われるに値するのだ。

以上の議論からパーフィットは、私たちの実践にとって本当に重要なのは、人の同一性ではなく心理的連続性だと結論する。[2] 人にとって望ましいのは、未来の自分自身の幸福ではなく、自分の心理状態を引き継いだ未来の人の幸福である。同様に、人は過去の自分の行為に対して責任を負うのではなく、自分が心理状態を引き継いでいる

[2] 厳密には、パーフィットは、心理的連続性だけではなく「心理的連結性（psychological connectedness）」と呼ばれる関係も私たちにとって重要であると主張する。心理的連結性とは、心理状態の間に成り立つ直接的な因果関係のことであり、その結びつきには程度差がある。たとえば、昨日のあなたの心理状態（性格、信念、記憶等々）が、現在のあなたの心理状態に数多く受け継がれるとき、ふたつの心理状態は強く心理的に連結している。逆に、10年前のあなたの心理状態が、現在のあなたの心理状態にあまり影響を与えていない場合には、その間の心理的連結性は弱い。一般に、現在の心理状態と、遠い過去や未来の心理状態の間には心理的連結性がほとんど成り立たない。そのことからパーフィットは、遠い未来や過去の自分はほとんど他人のようなものであり、私たちにとって重要ではないと論じる。

過去の人の行為に対して責任を負う。自分と同一の人が過去や未来に存在するかは、私たちにとって重要ではない。修正版心理説が人の同一性について奇妙な帰結をもつことに悩む必要もない。私たちにとって重要なのは、それが一人であろうと二人であろうと、過去や未来に自分と心理的に連続したものが存在することなのだ。

　こうしたパーフィットの議論は、先の心理説の困難が問題にならないことを示そうとするものであると同時に、私たちのあり方を根本的に修正する面をもつ。パーフィットが正しいならば、私たちが存在し続けること自体には何の重要性もない。自分の心理状態を他人が引き継ぐことが、自分が存在し続けることと変わらないことになるのだ。実際パーフィットはこの議論によって、私たちは自分自身であることに関心をもつのをやめ、自己保存や自己利益を重視するあり方から解放されるとさえ結論する。しかし、これはまさに、私たちの現在の人としてのあり方を根本的に変更することだろう。[3]それにもかかわらず、パーフィットによれば、これは人の同一性に関する形而上学的考察からの避けがたい帰結なのである。

パーフィットの議論に対する可能な反応

　私たちにとって、こうしたパーフィットの結論は容易には受け入れがたいものかもしれない。そこで、もしパーフィットの議論を拒否し、人が自分自身であり続けることは重要だと考えるとしたら、私たちにどのような選択肢がありうるのだろうか。最

[3] 私たちの日常的実践を大きく歪めるという点からパーフィットの議論を批判したものとしては、たとえば、S. Wolf, "Self-Interest and Interest in Selves," *Ethics* 96, 1986, pp. 704-720を参照。パーフィット自身の応答としては、D. Parfit, "Comments," *Ethics* 96, 1986, pp. 832-872がある。

後にこうした選択肢に簡単に言及することで、本章を締めくくることにしよう。

パーフィットは、心理説が重視する心理的連続性の価値を認めつつ、心理説が複製の問題に直面することから、人の同一性は重要でないと結論する。そこで、ひとつの可能な選択肢は、心理説そのものを拒否して別の立場を採用することだろう。しかし、こうした選択肢を採る場合には、当然乗り越えるべき障害がある。第一に、心理説よりもその立場を採用すべき理由を提示する必要がある。たとえば、心理説の代わりに身体説を採用するならば、先の「記憶交換装置」の思考実験に基づく批判に応えなければならない。第二に、心理説が直面した複製の問題が自身の立場について生じないことや、生じたとしても問題にならないことを説得的に論じる必要がある。たとえば、人の同一性について身体説を採用したとしても、人の身体をアメーバのように分裂させる思考実験が考えられるかもしれない。もし人の身体が分裂するならば、結果として分裂前の身体と時空的に連続しており、また身体としての機能を保っているふたつの身体が生み出されることになる。これはまさに、心理的に連続したふたつの複製が生み出される状況とほとんど同じである。すると、身体説も同様の問題に対処しないわけにはいかなくなる[4]。

パーフィットの議論を拒否するもうひとつの方法は、これまで人の同一性をめぐる議論で用いられてきた思考実験という手法を疑うことである。パーフィットの議論において本質的な役割を果たす複製の問題は、「脳状態移植装置」というSF的思考実

[4] こうした課題に答え、身体説（動物説）を擁護しようとする試みとしては、E. Olson, *The Human Animal: Personal Identity without Psychology*, Oxford University Press, 1997がある。また、人の同一性は身体や心の働きに関する事実によっては説明できないとする「単純説」と呼ばれる立場もある。そして、単純説はしばしば複製の問題に優れた解答を与えると主張される。単純説については、R・スウィンバーン「人格の同一性――二元論の擁護」（前掲シューメイカー、スウィンバーン『人格の同一性』、一―一〇一頁）、及び、R・M・チザム『人と対象――形而上学的研究』（中堀誠二訳、みすず書房、一九九一年）のⅢを参照。

[5] 人の同一性の議論における思考実験の乱用を批判するものとしては、たとえば、K.

験を考えたからこそ生じる。しかし、もしこうした思考実験という手法に問題があるならば、パーフィットの議論を拒否する余地が生じる。もしかすると、こうした思考実験は私たちのあり方をひどく歪めてしまうために、そこから私たち自身がどういうものであるかについての結論を導くことはできないかもしれないのである[5]。

以上で、パーフィットに対抗するために選びうる代表的な選択肢として、⑴心理説を拒否する立場と、⑵思考実験という方法論を疑う立場を取り上げた。もちろん、以上の選択肢は、可能な選択肢を尽くしたものではない[6]。とはいえ、人の同一性を問うこと自体にどのような意味があるのかを考える上で、パーフィットの議論に何らかの応答をすることは避けられない。なぜならこの議論は、私たちの自分自身の理解に変更を促すものだからである。その点で、パーフィットの議論は、現代形而上学がもつラディカルな側面を示すものである。現代形而上学は、ひとつひとつの議論を丁寧に積み重ねることで、私たちのものの見方を根底から覆すことがありうるのだ。

Wilkes, *Real People: Personal Identity without Thought Experiments*, Oxford University Press, 1994, ch. 1を参照。思考実験についての考察からパーフィットの議論を批判的に論じる近年の試みとしては、T. S. Gendler "Personal Identity and Thought-Experiment," *The Philosophical Quarterly*, vol. 52 (206), 2002, pp. 34-54がある。

[6] ここで紹介できなかった立場として、たとえば、心理説の立場に立ちながら複製の問題に新たな解答を与えようとする試みが存在する。たとえば、「四次元主義」と呼ばれる立場の一種である「ワーム説」は、「心理状態が二人の複製に移植される場合には、移植前にも二人の人が重なりあって存在していた」と主張することで、複製の問題に興味深い回答を与える。こうした試みについては、前掲のサイダー『四次元主義の哲学』を参照してほしい。

第2章

自由と決定論

2-1 行為についての二つの見方

あなたが石を拾って投げる。このとき、誰かに強制されたわけではなく、あなた自身が石を投げることを選んだのならば、その行為は**自由**である[1]。逆に、脅されて石を投げさせられたのならば、その行為は自由ではない。自由な行為と自由ではない行為のこうした区別は、社会生活において重要な意味をもつ。一般に、自由な行為を行なった人はその**責任**を問われ、**賞賛**や**非難**の対象になる。たとえば、あなたが自分の選択に基づいて投げた石が人にぶつかったならば、あなたは非難されその責任を問われるだろう。他方で、自由ではない行為を行なった人にこうした態度を向けることは適切ではない。あなたが他人に脅されて無理やり石を投げさせられたならば、たとえ石が人にぶつかったとしても、その行為の責任を問われるべきなのはあなたではない[2]。このように、行為が自由であるかどうかは、人の行為が責任や賞賛、非難に値するかどうかを評価する上で本質的な役割を果たしている[3]。

他方で、私たちは自分の行為について別の見方をすることができる。行為は、雨が降ることと同様に、この世界に生じる出来事のひとつである。そして、どんな出来事

[1] 本章では、「行為」という言葉を広い意味で用いる。たとえば、「手を挙げる」や「石を投げる」といったものだけではなく、「何もしない」や「寝る」といったことも、人が何らかの意図をもってそれを行なう（あるいは行なわない）ことができるものであるかぎりで行為に含める。

[2] 前章で確認したように、責任は人の同一性とも密接な関係にある。一般に人は過去に自分が行なった行為の責任を問われるため、人の同一性を解明することは、過去に行なわれた行為の責任を誰が負うべきかを明らかにすることでもあるからである。他方、行為が自由であるかどうかは、その行為が責任に値するかどうかという点に深く関わる。

にも原因がある。たとえば、今どこかで雨が降っているのは、海で蒸発した水蒸気が上空で冷やされたことの結果だろう。同様に石を投げたあなたの行為も、過去の様々な出来事、たとえば、あなたの脳の働き等々の結果である。さてここで、この世界に生じる出来事について「**決定論**」と呼ばれる考えが成り立つとしよう。決定論によれば、どんな出来事もはるか過去に生じた出来事の必然的な結果である。すると、私たちの行為もまたひとつの出来事である以上、それも過去の出来事の必然的な結果であることになる。

自由と決定論の衝突が生じるのはまさにこの場面である。決定論が正しいならば、あなたが石を投げたことは、過去の出来事によって、生じることが決まっていたことである。だとしたら、あなたが自分の行為を「自分で選ぶこと」など可能なのだろうか。あなたの行為が自由であることなど、本当はありえないのではないだろうか。本章で扱うのは、まさにこうした、自由と決定論の衝突をめぐる問いである[4]。

ここで、この問題の意義を少し広い観点から確認しておこう。すでに述べたように、行為を自由なものと見なすことは、人の行為の責任を問うといった社会的実践の基盤となる。こうした観点なしに、私たちの法的、道徳的な活動は成り立たない。もしどんな行為も自分で選んだ自由なものではないとしたら、その行為はただ単に自然の成り行きに従って生じただけのものにすぎない。そのときには、私たちがその行為を道徳的に賞賛したり、咎めたり、責任を問うたり、罰を与えたりすることの根拠は

［3］行為を自由なものと見なすことが、私たちが他の人々と共に生きていくことにとって不可欠な役割を果たす点については、P・F・ストローソン「自由と怒り」（門脇俊介、野矢茂樹編・監修『自由と行為の哲学』、春秋社、二〇一〇年、三一―八〇頁）及び、成田和信『責任と自由』（勁草書房、二〇〇四年）の第一章と第二章が詳しい。

［4］本章で扱う自由と決定論の問題は、しばしば「自由意志（Free Will）」の問題、あるいは「自由意志と決定論」の問題と呼ばれることがある。

失われてしまう。なぜならそれは、風で枯れ葉が舞ったことを咎めるようなものだからである。しかし同時に、行為を含めたこの世界の出来事を原因と結果の連なりとして理解することもまた、私たちにとって基礎的である。それはまさに、世界で生じる様々な現象を科学的に探求する際に採用される基本的なものの見方である。（決定論は、こうした見方を採用して、（とりわけ目に見える大きさのレベルで生じる）原因と結果の連なりを理解しようとするときに、しばしば前提される考えにほかならない。）もし行為についてこうした理解を採用できないとしたら、それはひどく不可解な事態だろう。なぜなら、そのときには行為だけが特別な例外であることになり、過去に生じたことの結果として捉えられる他の様々な出来事（たとえば、私たちの脳の働きなど）との関係が謎めいたものになるからである。したがって、自由と決定論の問題を考えることは、「人の行為を自由なものとして見ること」と「人の行為を過去の出来事の結果として見ること」という、二つの根本的な見方の間の緊張を理解する試みでもあるのだ[5]。

[5] 自由と決定論の衝突をどのように理解するかという点については、T・ネーゲル『どこでもないところからの眺め』（中村昇ほか訳、春秋社、二〇〇九年、第七章）も興味深い観点を与えてくれる。

2-2 自由と決定論の衝突

自由、責任、別行為可能性

自由と決定論の衝突について具体的に論じるためには、自由と決定論についてまず一定の理解をもち、両者が衝突すると思われる根拠を明確化する必要がある。もちろん、こうした課題にあらかじめ完全な解答を与えることはできない。なぜなら、後でも見るように、哲学的な議論の深まりとともにあらためて「自由」や「決定論」の意味が問い直されることになるからである。本節の目標は、こうした限界があることを認めた上で、自由や決定論についての基本的な理解を得ることである。

まず「自由」から始めよう。本章の冒頭で述べたように、自由な行為とは第一に、私たちが**自分自身で選んだ**行為のことである。行為が自由であるということは、その行為が他人や環境によって強いられたものではなく、自分で選びとったものであるということなのだ。第二に、行為が自由であることは、その行為が**責任を問われることの条件**となる。つまり、責任を問うに値するのは、私たちが自分で選んだ自由な行為だけである。では、そもそも行為がこの二つの意味で自由であるためには、どのようなことが成り立っている必要があるのだろうか。これに対するひとつの有力な解答は、「行為が自由であるためには、少なくとも行為を選択する場面で別の行為を選ぶことができた――**別行為可能性**があった――のでなければならない」というものである。あなたが石を投げる行為が自分で選んだものであり、その責任を問えるものであるためには、あなたにはそのとき石を投げるだけでなく、石を投げないことを選ぶこともできたのでなければならないのだ。

行為が自由であるためには別行為可能性が必要だという考えは、様々な点で魅力的である。第一に、そもそも私たちが行為を「自分で選んだ」と言えるためには、選びうる複数の選択肢がなければならないと考えるのは自然である。第二に、この考えによれば、別行為可能性がない場合には私たちの行為は自由ではないことになるが、この点も常識によく一致する。私たちは常識的に、強制や脅迫やある種の精神疾患によって別の行為を選ぶことができない場合に、自分の行為は自由ではないと考えるだろう。第三に、自由には別行為可能性が必要だという考えに基づいて、自由が責任の条件であることも説明できる。私たちは通常、脅迫や精神疾患によって別の行為を選ぶ余地がなかった人――脅迫されて犯行に及んだ人や、うつ病のために遅刻してしまった人――には、その行為の責任を問うことを差し控える。さらに、私たちは自分の行為の責任を回避するために、しばしば「他にどうしようもなかった」と言い訳する。これらの事実は、別行為可能性がない場合には、行為の責任を問えないと私たちが考えていることを示唆する。すると、別行為可能性があるという意味で行為が自由であることは、行為が責任を問われるための条件であるように思われる。

以上の考察は、別行為可能性が、行為が自由であるための必須の条件だと考える理由となる。したがって以下では、まずこの自由の理解を前提に議論を進めることにしよう。

決定論

次に、決定論について確認しよう。本章で扱われる決定論は「**因果的決定論**」と呼ばれるものである。[1] すなわち、私たちの行為を含むどのような出来事も、過去に生じた原因の必然的な結果であるという主張である。この決定論の内容をもう少し正確に理解するために、「**特定の時点における世界の状態**」と「**自然法則**」という概念を導入しよう。「特定の時点における世界の状態」とは、ある時点において世界に生じているあらゆる出来事や状態のことである。当然、現在の世界の状態には、現在の私たちの行為も含まれる。「自然法則」とは、この世界の出来事の因果的な推移について成り立つ基本的な法則のことである。自然法則の例としては、物理学の基本的な法則(万有引力の法則など)を念頭に置くとわかりやすいだろう。[2] こうした概念を用いると、決定論の主張を次のように述べ直すことができる。すなわち決定論とは「ある時点の世界の状態と自然法則によって、その後の時点の世界の状態は必然的にひとつに

[1] その他の決定論としては、この世界に生じる出来事は神の事前の決定によって決まっているという神学的決定論や、あらゆる出来事が生じるか生じないかは論理的に決定されているという論理的決定論が挙げられる。ただし、以下では「決定論」という言葉を、因果的決定論のみを指すものとして用いる。

[2] こうした物理学の法則には近似的にしか成り立たないものや、将来の科学の発展によって誤りであることが判明するかもしれないものが含まれている。したがって、こうした物理学の法則は、厳密には「自然界に成り立つ法則」とまでは言えない可能性がある。しかしここでは、自然法則として、こうした自然界に一般的に成り立つ基本的な法則を念頭に置いていることを確認すれば十分である。自然法則や因果の概念については、第4章を参照してほしい。

定まる」という主張である。[3] すると、決定論が正しいならば、たとえばあなたがいま石を投げたことも、百年前の世界の状態と自然法則によって必然的に定められていたことになる。

結果論証

以上で私たちは、自由と決定論について一定の理解を得た。次の目標は、こうした理解に基づいて、自由と決定論の衝突を明確に理解することである。ここではそのために、「**結果論証**」と呼ばれる議論を取り上げる。[4] この議論は、後に紹介する「**非両立論**」と呼ばれる哲学的立場——自由と決定論は実際に衝突すると論じる立場——から提示されたものである。この議論をまず提示するのは、この議論が、自由と決定論が衝突するのではないかという私たちの自然な疑念を明確に表現したものと見なせるからである。

この議論の目的は、決定論が自由と衝突すること、つまり、決定論が正しいならば私たちの行為は自由ではないことを示すことである。したがって、まず決定論が正しいことを仮定しよう。私たちにとって重要なのは、決定論から直接導かれる次の主張(1)と、他の説得力ある前提から、私たちの行為が自由ではないことが導かれるかどうかを確かめることである。

[3] この決定論の主張が、「ある時点の世界の状態と自然法則が知られるならば、その後の時点の世界の状態を完全に正確に予測できる」という主張とは異なるということに注意しよう。こうした予測に関する主張は、決定論には含まれていない。

[4] 以下で紹介する結果論証(Consequence Argument)は、非両立論の代表的な擁護者であるP・ヴァン・インワーゲンの定式化を簡略化したものである。より厳密な定式化については、たとえば、P・ヴァン・インワーゲン「自由意志と決定論の両立不可能性」(前掲門脇・野矢『自由と行為の哲学』、一二九－一五三頁)を参照。

(1)　百年前の世界の状態と自然法則によって、私たちが現在行なっている行為は必然的にひとつに定まる。

さて、現在に存在する私たちは、過去を変える力などもっていない。過去に生じたことはすでに生じてしまっており、現在の私たちにはどうしようもないことだからだ。さらに、私たちが自然界に成り立つ法則を自由に変化させる力をもつとも考えにくい。すると、次が成り立つように思われる。

(2)　過去の世界の状態と自然法則を、私たちは変えられない。

次に、もうひとつの重要な前提を確認しよう。

(3)　もし過去の世界の状態と自然法則を私たちが変えられないならば、そのことの必然的な結果、つまり、自分の現在の行為も私たちは変えられない。

この主張は、「私たちに変えられないことから必ず生じる結果を、私たちは変えることはできない」という原則を、先の(1)について当てはめたものである。実際、もし過去や自然法則が私たちに変えられないものであり、私たちの行為がそれによって必然的に決まっているならば、どうして私たちが自分の行為を変えられるというのだろうか。したがって、(3)の前提も同様に否定しがたいものに思われる。そして、(2)と(3)から、ごく基本的な論理的推論によって次が導かれる。

(4) 私たちは、自分の現在の行為を変えられない。

しかし、これはまさに、私たちは自分が現在行なっているものとは別の行為を選ぶことができないということである。ここで、先に確認した自由の条件を思い出そう。

(5) 行為が自由であるためには、別行為可能性がなければならない。

すでに述べたように、(4)は私たちが別行為可能性をもつことを否定する。したがって、(4)と(5)から、次の結論が導かれる。

(6) 私たちの行為は、自由ではない。

この結果論証は、決定論が正しいという前提に基づいて、私たちの行為は過去の世界の状態と自然法則の結果に過ぎず、したがって（別行為可能性があるという意味では）自由ではないということを示すものだ。[5] この議論はすでに述べたように、自由と決定論が衝突するという考えに明確な表現を与えたものと見なせる。それに加えて、この議論にはもうひとつの重要な側面がある。この議論は、次節【2-3】で登場する「**両立論**」と呼ばれる立場——自由と決定論が本当は衝突しないと考える立場——が果たすべき課題を設定する役割をもつ。すなわち、両立論者がもし自由と決定論が衝突しないと考えるならば、この結果論証がどこかで間違っていることを示さなければならないのだ。他方で、【2-4】で紹介する「**非両立論**」は、自由と決定論が衝突するという結果論証の結論を、まさに受け入れる立場である。

[5] もしタイムマシンが存在するならば、私たちは過去を変えることができるため、先の前提(2)は間違いだと考える人もいるかもしれない。しかし、このことをもってすぐに結果論証が間違いだと結論するのは早計である。なぜなら、「もし決定論が正しいならば、私たちがタイムマシンを手にしないかぎり、私たちの行為は自由ではない」という結論が、依然として結果論証によって導かれるかもしれないからである。この結論は、少なくともタイムマシンが実現していない現段階では、決定論と自由の衝突を示すことに十分に成功しているだろう。

コラム　量子力学と決定論

量子力学は、私たちの目には見えない小さな粒子の振る舞いを説明する物理学である。そして、量子力学が扱うミクロの世界は、その標準的な解釈に従うならば決定論的ではない。たとえば、ある時点における粒子の状態を可能なかぎり完全に特定したとしても、その粒子の未来の振る舞いは確率的にしか決定できず、ひとつに定まらない。すると、次のような疑問が生じることは避けられない。もしこの世界が量子力学の描く通りに非決定論的であるとしたら、決定論は誤りであるのだから、そもそも自由と決定論が衝突する可能性について論じることに意味はないのではないだろうか。

この問いについては、もちろん簡単な解答は与えられない。なぜなら、現代物理学が発展の途上にあるだけでなく、量子力学の標準的解釈が正しいかどうか自体が現在懸案の問題であるからだ。[*] しかし、現段階においても次のような仮の解答が与えられるだろう。たしかに、ごく小さな粒子の世界は非決定論的でありうる。しかし同時に、私たちが普段目にする大きさの世界（マクロの世界）においては、こうした粒子の非決定論性の影響はほとんど無視できる程度に留まると一般的に考えられている。つまり、たとえミクロな世界が非決定論的であるとしても、マクロの世界の出来事については、決定論が（少なくとも近似的に）正しいと考える余地があるのだ。そして、私たちの行為もまた、こうした日常的な大きさのレベルで起きることである。すると、少なくとも私たちの行為については決定論が成り立つと考えることは、現代においても決してありえないことではない。

＊　量子力学の解釈をめぐる哲学的議論の概説書としては、たとえば、森田邦久『量子力学の哲学――非実在性・非局在性・粒子と波の二重性』（講談社、二〇一一年）がある。

2-3 両立論

両立論

本節では、自由と決定論は実は両立し、決定論が正しくても行為は自由でありうると論じる「両立論」と呼ばれる立場を考察する。[1] もちろん、両立論が正しいことを示すには、【2-2】で提示した結果論証の誤りを示す必要がある。この課題に対して、両立論者が採用する代表的な戦略は二つに分かれる。ひとつは、仮に決定論が正しくとも、私たちは依然として現実の行為とは別の行為を選ぶことができる（つまり、別行為可能性がある）と論じる道である。そしてもうひとつは、結果論証が前提する自由の理解、すなわち、私たちの行為が自由であるためには別行為可能性が必要だという考えを疑う道である。この二つの戦略はどちらも重要な意味をもつ。第一の戦略は、決定論が本当に私たちから別行為可能性を奪うのかを批判的に検討するものであり、そのために決定論とは何かを詳しく検討することになる。第二の戦略は、自由であることの意味を問い直し、決定論と両立する自由の理解を与えようとするものだ。こうした試みは、それぞれ「決定論」と「自由」についての理解に再考を促す点

[1] 両立論（compatibilism）は、自由を許容するものとして決定論を理解することから「柔軟な決定論（soft determinism）」と呼ばれることがある。

で注目に値する。しかしここでは特に第二の戦略に注目し、自由の理解に画期的な貢献をなしたアメリカの哲学者**H・フランクファート**の議論を紹介することにしよう[2]。

フランクファート型事例

前節で見たように、自由には別行為可能性が必要だという考えには一定の自然さがある。しかし、これに対してフランクファートは、「フランクファート型事例」と呼ばれる興味深い架空の事例を与える。この事例の目的は、行為が自由であるために別行為可能性は必要ではないことを示すことである[3]。

フランクファート型事例とは、次のような事例である。まず、あなたの大切な友人である花子が理由もなく殺されたとしよう。容疑者として警察に捕まった太郎は、「むしゃくしゃしてやった」と犯行を自白している。また太郎の犯行であることは証拠からも明白だ。このとき、あなたは太郎に対して憤り、太郎は厳しく罰せられるべきだと考えるだろう。さて、その後の捜査で次の事実が判明する。太郎の脳には、花子の死を確かなものにしようと企む悪の科学者によって、ごく小さな装置が埋め込まれていた。その装置は太郎が殺人をためらうとその脳の働きを感知して作動し、太郎を操作して花子を殺させる。したがって、太郎には、花子を殺さないという選択肢はなかった。太郎が殺すのをためらわなければ太郎は花子を殺しただろうし、逆にためらったとしても、太郎は装置に操作され花子を殺していたからだ。しかしここで、さ

[2] 第一の戦略をとるものとみなすことができる古典的著作としては、G・E・ムーア『倫理学』（深谷昭三訳、法政大学出版局、一九七七年）の第六章が挙げられる。より現代的にこの戦略を展開したものとしては、D. Lewis, "Are We Free to Break the Laws?," *Theoria* 47, 1981, pp. 113-121 の他に、日本語で読むことができるものとして、D・デネット『自由は進化する』（山形浩生訳、NTT出版、二〇〇五年）の第二章及び第三章が詳しい。この戦略は、先の結果論証の前提のうち、(2)、(3)のいずれかを否定する。すなわち、私たちが過去もしくは自然法則を何らかの意味で変えられることを示すか、あるいは、たとえ過去や自然法則を変えられないとしても、私たちは現在の自分の行為を変えることができることを示すことになる。

らに次のように想定しよう。機械をより詳しく調べると新たな事実が判明する。すなわち、この機械は正常に機能していたにもかかわらず、まったく作動した形跡がないのだ。つまり、太郎はみじんも躊躇せずに花子を殺したために、この装置は現実には作動しなかったのである。

この事例に直面したとき、太郎の行為が自由ではなく、太郎がその行為の責任を問われないと考える人は少ないはずである。機械が作動していない以上、太郎は自分の犯罪行為を躊躇せずに「自分で選んだ」ように思われる。太郎がその行為の責任を問われるのは当然であるだけでなく、一度も殺人を躊躇しなかったことが示されている点で、太郎の行為をより悪質だと感じる人さえいるだろう。しかし、それでも太郎には殺人をしないという選択肢はないことに注意しよう。太郎はいずれにせよ花子を殺していたのである。すると、この事例は、太郎には別行為可能性がないにもかかわらず、太郎の行為が自由であり責任を問いうるものであることを示すように思われる[4]。

このフランクファート型事例は、両立論が先の結果論証を拒否する上で重要な意味をもつ。なぜなら、そもそも行為が自由であるために別行為可能性が必要でないならば、結果論証の(5)の前提は誤りであり、決定論が正しくても私たちの行為が自由でありうると論じることが可能になるからである。

[3] 以下のフランクファート型事例は、H・フランクファート「選択可能性と道徳的責任」(前掲門脇・野矢『自由と行為の哲学』、八一―九八頁)の議論に基づく。ただし、事例そのものはかなり変更している。なお、厳密には、フランクファートがこの論文で擁護するのは、「行為が責任を問われるものであるためには別行為可能性は必要ない」という主張である。しかし、ここではその主張を「行為が責任を問うのに必要な意味で自由であるために、別行為可能性は必要ない」という主張と解釈して議論を進める。

[4] もちろん、すべての哲学者がフランクファート型事例を等しく受け入れたわけではない。特に、非両立論の立場から、フランクファート型事例に対して強力な反論が提示されている。この点についてはたとえば、前掲成田『責任と自由』の第五章を参照。

別行為可能性なしの自由

もちろん、自由に別行為可能性が必要ないことが示されたとしても、話はそれで終りではない。自由が別行為可能性によって捉えられないならば、自由とは何かという問いが再燃するからである。そして、フランクファートはまさにこの問いにも答えることを試みている[5]。

フランクファートの基本的なアイディアを確認するために、先のフランクファート型事例において、太郎の行為がなぜ自由なものと感じられたのかを考えよう。たしかに、太郎は別の行為を選ぶことはできないかもしれない。しかし、それでも太郎は、花子を殺したいという自分の欲求に疑問を抱かず、それを「自分で選んだ」ように思われる。だからこそ、太郎の行為は自由で責任を問われうるものに感じられるのだ。そして、フランクファートはまさにこの点に自由の本質を見出す。つまり、行為が自由であることは、自分の行為を導いた欲求（たとえば、花子を殺したいという欲求）を自分で選びとっていることに基づくのである。

フランクファートは、行為を導く欲求を自分で選びとる心の働きのことを「**二階の意欲**」と呼ぶ。この点を少し詳しく解説しよう。私たちは日常的に「食事をしたい」、「眠りたい」といった欲求をもち、その欲求に基づいて行為している。こうした様々な行為を導く欲求のことを、フランクファートは「**一階の欲求**」と呼ぶ。これに対し二階の意欲とは、自分のもつ様々な一階の欲求のうちの特定の欲求に導かれて行

[5] 以下の記述は、H・フランクファート「意志の自由と人格の概念」（前掲門脇・野矢『自由と行為の哲学』、九九－一二七頁）に基づく。

為したいという欲求である。[6] 私たちは一階の欲求にただ盲目的に従うのではなく、二階の意欲によって、自分の行為を導く欲求を選びとりながら行為しているのだ。[7] そして、フランクファートによれば、行為が自由であるのは、当人の二階の意欲に適合した一階の欲求に導かれて行為した場合である。（フランクファートは、二階の意欲に適合した一階の欲求のことを「**自由な意志**」と呼ぶ。したがって、自由な行為とは、まさに自由な意志に基づく行為である。）たとえば、あなたが「勉強したい」という欲求に導かれて行為したいという二階の意欲をもったとしよう。このとき、あなたがこの二階の意欲に適合した「勉強したい」という一階の欲求に導かれて行為したならば、その行為は自由な意志に基づく自由な行為である。逆に、あなたが二階の意欲に適合した「勉強したい」という一階の欲求に導かれて行為することが——たとえば、強制や脅迫、精神疾患によって——妨げられたならば、その行為は自由ではない。

以上のフランクファートの議論をまとめよう。まずフランクファートは、フランクファート型事例に基づいて、「自由には別行為可能性が必要だ」という一見常識的に思われた主張を拒否する。その上で、行為が自由であることを、人が自分の欲求のあり方を反省し選びとる心の働きによって説明する。こうしたフランクファートの自由の理解は、別行為可能性に基づかずに自由を理解する道を切り開く革新的なものだ。さらに、こうした自由の理解は両立論の立場にとって大きな意味をもつ。たしかに先の結果論証は、決定論が私たちから別行為可能性を奪うことを示すかもしれない。し

[6] より厳密に言えば、フランクファートはまず、一階の欲求と「一階の欲求についての欲求」である二階の欲求を区別する。（「一階／二階の欲求」という区別は、「欲求」と「欲求についての欲求」という欲求の階層的な構造を表わしている。当然「欲求についての欲求についての欲求」は、三階の欲求となる。）その上で、二階の意欲を特定の種類の二階の欲求として導入している。

[7] フランクファートによれば、一階の欲求に盲目的に従って行為する主体は、幼児や動物と同じように、責任を問われる自由な行為の主体ではない。自由で責任を問われうる行為を行なうためには、自分の欲求のあり方を反省し選びとる能力（すなわち、二階の意欲を形成する能力）をもつことが不可欠なのである。

かし、決定論が正しくとも、私たちの行為を導く一階の欲求が二階の意欲に適合するということは十分にありうる。つまり、フランクファートの試みは、自由の理解に貢献するものであると同時に、自由と決定論の両立を可能にするものでもあるのだ。

操作の問題

しかし、フランクファートの試みに問題がないわけではない。ここではその中でも特に深刻な「**操作の問題**」を取り上げる。まず、次の事例を考えよう。次郎は悪の組織に無理やり連れ去られ脳手術を受ける。結果として次郎は、その組織の方針に一致した一階の欲求をもつだけでなく、その欲求に従いたいという二階の意欲を自動的にもつようになる。そして次郎は、組織の命令に従って犯罪行為に手を染める。このとき次郎は、「組織の命令に従いたい」という欲求に導かれて行為したいという二階の意欲をもち、さらにその二階の意欲に適合した一階の欲求に導かれて行為している。

このとき、フランクファートに従うならば、次郎の行為は自由である。なぜなら、次郎は二階の意欲に適合した一階の欲求に導かれて行為しているからである。しかし、この次郎の行為が自由であるという主張は、常識的には受け入れがたいものだろう。この事例において、次郎の行為は自分で選んだものとはいえず、脳手術という他人の**操作の結果**としか思われないからである。するとこの事例は、フランクファートの自由の理解に困難を突きつける[8]。明らかに自由であるとは思われない行為が、自

[8] ここで取り上げた操作の問題をより詳細に展開したものとしては、D. Pereboom, *Living without Free Will*, Cambridge University Press, 2001, ch. 4がある。

由であることになってしまうからだ。この問題を「操作の問題」と呼ぼう[9]。

この操作の問題がとりわけ深刻なのは、脳手術の事例が、決定論の成り立つ状況と重要な点で似ているためである。決定論が正しいならば、たとえ私たちの二階の意欲が一階の欲求に適合したとしても、それは単に過去の状態や自然法則の結果だと考えたくなる。すると、脳手術の結果である次郎の行為が自由でないのと同様に、過去の状態と自然法則の単なる結果である私たちの行為も、やはり自由ではないのではないだろうか。このように考えると、操作の問題は、決定論が自由と衝突するのではないかという疑いを再び呼び起こしてしまう。

こうした疑念に応え、フランクファートのような仕方で自由と決定論が両立することを示すためには、さらに多くのことを行なう必要がある。第一に、フランクファートの自由の理解を修正し、脳手術の単なる結果である次郎の行為が自由ではないことを説明しなければならない。第二に、その修正の上で、決定論が正しくても私たちの行為が自由であるということを示す必要がある。特に、自然法則や過去の状態の結果に過ぎないように思われる私たちの行為が、脳手術の事例とは異なり自由でありうることを示さなければならない。決定論と両立する自由の理解を手にするには、さらなる努力が不可欠なのである。

[9] フランクファートの自由の理解には、「意志の弱さ」という現象に基づく別種の困難もある。たとえば、あなたが「勉強をしたい」という一階の欲求を二階の意欲によって選びとりながら、「怠けたい」という欲求に負けて勉強をさぼってしまったとしよう。フランクファートによれば、こうした意志の弱さに基づく行為は自由な行為ではない。しかし、それにもかかわらず、明らかにあなたの行為は責任を問いうる。したがって、フランクファートの自由の理解は、責任の条件となる自由の理解を適切に捉えていないと批判されうる。この問題については、前掲成田『責任と自由』、第六章を参照。

2-4 非両立論

非両立論の二つの立場

本節では、両立論に対立する非両立論の立場を検討しよう。非両立論は、決定論は自由と両立しないと考える立場である。一般に、非両立論は(a)行為が自由であり責任を問われうるものであるためには別行為可能性が必要である、(b)決定論は別行為可能性を必要とする意味での自由とは両立しない、という二つの主張を受け入れる。つまり、フランクファートの議論に反して、行為が自由であるためには別行為可能性が必要である。さらに結果論証が示す通り、決定論が正しいならば私たちに別の行為を選ぶ余地はなく、私たちの行為は自由ではなくなるのだ[1]。

しかし、ここから非両立論は、両立しない自由と決定論のどちらを選ぶかに応じて二つの立場に分かれる。ひとつは、決定論が正しく、私たちの行為は自由ではないと論じる「**強硬な決定論**」と呼ばれる立場である[2]。もうひとつは、私たちの行為は自由であり、決定論は誤りであると論じる「**リバタリアニズム**」と呼ばれる立場である[3]。ただし、非両立論者のうち、強硬な決定論を支持するものは実際には少ない。この立

[1] もちろん、(a)を主張するためには、先のフランクファート型事例を批判し、行為が自由であるためには別行為可能性が必要であることを擁護しなければならない。この点については【2-2 自由と決定論の衝突】の注[5]を参照。

[2] 近年では、「強硬な決定論(hard determinism)」の主張をさらに強め、決定論と非決定論のどちらが正しくとも、私たちの行為は自由ではありえないと主張する「強硬な非両立論(hard incompatibilism)」と呼ばれる立場が存在する。強硬な非両立論を擁護するものとしては、たとえば、前掲のPereboom, *Living without Free Will* 及び、G. Strawson, *Freedom and Belief*, revised ed., Oxford University Press, 2010を参照。

場を採用すると、どんな行為も自由ではなく責任に値しないことになってしまい、それは私たちの社会生活を根本的に覆すことを意味するからである。そのため、大多数の非両立論者はリバタリアニズムの立場に立つ。そこで以下ではリバタリアニズムに注目し、この立場が直面する重要な課題を確認することにしよう。

非決定論的世界における自由

私たちの行為は決定されておらず、だからこそ私たちの行為は自由なのだというリバタリアニズムの主張は、ごく当然のものに思われるかもしれない。それはまさに、人々の常識的な自由の理解に合致するものだからである。しかし、リバタリアニズムは決定論を否定することによって、新たな問題を呼び込んでしまう。なぜなら、**決定論が成り立たない非決定論的世界においてどうして私たちの行為が自由でありうるのか**という謎が生じてしまうからである。

この問題を確かめるために、あなたが今すぐ勉強を始めるかどうか悩んでいる場面を考えよう。このとき、あなたの選択に関わる要因には様々なものがある。たとえば、勉強をして明日のテストで良い点数をとりたいという欲求や、昨日借りた漫画をすぐ読みたいという欲求、さらに、性格や習慣、環境も行為の選択に影響を与える。しかし、リバタリアニズムによれば、あなたの行為が自由なものであるかぎり、これらの要因があなたの行為の選択を完全に決定することがあってはならない[4]。あなたの

[3]「リバタリアニズム（Libertarianism）」という用語は、しばしば個人の自由を重視する政治哲学上の立場を表わすために用いられることがある。本章の「リバタリアニズム」が、こうした政治哲学的立場とはまったく別物であることに注意してほしい。

[4] リバタリアニズムも、これらの要因が私たちの行為選択の幅を限定する役割を果たすことを否定しない。重要なのは、こうした要因が私たちの自由な行為を完全に決定するものであってはならないという点である。

選択が過去の要因によって完全に決定されているとしたら、あなたは別の行為を選ぶことはできなくなり、あなたの行為は自由ではなくなるからだ。これは、決定論が成り立つ場合に行為が自由でなくなるのと同様である。ところがここで問題が生じる。もしこうした先行する要因によってあなたが勉強をするかどうかが決定されないならば、あなたが勉強するかどうかは結局のところ何によっても決まっていないように思われる。つまり、このときにあなたの行為は、ちょうどランダムな抽選の結果当たりくじを引いた場合のように、たまたま偶然に生じたことになってしまうように思われるのだ。しかし、もしあなたの行為が偶然の産物に過ぎないならば——当たりくじをひくことが自由な行為とは言えないように——あなたの行為は、自分で選んだ自由な行為とはいえないのではないだろうか[5]。

したがって、リバタリアニズムは重要な課題に直面する。すなわち、非決定論が成り立つ世界において、私たちの行為が単なる偶然の産物ではなく、自分で選んだ自由な行為でありうるのはなぜかを示さなくてはならない。以下では、この問いに対するひとつの代表的な解答と、その問題点を確認することにしよう。

行為者因果説とその問題点

リバタリアニズムの代表的な立場として「**行為者因果説**」と呼ばれる立場がある[6]。この立場は、非決定論的世界において私たちが自らの行為を自由に選ぶことができる

[5] この問題は、行為が自由であることが単なる幸運の結果に過ぎなくなるということから、しばしば「幸運問題（luck problem）」と呼ばれる。

[6] 行為者因果説を擁護する古典的な議論については、R. Chisholm, "Human Freedom and the Self", *The University of Kansas Lindley Lecture*, 1964 (reprinted in G. Watson, *Free Will*, 2nd ed., Oxford University Press, 2003, pp. 26–37）を参照。より現代的な擁護としては、T. O'Connor, *Persons and Causes: The Metaphysics of Free Will*, Oxford University Press, 2000がある。

ことを、「**行為者因果**」という特別な種類の因果関係を導入することで説明する立場である。

この立場を理解するために、まず「行為者因果」と対比される「**出来事因果**」という考えについて確認しておこう[7]。一般に因果関係とは、原因と結果の間に成り立つ〈〜は〜を引き起こす〉という関係のことである。たとえば、「あなたがボールを投げるということが原因となって、ガラスが割れるという結果を引き起こす」というのが、因果関係が成り立つ典型的な事例である。そして、多くの哲学者は、因果関係は一般的に出来事と出来事の間に成り立つ関係として理解できると考える。今の事例であれば、「あなたがボールを投げるという出来事が、ガラスが割れるという出来事を引き起こした」という出来事の間の関係として理解できるわけである。

この出来事因果の考えに基づいて、先ほど指摘したリバタリアニズムの困難を次のように表現できる。リバタリアニズムによれば、行為の選択に先行するどんな出来事(あなたが特定の欲求や性格をもつこと等々)も、その後にあなたが選ぶ行為を——その行為が自由なものであるかぎり——決定しない。しかし、そうだとすると、あなたの行為は先行するどんな出来事にも決定されていない偶然の産物であり、自由な行為とは言えないように思われる。

行為者因果説が登場するのはまさにこの場面である。この立場は、ある出来事が別の出来事を引き起こす「出来事因果」とは別に、「行為者因果」という特別な種類の

[7] 因果関係が出来事の間の関係として理解されるという見解と、それに対する反論については、第4章を参照。また、「出来事」という用語について若干の補足をしておく。本書では「出来事」という言葉で、特定の時空間の中で生じる事柄一般のことを指すものとする。たとえば、あなたがボールを投げることや、手を挙げることはすべて出来事である。さらに、あなたが特定の欲求をもっていることのような「状態」も、特定の時空間の中で生じているかぎりで出来事に含める。

因果関係があると主張する。行為者因果とは、何らかの出来事が原因となるのではなく、行為者が原因となって出来事を引き起こすという因果関係である。つまり、私たち行為者は、時間的に先行する様々な出来事とは独立に、自らが原因となって行為を引き起こすことができる。行為者因果説は、この行為者因果の考えに基づいて、先のリバタリアニズムの困難を次のように解決する。リバタリアニズムが正しいならば、決定論は誤りであり、いかなる先行する出来事も自由な行為を決定しない。しかし、だからといって、私たちの自由な行為が偶然の産物になるわけではない。なぜなら、私たちは自らが原因となって、自分の行為を生じさせることができるからである。たとえば、過去のあなたの欲求や性格や環境が、あなたが今勉強を始めるかどうかを決定しないとしても、あなた自身が原因となって勉強を開始することができるのだ。こうした行為者因果説の説明は、過去の状態や自然法則ではなく、まさに私たちが自分の行為を選択するというリバタリアニズム的な自由の理解を明確に打ち出したものと言えるだろう。

しかしもちろん、この行為者因果説にも困難がある。問題は、行為者因果説が行為者に非常に謎めいた強大な力を与えてしまう点にある。行為者因果説によれば、私たち行為者は、過去や自然法則に制約されずに自分の行為を選びとることができる。これはすなわち、私たち行為者が世界のあり方から超越して、この世界に生じる出来事に影響を与えることを認めることに等しいように思われる。ここで、当然次のような疑問が生じる。私たちの身体を構成する分子や原子を考えてみよう。こうした分子や原子の運動は、他の事物と同様に、この世界に成り立つ自然法則に従っている。それにもかかわらず行為者因果説によれば、こうした分子や原子によって構成された私たちは、これらの分子や原子にはとうてい認められないような、自然法則の影響を超えて自分の行為を選択する能力をもつ。しかし、私たちを構成する分子や原子は自然法則に例外なく従っているのに、こうした分子や原子から構成されている私たちが、突如として自然法則を超えた行為を行なうことができるというのは信じがたいことではないだろうか。こうした行為者についての見方は、自然法則に基づいて世界のあり方を解明しようとする現代の自然科学の知見と調和するのだろうか。こうした疑問に答えないかぎり、行為者因果を認めることは、私たち行為者に謎めいた力を与えることになるという批判を免れない。

したがって、この立場は、行為者因果を理解可能なものにするという困難な課題に直面する。しかし、たとえこの難題の解決をあきらめ別の説明方法をさぐるとしても、リバタリアニズムは非決定論的世界において私たちの行為が自由でありうることを説明するという課題までも避けるわけにはいかない。行為者因果を認めないならば、リバタリアニズムは別の何らかの形で非決定論的世界における自由を説明する道を模索しなければならないのである[8]。

[8] 行為者因果を導入せずに非決定論的世界における自由を説明しようとする代表的な試みとしては、C. Ginet, *On Action*, Cambridge University Press, 1990及びR. Kane, *The Significance of Free Will*, Oxford University Press 1996がある。特に後者の枠組みの紹介と評価については、前掲デネット『自由は進化する』の第四章及び、美濃正「決定論と自由」（『岩波講座哲学2：形而上学の現在』、岩波書店、二〇〇八年、一六一―一八六頁）が詳しい。

以上で私たちは、両立論と非両立論の二つの立場から、自由と決定論の衝突をめぐる問題を確認してきた。両立論は、フランクファートの議論の紹介を通して確認したように、決定論が成り立つ世界において、私たちの行為がどうして自由でありうるのかをさらに解明する必要がある。他方で、非両立論のリバタリアニズムは、非決定論的世界において私たちの行為がどうして自由でありうるのかという問いに答えなければならない。したがって、両者は別個の困難に立ち向かうことになる。しかしそれでも、両立論と非両立論が共に、「私たちがこの世界の中で、自分の行為を選びとって生きている」という、基本的な事実を理解する試みであることは強調しておくべきだろう。両者はどちらも、自由な行為と世界のあり方とを統一的に理解しようとする試みである。したがって、「世界全体のあり方を統一的、整合的に理解する」という、形而上学の最も根本的な課題に答えるためには、両立論と非両立論の対立についての考察を深めることが必要不可欠なのである。

第3章

様相

3-1 可能世界

高さは六三四メートル。第一展望台までの移動時間はエレベーターで五〇秒。色は青っぽい。電波塔としての役割を担っている。これらは東京スカイツリーについて現実に成り立っている事柄であり、そして私たちはそうした事柄について語ることができる。しかし、私たちが語ることができるのは、何も現実に成り立っている事柄だけに限られない。もしかしたら成り立っていたかもしれない、つまり**可能的な**事柄や、成り立っていなければならない、つまり**必然的な**事柄について語ることもできる。「スカイツリーはもしかしたらもう少し低く建設されていたかもしれない」、しかし「電波塔としての役割を果たすためにはある程度の高さがなければならない」といった具合である。可能的な事柄や必然的な事柄について述べるのに、ほかの表現を用いることもあるだろう。たとえば、「スカイツリーは東京タワーに揃えて赤に塗ることもできただろう」、「とはいえ何色に塗られようと何らかの色を伴っているに違いない」というように。

そうした語り方をするとき、私たちは可能性をある範囲のもとで捉えているということにも注意したい。その範囲を超えるような事柄が起こることは**不可能**なのだ。科学の進歩のおかげで私たちは相当に高いところにもかなりの速さで移動できるようになったが、それでも限界はある。極端なことを言えば、エレベーターのような移動装置が地上から第一展望台まで超光速で移動することは、いくらなんでも不可能だろう。なぜなら相対性理論が正しいとすれば、そんなことは起こりえないからである。起こることができるのは、相対性理論が認める範囲内の事柄に限られる。超光速度でのエレベーターの移動は、必然的に起こらないのだ。なお、現実に成り立っている事柄が別様でありうるとき、その事柄が成り立っているのは**偶然的**である。だからスカイツリーの高さが六三四メートルであることは、偶然的と言える。

私たちは必然性についていくつかの種類を区別することができる。その一つは、いま触れた相対性理論のような**自然法則**――この世界における事物が従っていなければならないこと――に関わっている。これは**法則的必然性**と呼ばれるたぐいの必然性にほかならない。私たちはいまそれに基づいてエレベーターの超光速移動の不可能性について語ったのであり、そして成り立ったとしても自然法則が破られるわけでない事柄に関して、それが成立する可能性を考えたわけである。可能性の範囲と自然法則の認める範囲を一致させて考えたと言ってもよいだろう。ただし、必然性はいつも自然法則の観点から言われるわけでない。スカイツリーを赤く塗りなおすことはできるだろうが、しかし、その全面を青かつ赤に塗ることは決してできない。色という対象のあり方からして、ある箇所を一度に塗ることができる色は一色だけでなければならないからだ。それは仮にこの世界で成り立っている自然法則とはまったく別の自然法則が成り立っていたとしても、やはりそうでなければならない。このように自然法則に関わりなく事物のあり方のゆえにそうでなければならないたぐいの必然性を、**形而上学的必然性**と言う。自然法則に関わりがないという点は形而上学的必然性にとって重要であり、この観点からするとエレベーターの超光速移動の可能性について語ることもできる。もし相対性理論とは別の自然法則が成り立っていたとしたら、そのもとではエレベーターが超光速で移動することが許されるかもしれないというわけだ。その可能性は、複数の色を同時に一箇所に塗ることが不可能であるような仕方では排除されない。可能性の範囲が自然法則の認める範囲より広がっていると言うことができよう[1]。そしてもう一つ、**論理的必然性**である。この世界では様々な事柄が成り立っているが、それらの事柄の成立は論理的な観点から辻褄が合っていなければならない。だからある事柄とその否定が同時に成り立つというあからさまに不整合をきたすようなことは認められず、よってたとえばスカイツリーが東京にあり、かつ、東京にないということはありえないのだ（「赤である」と「青である」が両立しないのは、一方が他方の否定であるという仕方によるのでなく、その点で論理的な不整合ではない）。これはどのような事柄の可能性を語るにしても、最低限踏まえているはずの必然性と言えるだろう。可能性の範囲が最も広いわけである。

[1] ただし、法則的必然性と形而上学的必然性は区別されないという考え方もある。そうした考え方によると、自然法則は形而上学的に必然的な仕方で成り立っている。cf. Sydney Shoemaker, "Causality and Properties," in Peter van Inwagen (ed.), *Time and Cause*, D. Reidel, 1980.

通信用カード

■このはがきを，小社への通信または小社刊行書の御注文に御利用下さい。このはがきを御利用になれば，より早く，より確実に御入手できると存じます。
■お名前は早速，読者名簿に登録，折にふれて新刊のお知らせ・配本の御案内などをさしあげたいと存じます。

お読み下さった本の書名

通信欄

新規購入申込書 お買いつけの小売書店名を必ず御記入下さい。

(書名)	(定価) ¥	(部数) 部
(書名)	(定価) ¥	(部数) 部

(ふりがな)
ご氏名　　　　ご職業　　（　　歳）

〒　　Tel.
ご住所

e-mail アドレス

ご指定書店名	取次	この欄は書店又は当社で記入します。
書店の住所		

郵 便 は が き

恐縮ですが、
切手をお貼り
下さい。

101-0051

（受取人）

東京都千代田区神田神保町三―九
幸保ビル

新曜社営業部 行

通信欄

　必然性、可能性、不可能性、偶然性。これらは**様相**に関する概念と呼ばれる。[2] たしかに、私たちは様相的な事柄について語る。だがここで注意したい。私たちは様相的な事柄を、私たちがこの世界のなかで経験したことを根拠として語っているわけではないらしいのだ。スカイツリーの高さが六三四メートルであることは、この世界のなかで見たことを根拠として確かめられよう。しかし、スカイツリーの高さがそれより低くありえた可能性は、この世界のどこをどのように見たとしても、確かめることができない。私たちが見ることができるのは、スカイツリーの現実のあり方だけでしかないからだ。よって同様に、スカイツリーをどれだけ詳しく見てみても、その高さに関する偶然性を確かめることは無理である。必然性や不可能性についても事情は変わらない。スカイツリーは、鉄であれ何であれ、ともかく何らかの素材を用いて作られていなければならない。無によって作られることなどありえないのだ。だがそうした事柄も、この世界のどこかを見れば確かめられるわけでない。

　では私たちは、この世界での経験を根拠にしているのでなければ、いったい何を根拠として様相的な事柄について語っているのだろうか。これが本章で中心的に扱う問いである。ただし哲学者たちはその問いに対して何の手がかりも得ていないわけでない。様相的な事柄についての語りを根拠づけるものの候補を、哲学者たちはすでに手にしている。そこで本章では、その候補について紹介することも狙いとしよう。その候補とは、**可能世界**と呼ばれる概念装置である。私たちのいるこの世界は現にあると

［2］ 二種類の様相が区別されることについて、コラム「事物様相と言表様相」を参照のこと。

おりでなく、もしかすると別のあり方をしていたかもしれない。そのようにこの世界がとりえた様々なあり方を、そのまま別の世界とみなすことにする。現実とは違ったあり方をした世界があると考えるわけだ。そしてそのとき考えられているのが、可能世界にほかならない[3]。

私たちは様相的な事柄について語るのに様々な表現を使っているが、そうした表現の微妙なニュアンスの違いは無視しよう。そしてそれらの表現が共通してもつある形式に注目する。基本となる文に当たる構成要素と、可能性や必然性に当たる構成要素とから成る形式である。基本的な文をPで表わすならば、可能的な事柄についての表現は一般に「Pということが可能である」という形式の表現に言い換えることができる。たとえば「スカイツリーの色は赤でありえた」という表現は、「スカイツリーの色は赤であるということが可能である」という表現に言い換えられるわけだ。また同じように、必然的な事柄に関する表現は、「Pということが必然である」と言い換えられることになる。なお偶然的な事柄や不可能な事柄に関する表現は、「Pということが偶然である」および「Pということが不可能である」となるが、それらはさらに可能性と必然性の概念を踏まえて、それぞれ「P、しかしPでないということが可能である」、「Pでないということが必然である」と言い換えることができる[4]。

可能世界は、「Pということが必然である」や「Pということが可能である」という表現が何を意味しているのかをはっきりさせるのに利用できる[5]。「Pということが

[3] 可能世界というアイデアは、少なくともライプニッツにまで遡る。石黒ひで『ライプニッツの哲学——論理と言語の哲学を中心に』（増補改訂版、岩波書店、二〇〇三年）を参照されたい。

[4] また、「Pということは必然である」を「Pでないということが可能でない」、「Pということが可能である」を「Pでないということが必然でない」と言い換えることもできる。

[5] 現代においてもともと可能世界は、可能性や必然性を扱う論理である様相論理に意味論を与えるために持ち出された。その歴史的経緯については飯田隆『言語哲学大全Ⅲ——意味と様相（下）』（勁草書房、一九九五年）が詳しい。なお、様相の哲学全般についてより深い理解を得るためにも、この本は必読である。

必然である」は、この世界がどのようなあり方をしていたとしてもPが成り立つということである。そこでそのことを、どのような可能世界においてもそのすべてでPが成り立つこととして捉えるのである。たとえば「相対性理論が成り立つということは必然である」という文は、すべての可能世界において相対性理論が成り立つということを意味している。[6] 他方、「Pということが可能である」は、この世界が別のあり方をしていたらPが成り立つということであり、それゆえ少なくともある一つの可能世界でPが成り立つということである。たとえば「スカイツリーの高さが六〇〇メートルであるということが可能である」は、スカイツリーの高さが六〇〇メートルであるような可能世界が少なくとも一つあるということを意味している。

可能性や必然性が関わる文の意味を可能世界に訴えてはっきりさせるというアイデアは応用が利く。たとえば先に可能性の範囲の違いとして区別した各種の必然性を、可能世界の集まりによって特徴づけることができる。[7] まず法則的必然性は、同じ自然法則の成り立つ可能世界の集まりによって特徴づけられる。それゆえある事柄が法則的に可能か不可能かは、当の事柄の成り立つ可能世界がその集まりのなかにあるかどうかによって理解できる。現実に成り立っている自然法則と同じ自然法則の成り立っている可能世界の集まりを考えると、そこではどの世界でも相対性理論が成り立っているだろう。相対性理論が成り立たず、よってエレベーターの超光速移動が許されるような可能世界は、存在するとしても、その集まりのなかにないのだ。また同様に形

[6] ここで言う「すべての可能世界」は、その文が真だとすると、より厳密には「同じ自然法則を共有するすべての可能世界」である。次段落の記述も参照のこと。

[7] ある事柄が必然的に成り立つということは、すべての可能世界でその事柄が成り立つということである。しかし「すべての可能世界」の範囲は、そもそもどのような可能世界を考慮に入れるかによって変わってくる。その範囲の違いを基礎として、各種の必然性を区別することができる。

而上学的必然性は同じ形而上学的真理の成り立つ可能世界の集まり[8]によって、論理的必然性は同じ論理法則の成り立つ可能世界の集まり[9]によって特徴づけることができる。

可能世界はとても便利な概念装置である。それを利用することで、可能性や必然性に関して私たちが語っていることが何を意味しているのかを、統一された仕方ではっきりさせることができるからだ。だがここで一つ気になることがある。様相的な語りの意味をそうした仕方で明らかにしようとするとき、「可能世界がある」といった言い方をした。「スカイツリーの高さが六〇〇メートルであるということが可能である」は、スカイツリーの高さが六〇〇メートルであるような可能世界があるということを意味する、というふうに。しかし、「可能世界がある」とはそもそもどういうことなのだろうか。可能世界というまるでSF小説にでも出てきそうなものがあるということを、そのまま受け止めてよいのだろうか。

強調しておくべきであろう。哲学者たちはそのことを真面目に受け止めてきた。哲学者たちにとって、可能世界はある種のリアリティをもった対象である[10]。可能世界はほかの何かによって代わりが利くようなものでない。可能世界が存在するからこそ様相的な事柄が成立するのであり、そしてその事柄について私たちは語ることができるのだ。哲学者たちによれば、様相的な語りの根拠として、可能世界は存在する。

だがそう主張するのであれば、可能世界とはどのような対象なのかを明らかにする

[8]　この集まりは自然法則を異にする可能世界を含む。それでも一つの集まりをなすのは、それらの可能世界のいずれでも同じく成り立っていることがあるからである（たとえばエレベーターなどの物体は空間的な延長をもっているということ）。

[9]　論理法則は事物がどうあるかとは無関係に成り立つ。

[10]　もちろんすべての哲学者が可能世界の存在論を受け入れたわけでない。それに対して否定的な見解をとる哲学者もいる。しかし可能世界が、そうした哲学者もまったく無視することはできないほどよく利用される概念装置となったことはたしかである。

ことが課題となるだろう。その課題が果たされない限り、可能世界が様相的な事柄についての語りの根拠として適切であるとは結論できない。次節以降では、哲学者たちがその課題に取り組むなかで出てきたいくつかの議論を紹介する。

コラム　事物様相と言表様相

次の文について考えよう。

「港に停泊している全長一五メートルの船が、一五メートルより長いことは可能だ。」

この文には実は二通りの読み方がある。そのうち一つの読み方ではこの文は真だが、もう一つの読み方では偽である。

一つの読み方はこうである。港に停泊しているまさにその船に注目しよう。するとその船が一五メートルより長いということはありえる。たとえば全長が二〇メートルとなるように修理されることがあるかもしれない。この読み方に従うと、さきほどの文は次のように解釈することができる。

港に停泊している全長一五メートルのまさにその船は、一五メートルより長いことが可能であるようなものである。

もう一つの読み方はこうである。「港に停泊している全長一五メートルの船が一五メートルより長い」という文に注目しよう。意味する内容を考えると、その文は矛盾したことを述べている（一五メートルのものが一五メートルより長いとはどういう事態かよく分からない）。そして矛盾した文が真であることはありえず、それゆえ最初に挙げた文は偽なのである。このとき、問題の文は次のように解釈されている。

〈港に停泊している全長一五メートルの船が一五メートルより長い〉ということが可能である。

一つ目の読み方では、船という個物に注目し、そしてその個物の可能的なあり方を考えた。このように、ある個物を取り上げ、そしてその個物について言われる様相を、**事物様相**と言う。二つ目の読み方では、ある文についてそれが真であることが可能かどうかを考えている。このように、文という言語表現に関する様相を、**言表様相**と言う。

個物の可能的なあり方や必然的なあり方を問題とする事物様相は、「本質」などの伝統的な哲学的概念の扱いとも関連することから、とりわけ深い関心を哲学者のあいだで集めてきた。本章でも、【3-3　本質】と【3-4　対応者】で事物様相に関するトピックを取り上げる。

3-2 可能主義と現実主義

私たちの様相的な語りを根拠づける可能世界とは、いったいどのような対象なのか。もしかするとその問いに対しては、「私たちのいるこの世界と同じようなもの」という答えが最初に思い浮かぶかもしれない。そこで世界という対象について少し考えてみよう。一つの見方では、私たちの住むこの世界は**具体的な対象**である[1]。具体的とはふつう、特定の時間・空間的な位置を占めるということを意味する。たとえばトマトやマグカップといった具体的対象は、ある時点にある場所で存在し始め、ある時点にある場所で存在しなくなる。それらに比べると世界は、たしかに特徴的な対象であるだろう。というのも、時間的には時間の流れる限り、空間的には空間の広がりが及ぶ限り、位置を占めるからである。だがそれでも時間・空間的位置を占める以上、世界もまた具体的な対象(時間的にも空間的にも最大の具体的対象)ということになる[2]。

さて可能世界である。可能世界がこの世界と同じようなものだとすれば、可能世界も具体的な対象ということになるだろう。そして実際、そのことを積極的に認める見

[1] 別の意味で使われることもある。たとえば、因果的な作用を担うとか、それ自体で独立的に存在するといった意味で使われることもある。

[2] その特徴は個々の具体的対象と世界を適切に関係づける。つまりもろもろの具体的対象はこの世界のなかにあると考えられるが、それは世界が個々の具体的対象から成る包括的な具体的対象だからである。

解が提案されている。**可能主義**（または**様相実在論**）と呼ばれる見解である。その見解によると、可能世界の身分は現実世界の身分と基本的に同じである。言い換えると、現実世界は数ある可能世界のなかの一つでしかない。可能世界はこの現実世界のなかには存在しない。具体的なあり方をした可能世界は、それぞれ別々であり、おたがいに時間・空間的にも因果的にも関連性をもたない。因果的な作用や時空的な関係は個々の具体的な可能世界のなかで完結している。

しかし、それは途方もない考えであるように思われる。この世界がとりえた（したがって現実にはとっていない）様々なあり方が、いったいどうしたら具体的であると言うのだろうか。さらに可能世界の数を考慮に入れよう。この世界は実に無数の仕方で別様でありえたと考えられる。するとこの世界のとりえた様々なあり方に対応するのが可能世界であるから、可能世界は無数に存在するということにもなろう。しかしそうであるならば、もし可能世界が具体的な対象であるとすると、具体的対象としての可能世界が無数に存在するということになってしまう。あなたがいま走り幅跳びをしてちょうどきっかり四メートル飛んだとしよう。だがもしかすると四メートル一センチ飛ぶことができたかもしれない。あるいは四メートル二センチ飛ぶことができたかもしれないし、四メートル三センチ飛ぶことができたかもしれないし……。可能性は無数にある。[3] そしていまの考え方に従えば、それら無数の可能性がそのまま可能世界として具体的に存在するということになるのである。単独でも具体性を疑いうる可

[3] 飛んだ距離が、一ミリメートルでも、一マイクロメートルでも違っていたら、それは別の可能的なあり方である。

能世界という対象が無数に存在するとは、とても不思議な見解である。

そのような主張をする人はさすがに哲学者のなかでもあまりいない。可能主義の立場は**D・ルイス**という哲学者が鮮明に打ち出したのだが[4]、それに対するほとんどの哲学者の態度は否定的である。しかし強調しておくが、ルイスは何も単に風変わりなことを言いたいだけで可能主義をとっているわけではない。ルイスにはそのような主張をするだけの（そして多くの哲学者がわざわざ批判したくなるほど魅力的な）理由があるのだ。可能世界は様相的な語りを根拠づけるだけではない。ルイスによれば可能世界は「哲学者の楽園」である[5]。というのも可能世界が具体的対象として存在することさえ認めれば、種々の哲学的問題を解決することができるからである。その問題は様相の問題に限られない。形而上学における問題はもちろん、言語哲学、心の哲学、科学哲学などの問題を解決することができる[6]。ルイスはそのように有用性の観点に立ち、可能主義を擁護する。

とはいえ有用ならばよいのかという疑問はありうる。哲学的問題を解決できてまず喜ぶのは哲学者である。そのようなことを根拠に「可能世界は具体的に存在する」とまで言ってしまってよいのだろうか。また可能主義という考え方の妥当性を問う反論もある。様相的な語り方を重視する観点からすると次のような反論は重大だろう。私たちは「スカイツリーの高さは六〇〇メートルでありえた」と語ることができる。それが真であることを可能世界の存在が根拠づけるならば、スカイツリーの高さが六〇

［4］ D・ルイス『反事実的条件法』、吉満昭宏訳、勁草書房、二〇〇七年、第四章。なお、ルイスと異なる存在論的枠組みのもとで様相実在論を擁護している最近の著作として次がある。Takashi Yagisawa, *Worlds & Individuals, Possible & Otherwise*, Oxford University Press, 2010.

［5］ David Lewis, *On the Plurality of Worlds*, Blackwell, 1986, ch. 1.

［6］ 【5－4 唯名論と質的同一性】で紹介される共外延性の問題（性質に関する形而上学の問題）は、解決できる問題の一つとされる。【5－4】注［6］を参照。またルイスが可能主義を背景に種々のトピックに取り組んでいる論文として次がある。D・ルイス「普遍者の理論のための新しい仕事」、柏端達也ほか編訳『現代形而上学論文集』、勁草書房、二〇〇六年、一四一－二二八頁。

○メートルであるような可能世界が存在しなければならない。しかし私たちは、その世界についての知識をどのようにしてもつのか。ルイスは具体的な可能世界が無数に存在すると言うわけだが、それらの世界のあいだには時空的にも因果的にも関連性がないとも言う。だとすると、ある可能世界においてスカイツリーの高さが六〇〇メートルであるということを、私たちは知りようがないではないか。現実世界にいる私たちは可能世界と因果的に交渉することができないのだ。ルイスはそうした様相的知識は因果的な仕方で得るわけでないと答える。だがそうであればそれがどのような仕方によるのかをはっきりさせなければならない。様相的知識の正当化がどうなされるかを示すことが課題となる。[7]

だが可能主義の一番の問題は、可能世界が具体的対象として、しかも無数に存在するという主張内容の信じがたさかもしれない。私たちの様相的な語りを根拠づけるのに、そうした途方もない存在論が本当に必要なのだろうか。そんな主張はしないに限ると動機づけられることは十分にありそうだ。とはいえそれでは可能世界という対象をどのように受け止めればよいのか。そこで次に紹介するのが**現実主義**である。

現実主義は、具体的に存在する世界はこの現実世界だけだという見解をとる。それは私たちの常識に即した見解と言えるだろう。それだけに当たり前だとさえ思われるかもしれない。しかし注意してほしい。現実主義は「可能世界は存在しない」という見解ではない。それは可能世界の存在論的な身分をめぐるれっきとした見解の一つで

[7] 可能主義に対して向けられた様々な批判に対するルイスの返答について、前掲 David Lewis, *On the Plurality of Worlds*, ch. 2 を参照のこと。

ある。現実主義は、可能世界が具体的対象として存在することを否定するが、具体的対象としてでなければ存在することを認める見解である。

具体的でないとは特定の時間・空間的な位置づけをもたないということであり、そのような対象は**抽象的対象**と言われる。[8] そのような対象としてここでは**命題**を取り上げよう。[9] 命題とは真または偽であると定まった文が表わす内容のことである。「スカイツリー」という名詞がある建築物を表わすように、文にも表わすものがあるというわけだ。たとえば「東京は日本の首都である」[10] や「スカイツリーの高さは六三四メートルである」といった文によって表わされるものが命題である（東京やスカイツリーと違い、そのように文が表わすものはいつかどこかにあるわけでない）。

現実主義によると、可能世界とはそうした命題の集まりとして捉えられる。〈東京は日本の首都である〉、〈スカイツリーの高さは六〇〇メートルである〉といった命題の集まりがあり、そしてその集まりが一つの可能世界というわけである（可能世界であるから、現実には偽なる文によって表わされる命題を含んでもよい）。現実主義のもとで可能世界は、当の世界で成り立つ命題をすべて列挙したものである。

例えるならば、現実主義において可能世界はちょうど本のようなものである。本には様々な命題が書かれているが、可能世界とはまさにそのように様々な命題から成る本なのだ。[11] 一冊の本に書かれていることは、一つの可能世界で成り立っていることにほかならない。そしてそうした本は無数にある。それぞれの本を読めばそれぞれの世

[8] 抽象的対象の典型例は数や普遍者である。普遍者に関する議論は第5章を見よ。

[9] ほかにたとえば可能世界を性質とみなす見解がある。それについては次を見よ。Robert Stalnaker, *Ways a World Might Be: Metaphysical and Anti-Metaphysical Essays*, Oxford University Press, 2003.

[10] この文は "Tokyo is the capital of Japan" という英文と同じことを言っている。同じことが別の言語で表わされているわけだが、そこで言われている「同じこと」が命題である。

[11] もちろんこのような「本」は、あなたがいま手にとっているような具体的対象としての本とは違い、抽象的な対象である。現実主義において可能世界は、現実に存在する抽象的対象をもとに捉えられる。

界で何が成り立っているのかがすべて分かる。またそうした本としての可能世界は、私たちの様相的な語りを根拠づけるという役割をちゃんと果たしてくれる。それら無数にある本のどれか一冊にでも書かれている命題は可能的な事柄であり（〈スカイツリーの高さは六〇〇メートルである〉は書かれている本と書かれていない本がある）、どの本にも書かれている命題は必然的な事柄である（〈7は奇数である〉はどの本にも書かれていそうである）。

現実主義が抽象的対象としてであれ可能世界の存在を認めるのは、様相的な語りが何らかの仕方で根拠づけられるとするためである。そう主張するために、可能世界という対象を常識的な考え方に反しない仕方で特徴づけようとするわけだ。

しかし、現実主義にも困難はある。いま現実主義のもとで可能世界を本に見立てた。命題の集まりから成る本である。だが、何であれ命題の集まりであれば可能世界としての資格をもつというわけではない。どのような本であれば可能世界としての役割を果たせるのかという条件について考えるとき、現実主義の困難が現われる。

たとえば〈東京は日本の首都である〉と〈東京は日本の首都でない〉という二つの命題を含む集まりを考えることができるが、その集まりは可能世界とみなされるべきでない。その二つの命題は、一方が真であれば他方は偽であるという関係にあり、一緒に成り立つことができない。つまり、その二つを一冊の本のなかに一緒に書き込むことはできないのだ。このことから、本が可能世界としての役割を果たすための条件の一つを指摘することができる。つまり、命題の集まりは、一緒に成り立つことが可能であるような命題の集まりでなければならないのである。しかし注意しよう。そのように本を特徴づけると、説明が循環してしまうのだ。もともと本は、「可能である」という表現の意味をはっきりさせるために導入された。そしてここではその本を特徴づけるのに、当の「可能である」という表現が持ち出されているのである。「可能である」ということの意味をはっきりさせるのに「可能である」という表現に訴えることになってしまったわけだが、それでは説明になっていない。

さて、ここまで可能主義と現実主義を紹介し、合わせてそれらの抱える困難について述べた。[12] しかし困難にばかり注目するのは、あまり哲学者らしい態度でないのかもしれない。より重視するべきは、様相という概念をどう考えるかである。可能主義と現実主義が様相という概念に関して私たちに求める考え方は決定的に異なっているのだから、必要なのはそれぞれの考え方が世界のあり方に照らして正しいかどうかを検討することであるだろう。すると考えてみるべきは、いままで見てきた論点のほかにどのような違いがあるか、である。可能主義と現実主義がどのような点で分かれるのかを確認できれば、それを検討のための材料にすることができるだろう。そしてそこで注目されるのが、**現実性**の概念である。

数ある世界のなかで、どの世界が現実なのだろうか。このような問いに現実主義者はすぐに答えられる。可能世界は抽象的で現実世界は具体的なのだから、具体的なこ

[12] 様相を根拠づける候補として可能世界は適切でないと思ったひともいるかもしれない。その向きにもいくつか選択肢がある。一つは様相主義と呼ばれる見解である。それによると様相とは可能世界などのほかの何かに基づいて理解されるわけでない、基本的な概念である（cf. 前掲飯田『言語哲学大全Ⅲ』、六・三節）。また可能世界以外に様相の根拠を求めるという見解もある。その候補としては、アリストテレスの考え方を背景にしばしば「本質」が挙げられる（cf. Kit Fine, "Essence and Modality," *Philosophical Perspectives* 8, 1994, pp. 1–19.）。

の世界こそが現実なのである。しかし可能主義者にとってはそうでない。無数に存在する具体的な世界のなかで、そのどれが現実なのかははじめから決まっているわけでない。現実世界は存在論的に何ら特権的な身分をもっていないのであり、だからこそなぜこの現実世界が現実的であるのかについて根拠を必要とする。そこでルイスが注目するのは、私たち自身の存在である。私たちにとってこの世界は現実である。だがそうであるのは、私たちがこの世界において存在しているからなのだ。そしてここが重要なのだが、それはほかの可能世界の住人にとっても同様である。ある世界が私たちにとって可能世界であるのは、私たちがその世界に住んでいないからである。当の世界の住人にとっては、その世界こそが現実世界なのであり、私たちの住むこの世界は可能世界なのだ。こうした事情は「ここ」や「いま」といった表現と類比的である。埼玉にいる人と千葉にいる人がそれぞれ「私はここにいる」と言ったとき、「ここ」がどこを指すかは違っている。それと同じく「現実」も、それを発話する人と相対的な仕方で意味をもつとされるわけである。[13]

　可能世界という考え方は様相の哲学の活性化と進展に貢献した。しかしその存在論的な身分についての決定的見解は、まだ得られていない。可能世界の概念をよりよく理解するには、より広範な観点からの検討も必要であろう。そこで次節以降では、世界のなかに存在する人や物の様相的なあり方について検討する。

[13]　ほかの規準としては、たとえば神が決めるというのがある。この場合、無数に存在する具体的な可能世界のなかでどれが現実的かは絶対的に決まることになる。こうした見解はライプニッツがとっていたとされる。

3-3 本質

私たちは、ふつう、次の文は真だと考える。

(1) 夏目漱石が小説家でなかったことは可能である。

この文は可能性について述べている。よってこの文が真であるならば、夏目漱石が小説家でない可能世界が存在するということになる。そのように考えるのは、可能世界の枠組みのもとでは自然であるだろう。

しかし、ここにはまだ考慮するべき問題がある。何が言われているのかを、夏目漱石という人物に注目して確認してみよう。するとその文は、現実世界において夏目漱石が存在し、そして同一人物である夏目漱石が可能世界で存在するということを述べているのだ。さらに可能世界において小説家でないのは、夏目漱石当人でなければならない。しかし、そのことはいったいどのように理解すればよいのか。

ある人物が別様でありうるということ自体は認められてよい。仮に小説を書くことなく一生を教師として過ごしたとしても、夏目漱石は夏目漱石として生涯を送ったと私たちは考えるだろう。たしかに、夏目漱石は現実のとおりでなくとも、当人であり続けることができるのだ。すると可能世界の枠組みのもとで、夏目漱石が可能世界にいるということはひとまず受け入れてよさそうである。しかしそれでも、依然として問題が残っている。すなわち、いま言及した現実世界の人物と可能世界の人物が同一であるとはどういうことなのか。各可能世界にいる人物が夏目漱石である以上は共通してもつはずの何かがあるのだろうか[1]。

そこでしばしば手がかりとして持ち出されるのが、**本質**にほかならない。本質とは、ある対象が当の対象であるためにもっていなければならない性質、よってもしその性質を失ってしまうともはや当のものであることができなくなるような性質である。夏目漱石は本質的な性質を失った段階で同一でなくなる。そして夏目漱石が同一性を維持したまま別様でありうるのは、本質を備えている限りにおいてである。本質を備えている限り、世界によってそのほかどのような性質を欠いていたり、もっていたりしようが、夏目漱石は夏目漱石なのだ。

それではいったい夏目漱石の本質には何があるのか。現在、本質に関する議論ということで大きな影響力をもっているのは、**S・クリプキ**の見解である[2]。人について言うとクリプキは二つの性質に触れているので、それを確認しておこう（なお本質は人や物が当の人や物であるために備えていなければならない性質であるから、ここで論

[1] いま話題にしたような同一性は、**貫世界同一性**と言われる。ところで、現実世界の夏目漱石と可能世界の夏目漱石は性質を異にするがゆえに同一人物でないと思われるかもしれない。しかし、対象は性質を世界との関係においてもつと考えることができる。すなわち、夏目漱石は、〈現実世界において小説家である〉という性質をもつが、〈ある可能世界において小説家である〉という性質をもたない、と考えることができる（【1-2 同一性と変化】の議論と比較されたい）。

[2] S・クリプキ『名指しと必然性――様相の形而上学と心身問題』、八木沢敬・野家啓一訳、産業図書、一九八五年。なおクリプキは人や物といった個体のほか自然種の本質についても議論している。そうした議論の射程は言語哲学にも及ぶ。cf. W・G・ライカン『言語哲学――入門から中級まで』、荒磯敏文ほか訳、勁草書房、二〇〇五年、第三章、第四章。

じているのは人や物をめぐる形而上学的必然性だとも言える）。

まずクリプキによると、人間であることは夏目漱石にとって本質的である。〈人間である〉はいくつもの個体をひとまとめにするような性質であるが、しかしそのとき何を根拠としてひとまとめにされているのか。たとえばそれはしかるべき生物学的組成をしているということだろう。だから逆に言うと、将来的にどれだけ精巧なアンドロイドが作られたとしても、しかるべき生物学的組成を有していない限り、それは人間でない。どれだけ人間のような外見をしていて、どれだけ人間らしい振る舞いをしていても、それは人間ではないのだ。そして夏目漱石が人間である以上、どれだけ別様でありえても人間でないことはありえない。一般的に言って、ある生き物にとってそれが属する**種**は本質的なのである。このことは様相的な文脈における制約としても働くだろう。たとえば夏目漱石が魔法使いによって猫に変えられてしまうといった可能性は、想像することはできても、認められない[3]。

またクリプキに従えば、しかじかの両親から生まれたということも人にとっての本質となる。クリプキが重視するのは人がどのような**起源**によって生まれてきたかということであり、ゆえにより正確に言えば夏目漱石にとっての本質は特定の精子が特定の卵子と受精したことだ（両親が同じでも受精卵が別ならば別人）。こうした考え方によれば、私たちが「夏目漱石」という名前で指示している人物は、様相的な文脈においても同じ両親（同じ受精卵）から生まれてきたことが保証されていなければならな

［3］　クリプキによればそうした想像は誤りである。とはいえ、想像できることは可能なはずでないのか、という疑問をもつひともいると思う。そのあたりの問題については、次に所収されている諸論文が参考になる。Tamar Szabó Gendler and John Hawthone（eds.）, *Conceivability and Possibility*, Oxford University Press, 2002.

い。なおクリプキによれば人以外の物についても、起源は本質的な性質となる。よってスカイツリーが現実に構成されている鋼材とは別の素材や鋼材から構成されるということはありえない。もし別の鋼材から作られていたら、それは別の建造物である。

人間という種であることや、しかじかの両親から生まれてきたということ。これらの本質を欠かない限りで人は別様でありえる。補足すれば、そうした本質以外の性質は様相的な文脈での人の同一性にとって決定的な役割を果たさない。夏目漱石は現実世界において〈小説家である〉、〈教師である〉、〈イギリス留学経験がある〉といった様々な性質をもっている。そのなかには〈『三四郎』を書いた〉というように、現実には夏目漱石当人しか備えていないような性質もあるだろう。しかしそれら〈小説家である〉等々の性質をもつことは、可能世界にいるある人が夏目漱石であるために必要なことではない。[4] 仮にある可能世界である人が、現実には夏目漱石だけがもつ〈『三四郎』を書いた〉という性質をもっていないとしても、両親が同じならば、その人は夏目漱石でありうる。

何が人や物にとっての本質なのかという点については異論もあるかもしれない。[5] しかし何が本質であるにせよ、本質を失わない限りで、人や物は同一でありながら別様であることができるという考え方は、私たちの様相的な語り方を根拠づけるものとして有力であることはたしかである。

[4] それらの性質は夏目漱石にとって偶然的な性質である。

[5] ある人が夏目漱石であるために必要なだけでなく十分となる何かを要請するべきだという指摘があるかもしれない。さらに続けて、訴えるべきは本質でないと指摘されるかもしれない。そのとき本質に変わって候補となりうるのは、**このもの性**(haecceity) ——ある人がまさに当人として存在することを保証する、質的でない何か——だろう。次を参照のこと。David Kaplan, "How to Russell a Frege-Church," *Journal of Philosophy* 72, 1975, pp. 716–729.

3-4 対応者

小説家でない可能世界の夏目漱石が現実世界の夏目漱石と同一であるとはどういうことか。そのような問いを前節で扱った。そしてそれに対して、人間という種に属していることと、しかじかの両親から生まれたことという本質的な性質を欠いていなければ、その可能世界の夏目漱石は現実の夏目漱石と同一人物でありうるという答えを提示した。だが、その答えは考えようによってはおかしい。というのも、それはまるで夏目漱石が二つの世界にまたがってその両方で存在しているとでも言っているかのようだからである。それは可能世界に関する二つの立場、すなわち可能主義と現実主義のどちらに照らしても奇妙な感じがする。可能主義のもとで可能世界のあいだには時空的にも因果的にも関連性がない。それではいったいどうしたら同一性が保証されるのだろうか。また現実主義によれば可能世界は抽象的な対象である。そうした可能世界に存在する対象もまた抽象的であろう。しかし現実の具体的な夏目漱石と、抽象的な対象がどうしたら同一でありうると言うのか[1]。こうした困難があるにもかかわらず、現実の夏目漱石を（様相的な次元で）延長させるような仕方で可能世界の夏目漱

[1] ただしこの点に関する現実主義の見解に関して、前掲飯田『言語哲学大全III』、二三一―二三三頁を参照のこと。

石を捉えてしまってよいのだろうか。

こうした疑問から、可能世界の夏目漱石と現実の夏目漱石が同一の人物であることを否定するという見方が動機づけられることになる。しかしだとすると、人や物をめぐる私たちの様相的な語りはどう根拠づけられるのだろうか。小説家でない夏目漱石が現実の夏目漱石と同一でないとしたら、「夏目漱石は小説家でないこともありえた」という語り方は意味をなさないのではないか。だから同一性に訴えないとすると、人や物についての様相的な語りを有意味とするような別の手立てを講じる必要がある。

そこで提案されたのが**対応者**という関係に訴えるという考え方である。対応者は別々の世界に存在する別々の人や物のあいだに成り立つ関係である。二つの事物は**類似**していることによって対応者関係に立つことができる。対応者関係にある二つの事物は同一でない。たとえば現実の夏目漱石の対応者としてある可能世界にナツメソウセキが存在するとしよう。このときナツメソウセキとは、当の可能世界に存在する事物のなかで最も現実の夏目漱石と類似した事物にほかならない。たとえばナツメソウセキは当の可能世界において明治期にイギリスに留学しており、その点で現実の夏目漱石と似ているので、対応者となるわけだ。そして私たちの様相的な語りはこの対応者のあり方によって根拠づけられる。つまりその可能世界のナツメソウセキが小説を書いていないのであれば、「夏目漱石は小説家でないこともありえた」は真なのである。

対応者理論を提示したのは、【3-2】でも触れたD・ルイスである。[2] 対応者理論はルイスのとる可能主義からの要請とみなせよう。可能主義のもとで可能世界は具体的な対象であり、各可能世界は因果的にも時空的にも関連していない。そのような存在論のもとでは、可能世界を貫通するような対象など認められない。それぞれの世界において別々の対象が存在するということが出発点であり、それら対象を関係づけるために同一性とは別の関係を持ち出す必要が生じるわけである。

さてすると、対応者関係は同一性関係とは別の仕方で振る舞うことになるはずである。だが、その振る舞いはどのようになるのか。その点を、対応者関係の根拠となる類似性に注目しつつ確認しよう。

まず、どの事物とどの事物が最も類似しているかは、どういう観点をとるかで異なってくる。たとえばある可能世界には、明治時代の大学で英語を教えている人Aと、猫の視点から人間の生活のさまを描いた小説を執筆した人Bがいるが、それぞれ別人とする。さて、どちらが夏目漱石の対応者だろうか。どちらもなりうる、というのが答えだ。教師であるという観点を重視するときには（たとえば夏目漱石は一生を教師として過ごすことも可能であったかと問うとき）前者の人Aが、小説家であるという観点を重視するときには（たとえば猫を主人公とする小説をシリーズ化して書くことは可能であったかと問うとき）後者の人Bが対応者となる。

次に形式的な特徴である。事物aが事物bの対応者であり、事物bが事物cの対応

[2] David Lewis, "Counterpart Theory and Quantified Modal Logic," *Journal of Philosophy* 65, 1968, pp. 113-126.

者であるとする（これらの事物はすべて別の可能世界に存在するとしよう）。しかしだからと言ってａがｃの対応者であるとは限らない。[3] このことはたとえばあなたの対応者の対応者が、その世界で最もあなたに類似している保証はないということから理解できるだろう。また事物ａがｂの対応者であるとしても、ｂがａの対応者であるとは限らない。[4] たとえばあなたが双子であるとする。そのときあなたの対応者にとっては、その人が最も類似しているのはあなたでなく双子の片割れのほうかもしれない。

対応者理論は、同一性にまつわる困難を回避しつつ、事物の様相的なあり方を説明してくれるように見える。しかし対応者理論には次のような反論がある。[5] すなわち、それは本当に当の事物の様相的なあり方を捉えているのだろうか。夏目漱石とその対応者であるナツメソウセキは、結局のところ別人である。だとすると、いくら類似しているとはいえ、ナツメソウセキが小説家であろうとなかろうと、それは夏目漱石当人にとってはどうでもよいことではないのか。夏目漱石の様相的なあり方は夏目漱石当人の問題として考えられるべきなのに、対応者理論はそのような理論になっていない、というわけだ。この反論への対処は、対応者理論の支持者にとっての課題となる。[6]

本章では可能世界という概念装置を中心に様相の問題を議論してきた。可能世界は便利な概念装置である。だが、可能世界とはいったい何なのかということは、いまだ明らかとなっていない。人や物との関係という論点を考慮に入れてもなお、可能世界

［3］つまり対応者関係は同一性関係とは違って推移的でない。同一性関係が推移的であることについては、【1-2 同一性と変化】注［9］を参照せよ。

［4］つまり対応者関係は同一性関係と違って対称的でない。

［5］cf. 前掲クリプキ『名指しと必然性』、邦訳書二〇九―二一〇頁。

［6］一つの返答として次を見よ。前掲 David Lewis, *On the Plurality of Worlds*, ch. 4.

のあり方について決定的な理解を得られるわけでない。しかしそれでも、一連の議論のなかで、種々の論点のあいだのつながりが見えてきた点は注目すべきである。様相の哲学では、そのつながりを踏まえつつ、可能世界とは何かという問いが引き続き取り組まれている。それは整合的な理解をもとに様相をめぐる謎を解き明かそうとする、まさに形而上学の試みなのである。

コラム　可能的対象

3章では、現実の人や物の様相的なあり方を可能世界の枠組みを用いて論じた。しかし、可能世界の枠組みのもとで扱えるのは、現実の人や物の様相的なあり方だけではないだろう。現実世界には存在しないが、可能世界には存在するような人や物について考えてもかまわない。そのような単に可能的にのみ存在するような対象を、私たちは実際に問題にすることがある。だからそうした問題をさばくのにも、可能世界という概念装置を利用することができそうだ。

可能的対象の候補としてまず浮かぶのは、虚構的対象である。たとえばシャーロック・ホームズは可能的対象として捉えることができるかもしれない。コナン・ドイルが書いたストーリーは現実世界の事柄についてのものではない。私たちは「ホームズはベイカー街に住んでいる」と述べることができるが（そしてそれは小説の内容からすると正しいことを述べているが）、しかしそれは現実世界の事柄についてのものではない。ではそのような表現はどのように理解すればよいのか。そこで可能世界である。そうした表現はある可能世界のロンドンでの事柄についてのものであるとし、そしてホームズはその可能世界の住人だと考えるわけである。そうすることでホームズを対象として指示することができるから、私たちはホームズについて有意味な仕方で語ることができるようになるだろう。「ホームズはベイカー街に住んでいる」は、ある可能世界において成り立っている事柄について述べているのだ。こうした話題について詳しく知りたければ、三浦俊彦『虚構世界の存在論』（勁草書房、一九九五年）、清塚邦彦『フィクションの哲学』（勁草書房、二〇〇九年）、G・プリースト『存在しないものに向かって――志向性の論理と形而上学』（久木田水生・藤川直也訳、勁草書房、二〇一一年）が参考になる（ただし虚構的対象をめぐるこれとは別の考え方について、【8-3　存在依存のきめ細かな区分】を参照）。

また、生まれていたかもしれない人々というのも可能的対象の候補となる。宮沢賢治は生涯独身で子どもがいなかったが、もしかするとだれかと結婚して子どもをもうけていたかもしれない。そのような宮沢賢治の子どもは、生まれていたかもしれないという意味で、可能的な対象である。そしてそのような可能的対象は、過去に生まれていたかもしれない人だけでなく、未来に生まれるかもしれない人について考えることもできる。たとえばあなたがこれからそれぞれ異なる相手と子どもをもうける別々のケースを無数に考えることができるだろう（現実にはテレビを通じて一方的にしか知らない人と結ばれるようなケースも、可能的にはある）。するとあなた一人に関連するだけでも、生まれてくるかもしれない人々は限りなくたくさんいることになるわけだ。そしてこうした観点からすると、あなたを含めた現実の人々は存在しうる膨大な数の人々のなかのごく一部でしかない。たとえばあなたの両親がそれぞれ別の人と結婚していたら、あなたが生まれることはなかっただろう。あるいはもしあなたの両親が出会う時期が実際とは違っていたとしたら、やはりあなたが生まれてくることはなかっただろうし、あなたでない別のだれかが生まれていたかもしれない。そのようにあなたの代わりに生まれていたかもしれない人も可能的対象として捉えることができる。こうした論点は意外にも実践的な問題と結びつく。それについてはたとえば、D・パーフィット『理由と人格――非人格性の倫理へ』（森村進訳、勁草書房、一九九八年）、第Ⅳ部を見てほしい。

第4章 因果性

4-1 ヒュームの影響

あなたは力いっぱいにサッカーボールを蹴る。飛んでいったボールが窓にぶつかる。そして窓が割れる。このとき、窓は自発的な仕方で割れたわけではない。ある速度で運動しているサッカーボールが衝突したがゆえに、窓は割れたのだ。私たちは、その一連の出来事の流れのなかに必然的とすら言いたくなるほど強い結びつきを見出す。そうした結びつきを見出せない出来事は、窓が割れたことに貢献していない。たとえばあなたがジャージを着ていたことは、窓が割れたことに何ら貢献していない。サッカー日本代表チームのユニフォームを着ていたら窓が割れなかったということはないのだ。一方の出来事が起こったがゆえに他方の出来事が起こったと言えるとき、私たちはその二つの出来事のあいだに**因果関係**が成り立っていると考える。

この世界のあり方を考えるうえで、因果関係が重要な関係であることは間違いない。私たちはこの世界が因果的な秩序のもとで推移すると考えており、そしてその推移を科学的な営みを通じて把握しようと試みる（たとえば窓が割れたのはどれくらいの力が加えられたからなのかを調べる）。また私たちは、因果的な推移を踏まえて行為者に責任を帰属させたりする（たとえばサッカーボールを力いっぱい蹴ったあなたは、窓の破損に対して責任を負うべきである）。

しかし意外に思われるかもしれないが、哲学では因果関係に対してしばしば懐疑のまなざしが向けられる。因果関係は必然的な結びつきだと言いたくなるところが私たちにはあるけれども、まさにそうした見方に対して懐疑のまなざしが向けられるのだ。その傾向に強い影響を及ぼしたのは、十八世紀の哲学者**ヒューム**である。ヒュームに言わせると、私たちは因果関係を必然的な関係とみなすだけの根拠をもっていない。因果関係が成り立っているどのケースをどれだけ観察したとしても、私たちは原因と結果を結びつけるような何かを観察したりしないからである。私たちが観察するのは、ある種のパターンの繰り返し――あるタイプの出来事が起こったあと、そこから時間的にも空間的にも近いところで、別のタイプの出来事が起こるというパターンの繰り返し――でしかない。そうした観察を経ると、私たちは繰り返しをなす二つのタイプの出来事のあいだにある種の結びつきがあると習慣的に考えるようになる。そしてそれぞれのタイプに属する個別的な出来事が起こったとき、時間的に先のほうを原因、後のほうを結果とみなすようになる、というわけだ。それゆえ私たちは原因と結果のあいだに必然的な結びつきを見たりしない[1]。

ヒュームの議論の影響は現代形而上学にも及んでいる。「ヒューム的」と称される因果論は有力視されており、支持者も多い。ただし、因果性の問題に対する形而上学

[1] D・ヒューム『人間本性論――第一巻　知性について』（新装版）、木曾好能訳、法政大学出版局、二〇一一年、第一巻第三部第一四節。

者たちのスタンスが、ヒュームのそれと少し違っている点には注意してよいだろう。ヒュームが強調したのは、私たちは原因と結果を結びつけるようなものを観察しないということだった。[2] しかし形而上学者たちが重視するのは、私たちが何を観察するかということではない。形而上学者は形而上学者だけあって、この世界がどのようにあるのかを気にかける。すなわちヒューム的因果論は、因果関係に対するヒュームの懐疑的な見方を世界のあり方についての見方として捉えなおそうとするのである。とはいえヒュームに刺激を受けた哲学者たちも、因果関係という関係が成り立つということを否定するわけではない。否定するのは、原因と結果を必然的な仕方で結びつける何かが、この世界のなかに存在するということである。

その主張は具体的に二つのテーゼを通じて展開される。一つは、何が原因と結果になるのかに関する次のテーゼである。

・因果関係は別の出来事のあいだの関係である。

出来事とは、ある時間にある場所で起こるようなものである。これは出来事という存在者が備えておくべき最低限の特徴づけである。[3]「いつ、どこで起こったのか」は出来事についてのみ問うことができ、それが問えないようなものは出来事でない。たとえばロンドン・オリンピックは二〇一二年にロンドンで開催されたと答えられる出来

[2] よってヒュームが本当に主張しているのは、「因果的な結びつきは存在するのだが、それを私たちは観察しない」ということだと解釈することができるかもしれない。このあたりのヒュームの解釈をめぐる論争については、萬屋博喜「ヒュームの因果論と神学批判」(『思想』一〇五二、三七五—三九四頁、二〇一一年)が詳しい。

[3] 本書における出来事の特徴づけについては、【2-4 非両立論】注[7]も参照のこと。

事だが、〈夏季オリンピックは四年ごとに開催される〉という事実は、いつどこで起こったと言えるたぐいのものではないので、そもそも出来事ではない。そして因果関係はそのように時間・空間的なあり方をした出来事のあいだに成り立つ。だからこそ、因果的な秩序はこの世界のなかに見出されるわけだ。そして原因と結果が区別される以上、因果関係に立つ二つの出来事もまたそれぞれ別の出来事とされる。ここで二つの出来事が別であるのは起こった時間・空間的な領域が一致していないときだ、と思われるかもしれない。だが注意しよう。その意味での「別」では、原因と結果を区別するには弱いのだ。時間・空間的な領域が一致していないという意味では、サッカーの試合の前半戦と試合全体も別であるし、野球の一回から七回までと三回から九回までも別だろう。たしかにそれらの出来事は密接な仕方で結びついているが、因果関係に立つとは考えられない。時間・空間的に**部分と全体**の関係にある二つの出来事や、**重複**する二つの出来事は、時間・空間的な領域をぴったり一致させているわけではない。しかし、そうした二つの出来事は因果関係に立ちえないのである。[4] 原因と結果の出来事が別であると言うとき、それは起こった時空領域に関して一方が他方の部分でなく、またおたがいに重複していないという意味で言われている。[5]

もう一つは、原因と結果という関係のあり方に関わる次のテーゼである。

・別の出来事のあいだに必然的な結びつきはない。

[4] 部分と全体の関係や重複関係を扱う形式的理論をメレオロジーと言う。メレオロジーについては次が詳しい。Peter Simons, *Parts: A Study in Ontology*, Oxford University Press, 1987. ただしこの本は最初に読むには難しい。加地大介『穴と境界――存在論的探求』（春秋社、二〇〇八年）の付論でメレオロジーの概略が説明されているので、まずそれを読むとよい。

[5] 国立競技場で行なわれているサッカーの試合と東京ドームで行なわれている野球の試合は別であるし、サッカーの試合の前半戦と後半戦は別である。もちろん、別である出来事がすべて因果関係に立つわけではない。別々の諸出来事のなかで、どれとどれが因果関係に立つのかをはっきりさせることが課題である。

この世界では、どの時間やどの空間をとっても、至るところ出来事が起こっている。世界は出来事によって敷き詰められていて、そして世界のなかにそれぞれの出来事を直接的に結びつけるものはない。それがヒューム的因果論の出発点である。例えるならば、世界はおびただしい数の様々な形と色のタイルが並んだ床のようなものである（タイルの色が出来事のタイプに、タイルの大きさと形が時空領域に、床が時間・空間的な世界に対応する）。そして個々のタイルはそれぞれ切り離されている。ひょっとすると黒いタイルの隣には白いタイルが少なくとも一枚あるといったパターンを見出せるかもしれないが、それは黒いタイルと白いタイルを接着剤でくっつけてから床に置いたからではない。何らかのパターンがあるならば、それはすべてのタイルが床に並んだあとで出てきたものなのだ。世界に起こったそれぞれの出来事も、「因果性」という名前の接着剤でくっつけられていたりしない。二つの出来事のあいだに何らかの関係が成り立つとすれば、それは出来事の配置に基づくパターンのおかげである。

だがそれでは、原因と結果という関係は出来事の配置のパターンをもとにどのような仕方で成立するのか。本章では、その論点についてヒューム的因果論にシンパシーをもつ哲学者がどう考えているかを紹介しよう。ただし合わせて、それがどんな困難を抱えているかを指摘する。反ヒューム的因果論の陣営は、それらの困難をヒューム的因果論の誤りを示すものとみなすだろう。そのあたりの議論状況の紹介を通じて、ヒューム的因果論と反ヒューム的因果論の対立の根を浮かび上がらせたい。

4-2 規則性分析

ヒューム的因果論のもとで原因の出来事と結果の出来事はどのようにして関係づけられるのか。ながらくその手がかりとみなされてきたのは、**規則性**である。前節で因果性に関するヒュームの考え方を述べたとき、「二つのタイプの出来事間に習慣的に考えられる結びつき」に言及した。その結びつきが規則性である。ヒュームによると因果関係は規則性の一事例であり、だからボールの衝突が窓の破損を引き起こしたという関係の成立は、それぞれに類似した出来事が引き続き起こるという規則性に基づく[1]。前節で述べたテーゼを踏まえると、この考え方は次のように捉えなおすことができよう。すなわち、過去・現在・未来を通じて出来事が世界中に配置されており、そしてその配置をもとに、あるタイプの出来事のあいだに規則性が成り立つのである。この世界では、ボールの窓への衝突というタイプの出来事のあとに、窓の破損というタイプの出来事が配置されている。だから今回の窓の破損についても、「何が原因か」と尋ねられたら「ボールが衝突したことだ」と私たちは答えるのだ。様々な色のタイルが並んだ床という前節の比喩にそって言えば、どの黒いタイルにも白いタイルが一

[1] 観察の観点から考えるならば、これから起こるケースを含めて同じような規則性がいつも成り立つとなぜ言えるのかは問題である。私たちが観察したのはこれまで起こった出来事だけでしかないからだ。これはいわゆる帰納の問題として知られる。ところで、その問題が解決したとしても帰納をめぐってはなお謎が残る。それについてはN・グッドマン『事実・虚構・予言』（雨宮民雄訳、勁草書房、一九八七年）を見よ。

枚隣接しているといったケースが対応する。黒いタイルと白いタイルは規則的に並んでいるので、もしどこか一ヵ所の黒いタイルを指し示されたら、私たちはその隣に白いタイルが一枚あるはずだと考えるわけである。

規則性分析はヒュームの主張を踏まえており、その点で「ヒューム的」と呼ぶにふさわしい因果論の一つである[2]。現代においても因果性を規則性に基づいて理解しようという哲学者は少なくない[3]。とはいえ、規則性分析を無条件に支持することは難しい。というのも、ただ単に規則性に訴えるだけでは、正しく因果関係と呼べるケースだけを特徴づけることができそうにないからである。すなわち、ある種の規則性の一事例は因果関係とみなすことができないのだ。具体的に問題となるケースを三つ紹介しよう。

一つは、たまたま成り立っている規則性に関するケースである。たとえば私がロンドンに行くとき、ロンドンはいつも雨だとしよう。もしそのようなことがあれば、それは一種の規則性と言ってよさそうである（いつも雨なのだから）。しかしだからといって、私のロンドンへの移動がロンドンの雨の原因であるはずはない。私がロンドンに行くとき常に雨が降るとしても、それはたまたまでしかないだろう。すると、たとえ出来事が規則的に配置されていたとしても、そこに因果性を認めるべきでないたぐいの規則性があるということになる。しかし、因果性を認めうる規則性とそうでない規則性の違いはどこにあるのか。たまたまであろうが何であろうが、黒いタイルの

［2］もう一つのヒューム的因果論を次節で紹介する。

［3］D・デイヴィドソンは規則性分析を洗練した形で提示している。『行為と出来事』（服部裕幸・柴田正良訳、勁草書房、一九九〇年）を見よ。関連して次も参照のこと。柏端達也「出来事と因果――デイヴィドソン以後」、『岩波講座哲学2：形而上学の現在』、岩波書店、二〇〇八年、一一五―一三八頁。

かを区別する方法はないように思われる[4]。

この世界における出来事の配置を頼りとする限り、見出された規則性がどういうたぐいの規則性なのかを区別する方法はないように思われる[4]。

二つ目は**共通原因**が関わるケースである。小石を池に投げ入れたとき、水しぶきが上がった。そこには規則性が見出せる。小石を池に投げ入れたとき、常に水しぶきが上がるのだ。しかし、小石の投入によって引き起こされたのは水しぶきだけではない。それによって水面に波紋の広がりが生じたからである。ここにも規則性を見出せる。小石を池に投げ入れたとき、常に波紋が広がっていくのだ。以上のところまではよいだろう。だがいまのケースでは、さらにもう一つ規則性を見出すことができる。すなわち、水しぶきと波紋の広がりのあいだに、である。小石を池に投げ入れたとき、水しぶきと波紋の広がりは相伴って起こるからだ。とはいえ注意しなければならない。水しぶきは波紋の広がりの原因ではないし、波紋の広がりは水しぶきの原因ではない。水しぶきと波紋の広がりは、小石の池への投入という同じ出来事を原因とする別の結果なのである（一つの出来事が複数の別の結果を引き起こすのは、ありふれたことである[5]）。だがそれにもかかわらず、規則性分析のもとでは、常に相伴って起こる限り、そうした二つの出来事のあいだにも因果関係が成り立っていることにされてしまうだろう。長方形の青色のタイルの長辺にそれぞれ赤色と黄色の正方形タイルが隣接して並んでいたら、それらのタイルも（一枚おきにペアを作れる仕方で）規則

[4] たまたま成り立つ規則性を、世界のなかの事物が従っていなければならない自然法則に対応する規則性から区別するというのが標準的な対応である。これらをどう区別するかは、科学哲学における重要な話題である。戸田山和久『科学哲学の冒険――サイエンスの目的と方法をさぐる』（日本放送出版協会、二〇〇五年）など、科学哲学の教科書を参照のこと。

[5] それに対して、複数の別の出来事が一つの結果を多重的な仕方で引き起こすということは（その結果を引き起こすのにそれぞれ十分である複数の別の出来事が同時に原因になるということは）、あったとしてもきわめてまれである。

的に並ぶことになってしまうのと類比的である。

三つ目は**因果関係の非対称性**に関わるケースである。気圧計の目盛りが下がった。するともうすぐ嵐が来るのだろう。それは健全な予測である。というのもその予測は、二つの出来事のあいだの規則性に基づいているからである。そして私たちは嵐の襲来が気圧計の目盛りの低下の原因であると考えるが、気圧計の目盛りの低下が嵐の襲来の原因であるとは考えない。ある出来事が別の出来事を引き起こしたとき、その逆の因果関係が成り立つとはされないのだ。このことを指して因果関係は非対称的な関係であると言う。だが、規則性分析のもとでは、因果関係を非対称的な関係とみなすための根拠が与えられていないのではないか。嵐の襲来と気圧計の目盛りの低下は規則的に起こるのだから、その限りでは、気圧計の目盛りの低下が嵐の襲来の原因であると言えてしまうからだ。緑色のタイルと茶色のタイルが隣接して置かれているとする。するとその規則性は「緑色のタイルの隣に茶色のタイルがある」と緑色のタイルの観点から言ってもよいし、「茶色のタイルの隣に緑色のタイルがある」と茶色のタイルの観点から言ってもよい。それらが区別されないのと類比的である。

これらを規則性分析の解決するべき課題と受け止めるのはもちろん一つの考え方である。しかしこうした困難を前に、因果性を分析するための概念は規則性とは別にあると考えるのももっともだろう。そこで近年、規則性に代わってとくに取り上げられている概念がある。それは**反事実条件文**である。次節ではそれについて紹介しよう。

4-3 反事実条件的分析

反事実条件文による分析の原型は、実はヒュームが提示している。[1] すなわちヒュームは、「出来事e_1が出来事e_2を引き起こす」という因果関係を次の反事実条件文の成立によって根拠づける考え方を提示した。

(1) もし出来事e_1が起こらなかったとしたら、出来事e_2は起こらなかっただろう。

規則性分析と同じく反事実条件的分析においても、因果関係は世界に敷き詰められた出来事のパターンに基づいて成立する。ただし、大きな違いが一つある。規則性分析のもとで基礎になっていたのは現実の出来事の配置である。しかし反事実条件分析のもとでは、加えて、可能的な出来事の配置が考慮に入れられる。

あなたはサッカーをしているとしよう。ボールがグラウンドを転がっている。あなたはボールに向かってダッシュし、ボールを確保する。それからあなたは力いっぱいボールを蹴る。ボールはまっすぐゴールに向かって飛んでいき、跳躍したキーパーの

[1] D・ヒューム『人間知性研究』、斎藤繁雄・一ノ瀬正樹訳、法政大学出版局、二〇〇四年、第七章。本節では、その分析の原型が現代の反事実条件的分析においてどのように捉えなおされているかをみていく。

横を抜けていく。そして一点が入る。このとき、あなたのダッシュは得点獲得の原因である。反事実条件的分析によるとそのことは、次の反事実条件文が真であることとして分析されるだろう。

(2) あなたがダッシュしなかったとしたら、得点は入らなかっただろう。

さて、この文が真であることはどのようにして決まるのか。このような反事実条件文の真偽を検討するとき、私たちは現実とは別様のありえた状況のなかで得点が入るかどうかを考慮するだろう。あなたがダッシュしなかったとすると、その後の状況は実際と様々な点で違ってくる。たとえば相手チームによるボールの確保があったりする一方で、キーパーの跳躍がなかったりするはずだ。そのような可能的な状況において得点獲得という出来事が起こらないと考えられるならば、(2)の文は真なのである。そしてこのような考慮の仕方は、現実の出来事の配置と可能的な出来事の配置の比較という仕方で捉えなおすことができる。現実の出来事の配置とは別に、あなたのダッシュという出来事が置かれていない可能的な配置を考えるわけだ。ただしその配置は、現実の出来事の配置から単にあなたのダッシュという出来事だけを取り除いたものではない。取り上げるべきは、条件文の仮定に関する限りで、現実の出来事の配置と違っているような配置である。その可能的な配置のなかに、得点の獲得という出来事が置かれていないとすれば、(2)の文は真なのである。[2]

こうして、可能的な配置にまで広げることになるとはいえ、出来事の配置に基づき、別々の出来事のあいだに因果関係が成立しているかどうかを判定することができそうである。しかし、厄介な問題がある。すなわち、ただ単に(1)によるだけでは望むとおりに因果関係を判定できないケースがあるのだ。

ふたたびあなたはサッカーをしている。またもやボールが転がっている。あなたはダッシュしてボールを確保し、それから力いっぱいボールを蹴った。ボールはゴールに向かって飛んでいき、そして一点が入る。やはりあなたのダッシュは得点獲得の原因である。しかし今回は、さきほどのケースと違っているところがあった。あなたがボールに向かっていたまさにそのとき、チームメイトもまたボールに向かっていたのである。チームメイトもゴールを決めてやろうと意気込んでいる。そういうわけであなたは、ボールに向かってともにダッシュしていたそのチームメイトを、途中で押しのけていたのだ。チームメイトはシュート体勢をとることさえできなかった。だがこのとき、あなたがもしダッシュしなかったとしたら、チームメイトはだれにも妨害されることなくダッシュし、シュートしていただろう。そしてそのときやはり一点が加わっていただろう。すると目下の分析方法によれば、あなたのダッシュは得点獲得の原因でない。「あなたがダッシュしなければ、得点は入らなかっただろう」という反事実条件文が偽だからだ。[3] このようなケースは、**因果的先回り**と呼ばれる。あなたの

[2] 反事実条件文の真理条件は、可能世界を利用して与えるのが有望である。詳細は、D・ルイス『反事実的条件法』（吉満昭宏訳、勁草書房、二〇〇七年）を見よ。なお、可能的な配置とはいえ、ここで考えるべきは現実の配置との違いが最小限であるような配置である。たとえばあなたがダッシュしなかったとしても、それによって第三次世界大戦が勃発するなどということはなかっただろう。反事実条件文の真偽は、できる限り現実と類似した状況に照らすことで決まる（可能世界を利用する場合、「できる限り現実と類似した状況」は、現実世界と諸可能世界のあいだの類似の程度に基づいて理解される）。

[3] あなたのダッシュがないことに伴う出来事の配置の最小限の変更に照らして、その文は偽である。

ダッシュが、友人のダッシュが得点獲得を引き起こすのを先回りしたのだ。

因果的先回りケースに対処するため、**D・ルイス**は反事実条件的分析の改良を試みた。[4] 私たちは因果的先回りケースにおいて何が原因かを正しく判定することができる。というのも、結果が起こるまでの経緯のなかにどの出来事が含まれているのかが分かるからである。得点獲得という結果から出来事の系列をたどっていけば、ゴールへのボールの飛行を経て、あなたのダッシュに至る。その出来事の系列のなかに、チームメイトの行為は含まれていない。そしてチームメイトのダッシュから得点獲得に至る出来事の系列は、あなたがそのチームメイトを押しのけたことによって言わばカットされている。このような判断を分析に反映できるようにすればよい。

たしかに、因果関係が成立するからといって対応する反事実条件文が真であるとは限らない。そのことは因果的先回りケースが教えてくれる。しかし、その逆は認めてもよさそうである。つまり、(1)のような反事実条件文が真であるならば、出来事e_1とe_2のあいだに因果関係が成り立つのである。これを利用しよう。さきほど結果から原因まで出来事の系列をたどっていった。なぜそのようにたどっていけるかと言えば、それは(1)のような反事実条件文を頼りにしているからである。ボールがゴールに飛んでいくことがなかったならば、得点が入ることはなかった。あなたがシュートすることがなかったならば、ボールがゴールに飛んでいくことはなかった。そしてあなたがボールに向かってダッシュすることがなかったならば、あなたがシュートすることは

[4] David Lewis, "Causation," *Journal of Philosophy* 70, 1973, pp. 556-567. 実はルイスは(1)だけでなく、「もし出来事e_1が起こったとしたら、出来事e_2が起こっただろう」というタイプの反事実条件文も考慮に入れているのだが、ここでは無視する。

なかった。だからあなたのダッシュは得点が入ったことの原因なのだ[5]。他方、得点獲得からチームメイトのダッシュまではそのような仕方で出来事の系列をたどっていくことができない（たどるべき出来事が起こっていない）。チームメイトのダッシュが得点獲得の原因でないということを、適切に扱えているわけだ。形式的に言えば、(1)の反事実条件文に基づく関係が成立するか、またはそれが連鎖的に成立することが、因果関係が成り立つということにほかならない[6]。

反事実条件的分析に向けられた因果的先回りケースをめぐる問題は、こうした仕方でひとまず解決することができる。しかしそれだけではない。反事実条件文のもつ特徴を利用してやれば、規則性分析の抱えていた困難を解決することができるかもしれない。そこで、共通原因と因果関係の非対称性に関する問題への一つの対処の仕方を見ることにしよう。

前節で見たように、水しぶきと波紋の広がりのあいだに因果関係の成立を認めるべきではない。しかし一見すると、改良版反事実条件的分析のもとでもその成立が認められてしまいそうである。というのも、次のような二つの反事実条件文が真と言えそうだからである。

(3) 水しぶきが上がらなかったならば、小石が池に投げ入れられなかっただろう。

(4) 小石が池に投げ入れられなかったならば、波紋は広がらなかっただろう。

[5] 因果関係にあるかどうかを判定したい二つの出来事だけを取り出して「あなたのダッシュがなかったならば、得点が入ることがなかっただろう」という反事実条件文を考えるのでなく、その二つの出来事のあいだにある諸々の出来事を考慮に入れようというわけである。それら諸出来事から成る系列において順次的に因果関係が成立しているとき、当の二つの出来事も因果関係にある。

[6] つまり出来事e_1が出来事e_nの原因であるとは、出来事列e_1、e_2、e_3、…、e_nが存在し、かつ次の反事実条件文が真であるということである。

・もし出来事e_1が起こらなかったとしたら、出来事e_2は起こらなかっただろう。

・もし出来事e_2が起こらなかったとしたら、出来事e_3は起こらなかっただろう。

…

・もし出来事e_{n-1}が起こらなかったとしたら、出来事e_nは起こらなかっただろう。

水しぶきの原因は小石を池に投げ入れたことである（「小石を池に投げ入れなかったならば、水しぶきは上がらなかっただろう」という反事実条件文はたしかに真である）。だから水しぶきが上がらなかったのならば、それはその原因に当たる出来事が起こらなかったからだと考えられるので、(3)は真だろう。そして(4)も真のはずだ。それは適切に因果関係を表わしているように思われる。だがそうするとまずい。(3)と(4)がともに真だとすると、水しぶきが波紋の広がりに連鎖的な仕方で結びつくことになってしまうからだ。それらの出来事が因果関係に立つことになる（そして同様の仕方で波紋の広がりを水しぶきの原因とみなすこともできてしまうだろう）。

(3)と(4)の少なくともどちらかが偽であると言うことができれば、水しぶきを波紋の広がりの原因としてしまうのを防ぐことができる。しかし(4)を否定するのは難しそうだ。すると残された対処法は(3)を否定することである。だが、それが偽であると言えるのだろうか。

(3)の文のもつある特徴に注目しよう。その反事実条件文では、前件において水しぶきという出来事が言及されており、後件で小石の投入という出来事が言及されている。重要なのはそれらの出来事に関する時間的な順序である。すなわち現実には、水しぶきは小石の投入より時間的に後に起こっている。ここが問題の根だ。反事実条件文は、ふつう、ある仮定的な事実が成り立ったとき、その後で何が成り立つことにな

[7] 反事実条件文と時間的方向性の関係をめぐる議論については次を参照せよ。David Lewis, "Counterfactual Dependence and Time's Arrow," *Noûs*, 13, 1979, pp. 455-476; P・ホーウィッチ『時間に向きはあるか』丹治信春訳、丸善、一九九二年、第一〇章。ところでルイスは、前掲論文"Causation"では、時間的方向性の概念に訴えたりしないであっさり(3)のような文を退けるという方針をとっている。逆向き因果（結果が原因に時間的に先行すること）などの可能性をただちに排除しないようにするためである。

るのかを述べる。ゆえに前件の内容が後件の内容より時間的に後となっているような反事実条件文は、認めないことにするのである。そしてこのような対処法は、因果関係の非対称性の問題にも適用できる。つまり、「気圧計の目盛りが下がらなかったならば、嵐は来なかっただろう」という反事実条件文は、前件で時間的に後の内容が問題とされているので認めないことにするわけである[7]。

さてすると、改良版反事実条件的分析はヒューム的因果論が具体的にとるべき形態としてふさわしいということになるだろうか。たしかに反事実条件的分析はその候補として有望視されている。しかしいまのところ、哲学者はそれを決定的な分析枠組みとして受け入れてはいない。因果関係とみなされるべきあらゆるケースを適切に処理できるかどうかについて、なお疑問が提起されているからである。反事実条件的分析の擁護者はそうした困難に対処することを試みている[8]。だがその現状をヒューム的因果論の基本的な誤りを示すものとして受け取ることもできるだろう。もしヒューム的因果論が正しくないとすれば、どのような因果論が正しいのだろうか。そこで次節からは、反ヒューム的な因果論が具体的にどのような形をとるかについて検討しよう。

[8] 反事実条件的分析をめぐる議論の現状については次に所収の諸論文を参照のこと。John Collins, Ned Hall, and L.A. Paul (eds.), *Causation and Counterfactual*, MIT Press, 2004. 別バージョンの因果的先回りケースが検討されたりしている。また、次も見られたい。L. A. Paul and Ned Hall, *Causation: A User's Guide*, Oxford University Press, 2013.

コラム　因果関係の形式的性質

因果関係は、ふつう、非反射的、非対称的、そして推移的な関係であるとされている。それはつまり次のような性質を満たすということである。

・どの出来事eもeそれ自身を引き起こすことはない。
・e_1がe_2の原因であるならば、e_2はe_1の原因でない。
・e_1がe_2の原因であり、かつe_2がe_3の原因であるならば、e_1はe_3の原因である。

このような捉え方はかなりもっともらしい。何より因果関係は別の出来事のあいだの関係でなければならないので、原因と結果が同じ出来事であるはずがない。本論でも見たように、二つの出来事のあいだの作用は一方向的なはずである。そしてまた様々な出来事がどのような経緯で起こってきたかを私たちが語ることができるのは、因果関係が推移性を満たしているからに違いない（歴史的な語りなどを思い起こそう）。これらは因果関係が必ず備えている性質と考えられている。どのような因果性理論を考えるにせよ、因果関係を反射的としたり、対称的としたり、推移的でないとしてしまうような理論は正しくないとされるわけだ。

しかし、そのように正しいに違いないと考えられていることこそ疑ってみるというのが、もしかすると哲学の特徴かもしれない。実際、具体的なケースを挙げつつ、因果関係がそれらの性質を本当に備えているということを疑う議論がある。以下では、そうしたケースをいくつか紹介しよう。

まず推移性について。反例とされるのは次のようなケースである（H・フィールドという哲学者による例）。あなたはスパイに命を狙われている。スパイはあなたの部屋のドア側に爆弾をしかけた。だが幸運にもあなたは爆弾を発見し、苦労のすえ起爆装置を解除した。あなたは生きている。さてこのとき、スパイが爆弾をしかけたことはあなたの爆弾の発見の原因であり、あなたの爆弾の発見はあなたの生存の原因である。だが、スパイが爆弾をしかけたことがあなたの生存の原因であるとは言いたくないのではないか。

因果関係が推移的な関係でないという見解は受け入れるのに抵抗がある。そこで問題のケースは適切に捉えなおしてやるというのが健全な対応と言えるかもしれない。しかしここでさらにもう一つのケースを考えよう。タイムトラベルのケースである。そうしたケースでは時間的なループを見出しうる。そしてそのループの上に出来事が配置されており、それら出来事のあいだに因果関係を考えることもできる。このさい、因果関係が推移的な関係であるとすると、因果関係を非反射的かつ非対称的な関係と見なすことができなくなってしまうように思われるのだ。

あなたはともかく（ともかく！）タイムトラベルすることができる。そこで過去に行ってみた。そして過去世界においてあなたは二人の人物と知り合いになる。なんと二人は若いころのあなたの両親であった。二人はあなたがパイプ役となって結ばれることになる。さてこのとき、あなたがタイムトラベルしたことによってあなたの両親は結ばれることになり、そしてそれによってあなたが生まれたということになるだろう。さらに、あなたが生まれなければあなたがタイムトラベルすることもない、という点に注目してほしい。ここにはあなたのタイムトラベルからあなたのタイムトラベルに戻ってくる一つのループ（輪）があることになるのだ。すると次のように言えるだろう。すなわち、ループを経由して、あなたのタイムトラベルの原因はあなたのタイムトラベルであることになる。またループ上にある任意の二つの出来事について、たとえばあなたのタイムトラベルとあなたの両親の結婚について、どちらをどちらの原因とみなしてもよい（タイムトラベルはそれ自体として面白いトピックであり、それについての哲学的議論は日本語でも加地大介『なぜ私たちは過去に行けないのか――ほんとうの哲学入門』（哲学書房、二〇〇三年）、青山拓央『新版タイムトラベルの哲学』（筑摩書房、二〇一一年）などで読むことができる）。

こうしたケースは現実味がないと思われるかもしれない。しかし哲学では因果性の概念を一般的な観点から特徴づけることが求められる。それゆえたとえ現実味がなくとも、それについてどう考えるかをはっきりさせておくことが必要である。

4-4 普遍者の一事例としての因果関係

ヒューム的因果論によれば、世界にはまず出来事が敷き詰められている。それらの出来事のあいだに必然的な結びつきはない。因果関係は出来事の敷き詰めのパターンとして見出される。しかし、そうした考え方は本当に正しいのだろうか。私たちが因果関係の成立を認める場面を思い返してみれば、そこに因果的な結びつきが存在することを認めるほうがむしろ自然と思われるかもしれない。というのも私たちは、そのような場面において、因果関係の成立を直接的に知覚していると言いたくなるからである。段ボールを押す、衣服についた汚れをこすり落とす、ハンバーガーを食べる、友人を傷つける。このようにいわゆる他動詞で表現される事柄は、何らかの仕方で原因と結果の結びつきが関わっている（何らかの身体動作があり、その結果として段ボールが動かされる）。こうした事柄を目にするとき、ヒュームの指摘に反して、私たちは世界のなかに成り立っている因果関係という結びつきそのものを知覚しているのではないだろうか[1]。さらにその因果関係が成り立っているということは、当の因果関係が成り立っているまさにその箇所だけに目を向ければ分かるように思われる。あな

[1] この点を強調したのは、G・E・M・アンスコムである。G. E. M. Anscombe, "Causality and Determination," An Inaugurated Lecture, 1971.

たのある身体動作のゆえに段ボールが動かされたという因果関係は、いまそこで成立したのであり、そしてあなたはその成立をいままさに直接的に目にしたのだ。いま目の前で因果関係が成り立つのに、出来事の敷き詰めなどという大規模な世界のあり方を持ち出す必要もないように思われる。

因果関係が直接的な知覚対象であるとすれば、それはこの世界においてそれ自体として存在しているということになるだろう。目の前にいるカモノハシが直接的な知覚対象であるならば、そのカモノハシは存在しているはずなのと同じである。しかし因果的な結びつきは、存在するにしても、カモノハシのような個物と同じ仕方で存在しているわけではないだろう。するとそうした結びつきは、もし存在するとすればどのような仕方で存在するのだろうか。

ここで**D・M・アームストロング**の見解に注目したい[2]。アームストロングによると、個別的な因果関係はそれぞれ**自然法則**の一事例にほかならない。そしてポイントは自然法則の存在論的なあり方である。自然法則とはこの世界における事物が従っていなければならないもののことだが、アームストロングはそれを独特な仕方で特徴づける。すなわち、彼は**普遍者**と呼ばれる存在者に訴えつつ自然法則の存在論を展開するのである。そしてそうすることで、個物とは違う仕方で存在する存在者として、因果関係を世界のなかに位置づけることができるようになる。そのときもはや因果関係は、出来事の配置をもとに成り立つようなことではない。

[2] D.M. Armstrong, *A World of States of Affairs*, Cambridge University Press, 1999, ch. 14. また、次も参照のこと。Adrian Heathcote and D. M. Armstrong, "Causes and Laws," *Noûs* 25, 1991, pp. 63–73.

普遍者とは事物の質的同一性の根拠となる存在者である。たとえばトマトとポストは〈赤い〉という特徴を共有しているが、その共有は〈赤さ〉という普遍者によって根拠づけられると考えるわけである[3]。

そのような普遍者として、アームストロングはとくに科学的な営みのなかで登場する性質に注目する。たとえば電流や磁場といった性質である。これらの性質はこの世界の様々なところに存在しており、そしてどこで現われようと質的に同じである。同じような現象がどこで生じているかによって別種の現象になるなどということはない。日本で発生しようがオーストラリアで発生しようが、電流は同じく電流であり、磁場は同じく磁場なのだ。普遍者はこのとき言われている「同じ」を保証する。すなわち、世界のいろいろなところに現われている電流や磁場が同じく電流や磁場であるのは、〈電流〉や〈磁場〉といった普遍者に根拠づけられているからである。そしてそれらの性質はただ存在するだけでなく、おたがいに結びつけられることがある。それがつまり自然法則である。電流と磁場は、たとえば右ねじの法則として結びつけられるだろう。特徴的なのはその結びつき方である。右ねじの法則によって、ある方向に流れる電流という普遍者が現われると、ある向きをもって生じる磁場という普遍者が現われるということになり、そしてその関係は必ず成り立っていなければならない。例外があっては自然法則の名前に値しない。自然法則とは性質間の必然化という結びつきを保証するものなのである。そしてその法則は、いつでもどこでも同じく成

[3] 普遍者についての詳細は第5章を見よ。

り立っていなければならない。それゆえ普遍者を結びつける自然法則もまた、普遍者である。

以上の話をやや形式的に捉えなおそう。まず科学的な営みのなかで発見されるような普遍者FとGがある。そして普遍者Fに普遍者Gを必然化させるような普遍者がそれとは別にある。それをNとしておこう。NはFにGを必然化させる働きをする。すると自然法則はN（F, G）という仕方で表わすことができるだろう。それはFとGという普遍者をもとにする普遍者である[4]。

このような自然法則の存在論を背景としたうえで、アームストロングは因果関係を自然法則の具体化とみなす。個別的に成り立つ因果関係は、自然法則という普遍者がそっくりそのまま現われた一事例として捉えられるわけである。あなたは中学の理科の時間に、右ねじの法則という普遍者がそのまま現われた一事例を観察したかもしれない。このような考え方はヒューム的な考え方と真っ向から対立する。因果関係は、自然法則の一事例として、そっくりそのまま、しかも必然化という関係として世界のなかに存在するということになるからだ。そして個別の因果関係がどういう自然法則の一事例なのかは、経験的な仕方で発見される。あなたの観察した事例が右ねじの法則の一事例であるということは、科学の成果によって裏づけられる。自然法則をめぐる科学的な探究のゆえに、因果関係は明らかになるのだ。因果関係は、出来事の配置をもとに規則性や反事実条件文といった概念を通じて明らかになるものではない。

[4]　このような自然法則の存在論は同時期にF・ドレッキとM・トゥーリーも提案したことから、彼らの名前の頭文字をとって「DTA説」と呼ばれることがある。cf. Fred Dretske, "Laws of Nature," *Philosophy of Science* 44, 1977, pp. 248–268; Michael Tooley, "The Nature of Laws," *Canadian Journal of Philosophy* 7, 1977, pp. 667–698; David Armstrong, *What is a Law of Nature?* Cambridge University Press, 1983. なお、どの普遍者がどの普遍者を必然化するかということ自体は、偶然的な事柄とされる。これは現実とは別の仕方で法則が成り立ちうるという自然法則の（形而上学的な）偶然性を保証するためである。

もちろん、ヒューム的因果論に立つ形而上学者たちは、アームストロングのような考えには反対である。そうした形而上学者たちは、当然ながら、アームストロングの言う「必然化」を問題視する。

アームストロングはみずからの因果論を展開するなかで必然化という働きを担う普遍者を導入している。しかし、それはいったいどういう普遍者なのだろうか。「普遍者同士を結びつける普遍者だ」という特徴づけをそのまま受け止めるのは一つの対処法だろうが、しかしそれだけではまだ内実が明らかになっていない。普遍者と普遍者を結びつけるとはどういうことなのかが説明されていないからである。「必然化させる働きをするようなものを導入しておこう」と宣言するだけでは、そのようなものが実際にあるということを立証することはできない。[5]

反ヒューム的因果論が根拠とする存在者は結局のところ何なのか。それはどういう働きを担っているのか。反ヒューム主義者には、因果性が世界のなかにどう存在しているのかをはっきりさせるという課題が残されている。

[5] この批判は次の論文に見ることができる。D・ルイス「普遍者の理論のための新しい仕事」、柏端達也ほか編訳、『現代形而上学論文集』、勁草書房、二〇〇六年、一四一—二二八頁。

4-5 事実因果説

ヒューム的因果論によれば、因果関係はこの世界のなかで起こった出来事のあいだの関係である。しかし、それは本当なのだろうか。少なくとも私たちは、ある出来事が起こらなかったということを原因や結果とみなす語り方をしているように思われる。[1] たとえば次のように言えるケースを考えよう。

(1) 達也は自転車に鍵をかけなかったので、自転車が盗難された。

私たちはたしかにこうしたケースに因果関係を見出すだろう。とりわけ自転車に鍵をかけるといった当然するべきことをしなかったようなケースを、私たちは**怠慢**や**不作為**と呼んで行為のタイプの一つに数える。不作為は原因としてこの世界のなかに位置づけをもつものとみなされているのだ。[2] 他方で私たちは、何かが起こらなかったことを結果として扱うこともあるだろう。それに当たるのは**抑止**や**阻止**と呼ばれるケースである。たとえば次のようなケースを考えればよい。

[1] 何かがないということがヒューム的因果論に提起する問題を本節とは別角度から論じている文献として、加地大介「穴から覗き見る物理主義」(『思想』、一〇三〇、一〇三—一二五頁、二〇一〇年)を見よ。

[2] 不作為に対して責任が問われるということもその証拠と考えられるかもしれない。

(2)　大介は自転車に鍵をかけたので、自転車は盗難されなかった。

(1)や(2)が本当にそのまま因果関係を表わしているとすれば、因果関係に立つ存在者をめぐるヒューム的因果論の考え方が間違いだということになる。世界のなかには実は出来事が起こっていないところがあって（それゆえ世界中に出来事が敷き詰められているということもなくて）、さらにそうした出来事の不生起が原因や結果になってしまうということになるからだ。

(1)や(2)のようなケースは、**否定的因果**や**不在者の因果**というふうに一つの因果関係のあり方としてしばしば特徴づけられる。なかにはそうしたたぐいの因果関係を認めることに反対する哲学者もいる。そうした哲学者は、何も起こっていないにもかかわらずどうしてそれが因果的な作用を及ぼしたり被ったりすることができるのかを疑問視し、それゆえ(1)や(2)のようなケースでさえ、あくまで実際に起こった出来事をもとに捉えなおそうとする[3]。だが日常的な語り方を重視して、否定的因果を額面通りに受け止めようとするならば、もはや因果関係を出来事のあいだの関係とみなすことはできない。すると(1)や(2)が因果関係を表わしているとすれば、原因や結果になるのはどのような存在者なのだろうか。

そこで持ち出される存在者が**事実**である。事実は時間・空間的なあり方をした存在

[3]　その試みの一つは次に見ることができる。Phil Dowe, *Physical Causation*, Cambridge University Press, 2000, ch. 6.

者ではない。事実とは、時間・空間的な存在者があるあり方をしている（していない）ということや、存在する（存在しない）ということに対応する存在者である。たとえば〈達也は教師である〉、〈大介は学生でない〉、〈自転車がない〉といったことが事実である。それゆえまた、ある出来事が起こったことや起こらなかったこともまた事実である。〈施錠という出来事が起こった〉、〈自転車の盗難という出来事が起こらなかった〉、〈施錠という出来事が起こらなかった〉、〈自転車の盗難という出来事が起こった〉。これらはすべて事実である。そしてこのような事実こそ、原因や結果となるのである[4]。

否定的因果を額面通りに説明できることは、事実因果説の大きな利点である。私たちが原因や結果として語っているものの存在が、そのまま保証されるからである。否定的因果を含めた一般的な枠組みを提供できることは、事実因果説をとる動機となるだろう（肯定的な事実のあいだに因果関係が成り立つことも、もちろん認めることができる）。

しかし、事実因果説にも問題がある。何より、事実という存在者の内実が不明確なのが問題である。事実は出来事と違って時間・空間的な存在者ではない。だがすると、事実はいったいどのような仕方で存在しているのだろうか。たしかに一つの答えはすぐに提出できる。それは、時間・空間的ではなく抽象的な仕方で存在するという答えである。しかしそう答えるのであれば、すぐにもう一つの問題が生じるだろう。

[4] 事実因果説の詳細については次を見よ。D.H. Mellor, *The Facts of Causation*, Routledge, 1995. また、出来事と事実の比較について次が参考になる。Jonathan Bennett, *Events and Their Names*, Oxford University Press, 1988.

すなわち、いったいどうすればそのような事実という存在者が、因果関係というこの時間・空間的な世界のなかで成り立っているはずの関係に立つことができるのだろうか。原因や結果に当たる存在者として事実を取り上げたければ、その点をはっきりさせる必要がある。[5]

本章ではヒュームの影響に注目しながら現代の因果性についての論争を紹介した。反ヒューム的因果論の擁護者は、みずからが依って立つ存在論を明らかにすることが求められる。普遍者とは、事実とは、そして何より因果性とは何かをはっきりさせる必要がある。しかしそれができたとしてもヒューム的因果論の擁護者は納得しないだろう。それは因果関係を必然的な結びつきとは区別しようという考え方に反するからであり、また世界を基本的に時間・空間的な枠組みのもとで理解しようとする考え方に反するからだ。ヒューム的因果論と反ヒューム的因果論は、この世界の基本的なあり方について、決定的に対立する見解なのである。[6]

[5] 事実因果説に指摘されている困難はほかにもある。その一つは、しばしばスリングショット論法と呼ばれる困難である。それについては、デイヴィドソン「因果関係」（前掲『行為と出来事』所収）を見よ。

[6] 【2-4 非両立論】で見たように、自由意志の擁護という観点から出来事とは別に行為者が原因となりうるという見解（行為者因果説）が提案されている。これももし正しければ、ヒューム的因果論の誤りを示すことになる。

第5章

普遍

5-1 普遍者の実在をめぐる論争

まずは次のような問いをみてほしい。地球外生命体は存在するだろうか。雪男は実在するだろうか。青いバラは存在するのだろうか。反物質は実在するのだろうか。この方程式に実数解は存在するのだろうか。――このような仕方で、私たちはしばしば、ある種のものは本当に存在するのかという問いを立てる。本章でみていくのは、「普遍論争」と呼ばれる哲学史上最も息の長い論争の一つだが[1]、何を隠そうそこで主題となるのも、あるものの存在をめぐるこの種の問いに他ならない。より正確に言うと、その論争で焦点となるのは**普遍者**[2]と呼ばれる存在者であり、そこで主題となるのは「普遍者は本当に存在するのか」という問いである[3]。

だが、そもそも「普遍者」とは何であり、なぜその存在をめぐって論争がなされるのだろうか。それを理解するため、いまあなたの目の前に、互いにそっくりなゴムボールが三つあるとしよう。三つのボールはどれも同様に赤く、同じ丸さ、同じ重さ、同じ触感、等々をしている。これはごくありふれた状況であり、あなたは以前にもこういうそっくりな物を見たことがきっとあるはずだ。だが、ここであらためて考えて

[1] この問題についての最古の議論と言われるものは、プラトンの対話篇のいくつかにある（たとえば、『国家』第六巻、第一八－一九章）。また、特に中世哲学におけるこの論争の経緯については、山内志朗『普遍論争』（平凡社、二〇〇八年）が詳しい。

[2] 「普遍者」は英語では「universals」と表わされる。（形容詞でなく名詞であることに注意。）

[3] 本章の内容に関して日本語で読める主要文献には次の二

みてほしい。三つのボールがこのような仕方で「同じ」と言われうるとしても、それらはあくまで数的には別々の個物だ。それにもかかわらず三つのボールが「同じ」であること、たとえば、それらが同じ赤さをしていることは、一体どうして可能なのだろうか。[4] この問いに対しあなたは、すぐさま次のように答えるに違いない。すなわち、三つのボールがみな赤いのは、単にそれらすべてが共有している同一の性質、つまり〈赤さ〉という性質が存在するからだ、と。たしかにこの答えは、まったく自然なものにみえる。だが実を言うと、この自然な語り方においてあなたが言及しているものこそ、「普遍者」というややいかめしい名前で表わされるものなのだ。つまり普遍者とは、複数の個物によって共有されることで、それらの質的な共通性の根拠となるような存在者のことである。具体的には、〈赤さ〉や〈丸さ〉のような性質や、〈より北にある〉のような関係がそれに当たる。[5] 異なる事物の共通性を説明するものとしてこのような存在者を認めることは、たしかに自然で理にかなっているだろう。

　さらに、普遍者が存在するという考えには別の動機づけもある。たとえば、「赤は色である」という文が正しい（真である）ということは確かな事実だ。ではここで、この文はどうやって正しい文たりえているのかを考えてみよう。文字どおりに解釈すれば、この文は「赤」という名前によってある特定の存在者を指示し、その存在者について何ごとかを主張している。よって、この文が真であるためには、世界にはまさにこの名前が指すところの存在者、つまり〈赤さ〉という普遍者が存在していなくて

つがある（筆者もおおいに参考にした）。D・M・アームストロング『現代普遍論争入門』、秋葉剛史訳、春秋社、二〇一三年：E・コニー、T・サイダー『形而上学レッスン』、小山虎訳、春秋社、二〇〇九年、第八章。

[4] この問題は伝統的に、「多にわたる一」ないし「タイプの相同性」の問題とも呼ばれる。

[5] 〈―は～より北にある〉という関係が普遍者の一種であることは、この関係が、パリと札幌というペアにも、北京とシドニーというペアにも（この順番で）共通して成り立つことからわかるだろう。

はならないはずだ。これはちょうど、「オバマは第44代米国大統領だ」という文が真であるために、オバマ当人が実在していなくてはならないのと同様である。それゆえ、「赤は色である」という文が真だという事実は、普遍者〈赤さ〉が存在すると考えるべき一つの理由になるだろう。そして同様の議論は、「丸さ」や「勇敢さ」といった他の抽象名辞についてもできるのだから、一般にこうした名辞を含んだ真な文があるという事実は、普遍者を認めることの理由となるようにみえる。

　このように、普遍者が実在するという考えにはいくつかの自然な動機づけがある。歴史的にみても、普遍者の存在を認める立場は、プラトン以来多くの哲学者たちに支持されてきた[6]。この立場は、伝統的に**実在論**[7]と呼ばれている。以下では、私たちもこの呼び方に従うことにしよう。実在論者によれば、世界にはこのボールやあの画用紙といった個物だけでなく、〈赤さ〉や〈四角さ〉といった普遍者も存在する。彼らによれば、私たちの世界において成り立っている事実のいくつかは、まさに普遍者の存在を認めることではじめて十分に説明されるのである。

　だが、こうした主張は本当に正しいのだろうか。たしかに一見したところ、実在論者の主張にはそれなりの理由があるようにみえる。しかし、実際には彼らの挙げる理由は、普遍者の承認を正当化するにはとうてい十分とは言えないのではないか。こうした疑念にもとづき、これまた多くの哲学者たちは、普遍者が存在するという主張に反対してきた。この立場は、伝統的に**唯名論**と呼ばれている[8]。唯名論者によれば、実

[6] プラトンのほか、アリストテレス、アンセルムスといった哲学者たちもこの立場をとっていたと言われる。

[7] 英語では、実在論は「realism」と表わされる。ただし、「実在論」にはごく一般的な用法があるという点には注意が必要だ。つまりこの語は、「○○実在論」という形で、「○○は私たちの認識や言語と独立に存在する」という立場を表わすために使われる（「可能世界実在論」や「数学実在論」など）。これらと区別して言えば、本章で問題となる実在論は「普遍者実在論」である。

[8] 英語では、唯名論は「nominalism」と表わされる。唯名論は、中世においてはロスケリヌス、オッカム、近代においてはライプニッツ、ロックなどによって採られていたとされる。

在論が普遍者をもち出して説明しようとする事実は、実のところそれなしでも十分に説明できるのであり、普遍者は端的に余分である。むしろ普遍者を認めることは、答えるのが困難ないくつかの問題（【5－3】でみる空間位置や線引きに関する問題など）を生み出すだけであり、全体として私たちの世界理解には貢献しない。

本章でみていくのは、実在論と唯名論というこの二つの立場の間で展開されてきた論争の一部である。次節からはその具体的な内容に入っていくが、その前にあらかじめ、この論争において結局何が争点となるのかを明確にしておこう。ここまでの内容からも察せられるように、実はこの点に関して特別なことはない。すなわちここでの争点は、他の多くの理論的対立の場合と同様、「説明枠組みとしての総合力」である[9]。より詳しく言えば、この論争で争われるのは、「普遍者を認める立場と認めない立場のどちらの方が、総合的にみて、世界の事実を説明するための枠組みとしてより優れているのか」である。もしかすると実在論者の言うように、世界の事実のいくつかを説明するためには、普遍者はどうしても欠かせないのかもしれない。あるいはもしかすると、唯名論者の言うように、普遍者の想定は単なる無駄であり、世界の事実は普遍者を抜きにした方がより見通しよく説明できるのかもしれない。次節以降の議論をみる際には、これらの言い分はまさに「説明枠組みとしての総合力」という前述の争点をめぐるものとして統一的に理解できることを覚えておいてほしい[10]。

具体的な議論の前にもう一つ、普遍者をめぐる論争の特徴的な側面について触れて

[9]　この点についてより詳しくは、この後のコラム「理論評価のための基準」を参照のこと。

[10]　本章ではどちらかと言うと、唯名論の側の言い分を重点的に扱っている。その理由は、伝統的にみて唯名論は「挑戦者」の側にあり、そちらの視点に立つ方が「説明的枠組みとしての総合力」という争点を際立たせやすくなると思われたからである。

おこう。本節の冒頭でみたように、「普遍者は存在するのか」という問いは、何かの存在をめぐるより日常的な問い、たとえば「地球外生命体は存在するのか」といった問いと同じ形式をもつ。だがこれらの問いは、完全に同列に並べられるものでもない。両者の違いを理解するうえで鍵となるのは、**カテゴリー**という概念である。形而上学において「カテゴリー」は、「存在者の属する最も一般的な類」を意味する。[11]たとえば、この鉛筆が属する類は、「筆記具」、「文房具」、「人工物」といった仕方で一般性の低いものから並べられるが、この系列は最終的に「具体的個物」という類で行き止まりとなる。また同様に、タイタニック号の沈没は、「沈没事故」や「水難事故」といった類に属し、最終的には「出来事」という類に属する。カテゴリーとは、このような存在者の最上位の類のことであり、その候補には、いま挙げた「具体的個物」と「出来事」の他にも、「普遍者」、「トロープ」[12]、「事態」、「数学的対象」などがある。もっとも、ここで重要なのは、これらはあくまでカテゴリーの候補に過ぎず、「本当に存在するのはどのカテゴリーの存在者なのか」についての論争は現在でも進行中だという点だ。カテゴリーが存在者の最上類であることを踏まえれば、こうしたカテゴリー論争においては、「世界は究極的にどのような種類の存在者から構成されているのか」が問われていることがわかるだろう。そして話を戻せば、普遍者の存在をめぐる論争は、まさにこのようなカテゴリー論争の一つの典型例であり、その限りで、「地球外生命体は存在するのか」をめぐる論争などとは異なる位置づけをもつ。

[11] 「カテゴリー」という語の日常的な用法（「種類」や「ジャンル」などを表わす）と区別するため、形而上学では「存在論的カテゴリー」と明示される場合もある。存在論的カテゴリーについてより詳しくは、本書の第8章を参照のこと。

[12] トロープという存在者カテゴリーについては、この後の【5-4 唯名論と質的同一性】で説明する。

コラム　理論評価のための基準

実在論と唯名論の論争において顕著にみられるように、しばしば形而上学では、対立する諸理論の「説明枠組みとしての総合力」が問題になる。本コラムでは、そうした「総合力」を評価するための主要な基準を紹介しよう。ただし注意しておくと、以下でみるいくつかの基準は、単に形而上学の理論だけではなく、哲学の他の分野や科学の理論を評価するときにも使えるものである。以下では、そうした一般性をみてとりやすいような仕方でそれぞれの基準を説明しよう。

（本コラムは、「反照的均衡」という方法に関する【0-1】での説明を補足するものにもなっている。大まかに言って反照的均衡とは、常識と一般原理を互いに照らし合わせながら修正を重ね、両者のよりよい均衡点（＝世界についてのよりよい見方）を探っていく、という探究方法のことだった。本コラムでみていく諸基準は、まさにそこでいう「よりよい均衡点」を、常識以外の要因も考慮しながらみつけ出すための基準である。なお以下の項目の大部分は、T・クーンの論文「客観性・価値判断・理論選択」（安孫子誠也・佐野正博訳『科学革命における本質的緊張』、みすず書房、一九八八年に所収）でも挙げられている。）

正確性：一般に理論はある主題領域をもち、その領域で成り立つ現象を説明するために立てられる。たとえば、物理学理論は物理現象を、生物学理論は生命現象を説明するために立てられるし、心理学や社会学、言語学の理論なども同様だ。それゆえ、ある理論がよいものであるためには、それは当の説明されるべき現象をできるだけ正確に捉えたものでなくてはならない。つまりよい理論は、その主題領域の「データ」に合致した帰結をもつべきだ。もっとも、具体的に何がこうしたデータに当たるかは理論の種類によって異なりうる。それは自然科学の理論にとっては文字どおり観察データだろうし、言語学の理論にとっては母語話者の一致した判断（日本語の理論の場合なら「太郎しか納得へ始まる」は非文だといった私たちの判断）だろう。また形而上学の理論にとっては、その主題領域の現象に関する私たちの十分堅固な判断――しばしば「直観」や「常識」とも呼ばれる――がこうしたデータの役割を果たすだろう。（第5章においてこの基準は、特に【5-2】と【5-4】でもち出される。）

整合性（内的・外的）：よい理論は、内的に整合的であるべきだ。すなわち、その理論で採用される原理から矛盾が出てきてはならない。またこの当然の要求に加え、よい理論は外的にも、つまり、他の確立された理論とも整合的であるべきだ。たとえばもし万が一、ある生理学の理論が、ある生理現象の説明のために化学で認められていない化学反応プロセスを仮定してしまっていたとすれば、そのことは問題の生理学理論を拒否するための非常に強力な理由になるだろう。また形而上学の理論の場合も、論理学や自然科学などの確立された結果や、他の確からしい形而上学原理などとの衝突は、その理論にとって大きなマイナスポイントになる。(【5-3】でみる「普遍者の空間位置」に関する反論は、この基準に訴えるものとして理解できる。)

単純性:よい理論は、自らの主題領域の現象を、できるだけ少ない資源だけを用いて単純に説明すべきだ。ただしここでいう「資源」とは、それぞれの理論が措定する基本的な存在者やその特徴、基本的な仮定(原理・法則)などのことである。要するにこの基準で言われているのは、よい理論は、説明を必要以上に複雑にしてしまうような無駄を含むべきでない、ということだ。たとえば、「電子の質量は約9.1×10^{-31} kgである」という基本的仮定をおく代わりに、「電子の質量は電子の神様によって約9.1×10^{-31} kgに調整されている」という仮定をおくことは、説明力を増さない単なる無駄だろう。(しばしば「倹約性(経済性)の原理」とも呼ばれるこの基準は、第5章では特に【5-4】でもち出される。なおこの基準は、中世の哲学者W・オッカムが好んで用いたことから「オッカムの剃刀」とも呼ばれる。)

包括性:よい理論は、できるだけ包括的なもの、つまり、できるだけ広い範囲の現象を説明できるものであるべきだ。この基準はそれ自体としてはほぼ解説不要だろう。ただし注意したいのは、この基準は直前で述べた単純性とあわさって、「統合形成力」という理論の美徳に目を向けさせてくれるという点だ。ある理論がそれ以前の理論に比べ、より少数の原理や存在者から、より広範囲の現象を説明できるようになったとしよう。このとき私たちは、それまで互いに孤立していた諸現象を、より包括的な枠組みのうちで統合できたことになる。(科学史における事例としては、ニュートン力学による地上と天上の運動の統合や、気体分子運動論による熱・圧力現象と巨視的運動現象の統合などがある。)世界の体系的な理解こそが理論の目的である以上、こうした統合形成力は、たしかによい理論が備えるべき重要な美徳である。

一貫性:よい理論は、その説明方針に関して一貫したものであるべきだ。この一貫性という特徴は、たとえある理論が先述の意味で正確かつ整合的である場合でも、なおその理論に欠けることがありうる。たとえば、当初はうまくいっているようにみえたある理論が、正確性や整合性に関していくつかの問題を抱えていることが後に判明したとしよう。このようなときでも、その理論の一部をいじったり新たな仮定を足したりすることで、少なくとも一時的に、正確性や整合性を回復させられるケースはたしかにある。だが、もしそうした修正の結果得られる新たな理論が、著しく一貫性を欠いたもの——場当たり的で雑多な仮定の寄せ集めにすぎないもの——にならざるをえなかったとしたら、その理論を支持することはもはや得策とは言えないだろう。なぜならその場合、この新たな理論は、たとえ現時点での表面的な辻褄合わせには成功しているとしても、どこかもっと根本的な方針の部分で道を誤っていると考えるのが自然だからである。（この基準は、【5-2】で実在論者によって、【5-3】で唯名論者によってもち出される。なおこれは、科学哲学者ラカトシュの用語を使えば、「後づけの非生産的な修正に終始しているような〈退行的プログラム〉は拒否されるべきだ」という基準としても言い換えられるだろう。Cf. I・ラカトシュ『方法の擁護』、村上陽一郎ほか訳、新曜社、一九八六年。）

以上のリストは必ずしも網羅的なものではないが、ここで挙げた基準はどれも、理論評価のための正当な基準として広く受け入れられている。これらを覚えておくと、さまざまな種類の理論対立がかなり理解しやすくなるはずだ。

ただし、二つほど注意すべき点がある。第一に、それぞれの理論がある基準を満たしているかどうかは、ほとんどの場合程度の問題だ。つまりそれは、0か1かの単純な問題ではなく、「どのくらい」を有意味に問える度合いの問題である。

第二に、ここで挙げた諸基準は、必ずしも各理論を機械的に順序づけてくれるものではない。というのもこれらの基準は、あくまで「他のすべての基準に関して等しいなら」という条件のもとで理論を順序づけるものにすぎないが、この条件はたいてい満たされないからだ。むしろ現実にしばしば起こるのは、二つの理論の評価が異なる基準によって食い違う——たとえば、単純性に関しては一方の理論がまさるが、包括性に関しては他方がまさる——ということである。そしてこのような食い違いが生じたとき、どの基準をどのくらい重視すべきかがあらかじめ決まっているわけでもない。先の諸基準を使って実際に理論を順序づけようとするときには、そのつどの状況に応じた慎重な判断が必要なのだ。

5-2 抽象名辞による指示とパラフレーズ

前節では、普遍者の存在をめぐる実在論と唯名論の対立を導入し、その争点を確認した。ここからは、この両者の対立をいくつかの具体的な論点に即して検討していこう。先述のように、普遍者の想定を支持するために実在論者が挙げる論点には、少なくとも、「質的共通性の説明」と「抽象名辞による指示」の二つがあった。[1] このうち前者の検討は後の【5-4】にまわすことにして、本節では後者の論点をみていこう。

まずは、この点に関する実在論者の議論を確認しておく。前節でもみたように、普遍者の導入を支持する材料として彼らが挙げるのは、たとえば次のような文だった。[2]

(1) 赤は色である。

この文はたしかに真であり、そのことはたとえ唯名論者でも否定できない。そしてこの事実にもとづき、実在論者は次のように論じるのだった。いま問題の文(1)は単純な

[1] 実在論者が訴える論点には、この他にも、自然法則の説明(これは第4章でも触れた)や、単称文の有意味性や真理の説明などがある。前者の論点については、E. J. Lowe *Four Category Ontology*, Oxford University Press, 2006 を参照。また後者については、前掲コニー、サイダー『形而上学レッスン』二二八―二二九頁を参照。

[2] ここでは抽象名辞が主語となる文を例として挙げたが、同様の議論は、こうした名辞が目的語に来る文(例「花子は赤が嫌いだ」)でも、性質が量化されている文(例「花子の嫌いな色が少なくとも一つある」)でもできる。

主語－述語文なのだから、この文が真であるためには、その主語「赤」によって指されるものが世界のうちに存在していなくてはならない[3]。これはちょうど、「オバマは大統領だ」という主語－述語文が真であるためには「オバマ」によって指される対象が存在していなくてはならないのと同様だ。では、「赤」という名前によって指されるものとは何か。明らかに、それは〈赤さ〉という普遍者に他ならない。なぜならこの名前は、何か特定の個物の赤さではなく、ごく一般的に赤さという性質それ自体を意味しているからである。つまり、文(1)が真であるという事実は、〈赤さ〉という普遍者を認めてはじめて理解可能になる。よって、〈赤さ〉の存在は認められるべきだ。

だが当然、唯名論者はこのような議論を受け入れるわけにはいかない。この議論に対する彼らの典型的な返答は、以下のようなものだ[4]。たしかに、文法的な見かけの面では、文(1)は「赤」という名前を含んだ主語－述語文である。だが、本当の主張内容の面では、(1)は別の仕方で理解されるべきだ。すなわち、(1)が本来主張している内容は、次の文によって正しくパラフレーズ（書き換え）できる。

(1′)　どんな赤い個物も、色をもった個物である。

この文(1′)は、先の文(1)と同じことを表現している。だが(1′)はあくまで個物についての主張であり、これが真であるためには、トマトや赤鉛筆といった個々の赤い個物以外

[3]　ここで次のような反論があるかもしれない。すなわち、「ペガサスは翼をもつ」などの文は、主語の指す対象が存在しなくても真なのだから、この推論は一般的には妥当でない、と。しかし、ペガサスなどについての文は、せいぜい何らかの留保（「ギリシア神話によれば」などの）の上で真と言えるのにすぎないのに対し、「赤は色である」や「オバマは大統領だ」はそうした留保なしに正真正銘真だという違いがある。本文での推論はこうした正真正銘真であるような主語－述語文についてのものだと理解してほしい。

[4]　ただし、ここで念頭においているのは具体的個物のみを認める極端な唯名論であり、【5－4　唯名論と質的同一性】でみるトロープ唯名論はここでみるのとは異なる書き換え戦略を用いる。この点については、J. P. Moreland *Universals*, McGill-Queen's Press, 2001, ch. 3も参照。

のものが存在する必要はない。つまり先の(1)は、(普遍者の存在を示唆するという意味で)単に誤解を招きやすい表現の仕方にすぎなかったのだ。よって、(1)が真であるという事実は、普遍者を認めるための理由にはならない。

しかし、いま与えられた(1′)によるパラフレーズは、本当に(1)の正しい書き換えになっているのだろうか。実在論者はまさにこの点を疑うのだが、その疑いには十分な根拠がある。[5] それを示すため、まず次の文をみてみよう。

(2′) どんな赤い個物も、形をもった個物である。

明らかに、この文(2′)は、先ほど提案された書き換え文(1′)とまったく同じ形をしている。よって、もし先ほどの唯名論者の書き換えが、もとの文(1)の内容を保存する正しい書き換えになっているならば、いま挙げた文(2′)は、次の文(2)と同じ内容を表現しているのでなくてはならない。

(2) 赤は形である。

しかし言うまでもなく、(2′)と(2)は同じ内容を表現していない。なぜなら、先の(2′)は真だったのに対し、こちらの(2)は明白に偽だからである(赤は形ではない)。よって、

[5] ここでの議論については、前掲アームストロング『現代普遍論争入門』第二章・第八節および、前掲 Moreland. *Universals*, p. 40f. を参照。

(2′)は(2)の正しい書き換えにはなっていない。そして翻って言えば、このことは、(1)は(1′)によって正しく書き換えられるという唯名論者の先の主張がそもそも誤りだったことを意味しているようにみえる。

さらに実在論者によれば、次のような文も唯名論に困難をもたらすことになる。[6]

(3) 赤は青よりもピンクによく似ている。

最初に挙げられた(1)と同様、この文(3)が真であることも明らかだろう。だが、この文もまた「赤」や「ピンク」などの名前を含んでいるのだから、唯名論者はこれを何とかして個物についての文へと書き換えなくてはならない。もし彼らが(1)のときと同様のやり方に従うならば、いま挙げられた文(3)は、次のような文として書き換えられるはずである。

(3′) どんな赤い個物も、青い個物よりもピンクの個物によく似ている。

しかしこれは(3)の正しい書き換えになっていない。なぜなら、もとの(3)は真だったのに対して、この(3′)は偽だからである。例として、赤いクレヨン、青いクレヨン、ピンクのブタ、という三つの個物を考えよう。これらのなかで、赤い個物(クレヨン)に

[6] この論点は、F. Jackson "Statements about Universals," *Mind* 76, 1977, pp. 427–429 で提示された。(前掲アームストロング『現代普遍論争入門』、前掲 Moreland, *Universals* の前掲箇所でも論じられている。)

よりよく似ているのは、ピンクの個物（ブタ）ではなく、青い個物（クレヨン）の方だろう。[7] つまり、(3′)には反例が存在する。

だが、もしかするとここで唯名論者は、(3)に対して次のような書き換えを提案するかもしれない。[8]

(3″) 他の条件が等しいならば、どんな赤い個物も、青い個物よりもピンクの個物によく似ている。

直感的に言えば、この新たな書き換え(3″)は次のことを意味している。すなわち、ある赤い個物と比較すべき対象として、色以外の諸条件（形や大きさや種類など）については互いに等しいような青とピンクの個物をとってきたならば、赤い個物によりよく似ているのはピンクの個物の方だ、と。たしかに、この文(3″)は正しいようにみえる。なぜなら、赤い個物と比較すべき対象が、他の条件によっては差のつかない個物に限定されているならば、赤い個物はちょうど色の類似性の分だけピンクの個物によく似ているはずだからだ。先ほどのクレヨンとブタの例も、この(3″)に対する反例にはなっていない。（青いクレヨンとピンクのブタは、「他の条件が等しい」わけではないため。）したがって、この新たな書き換え文(3″)はもとの(3)と同様真であり、その正しい書き換えになっている可能性がある。

[7] もしかするとこの主張に対しては、赤いクレヨンと青いクレヨンの間の類似性と、赤いクレヨンとピンクのブタの間の類似性の程度を比較することは不可能だ、という反論があるかもしれない。だがその反論が正しいとしても、この例が(3′)の反例であるという点には変わりない。

[8] この方針は次で示唆されている（著者のラックスはそれに同意しているわけではないが）。M. Loux *Metaphysics: A Contemporary Introduction, Third edition*, Routledge, 2006, p. 58.

しかし、たとえ真だとしても、(3″)による書き換えを採用することが本当に唯名論者の助けになるのかどうかは、実はまったく定かでない。第一に、(3″)で用いられる「他の条件が等しいならば」という条項を、唯名論者がどのように明確化できるのかは大いに疑問である。[9] この条項について先ほど与えた直感的な説明では、「色」や「形」といった抽象名辞があからさまに用いられていた。このことが示唆するように、問題の条項を付け加えることは、実際にはすでに普遍者への指示を含んでいるのかもしれない。また第二に、(3″)による書き換えは、「説明方針の一貫性」という点でも疑問を呼び起こす。一方で、実在論者の側からすれば、「赤」のような名辞を含んだ文の真理は、常に普遍者に訴えて同様の仕方で説明できるだろう。[10] だが他方、もし(3″)による書き換えを採用するならば、唯名論者は、最初にみた(1)といま問題の(3)に対して、それぞれ異なる形式の書き換えを提案していることになる。実在論者からすれば、こうした唯名論者の対応は、一貫した説明を与えているというよりも、単なる場当たり的な言い逃れをしているにすぎないものとして非難されうる。

このように、抽象名辞を含んだ文を書き換えるという唯名論者の作戦は、実際のところかなり成功が疑わしい。つまり唯名論者は、こうした文の真理を説明するという点で困難を抱えていることになる。[11] よってこの論点は、普遍者を認める実在論者に有利な材料を提供すると言えるだろう。

[9] 前掲 Loux, *Metaphysics*, pp. 58–59.

[10] たとえば、前掲アームストロング『現代普遍論争入門』では、普遍者の間の類似性という概念に訴えて、(1)や(3)のような文の真理を統一的に説明することが試みられている(第五章の第九―一一節において)。

[11] さらに言えば、抽象指示を含んだ文は、これまで挙げたもの以外にもいくらでもある。よってここでの議論が正しいなら、実在論者はまだまだ豊富な攻撃材料をもっていることになる。

5-3 普遍者にまつわる問題点

前節では、普遍者を認めることを支持するようにみえる一つの論点を確認した。しかしもちろん、唯名論者の側にも言い分はある。実在論への反撃に転じる際、彼らはまず次のように論じる――たしかに、普遍者の存在を認めることで、いくつかの事実の説明が容易になるという利益は得られるかもしれない。だが、その利益は決してただで得られるものではなく、それ相応の代価を要求する。つまり、普遍者を認める場合私たちは、それを認めなかった場合には生じなかったいくつかの困難な問題に直面することになる。そしてそれらの困難を考慮してみれば、普遍者を認める立場の方が説明枠組みとして総合的に優れているという実在論の主張は、決して自明なものではなくなる――。本節では、こうした唯名論者の言い分を裏付けるものとして、普遍者を認めることから生じる困難として彼らが挙げる点を二つほど具体的にみていこう。

普遍者による共通性の説明はどこまで及ぶのか

一つ目の点は、普遍者によって説明されるべき共通性の範囲に関わる。[1]【5-1】

[1] この論点については、前掲コニー、サイダー『形而上学レッスン』、二三六―二四四頁を参照。そこでは、この後私たちが本文で触れる問題のほかに、「例化する」という述語に関する無限後退の問題も取り上げられている（二三六―二三八頁）。またさらに、普遍者と共通性の対応にまつわる問題としては、多型実現可能な共通性（確定可能な述語や傾向的・機能的述語によって表わされる共通性）に関する「因果的効力の過剰性」の問題もある。後者の問題については、J.Heil (2003) *From an Ontological Point of View*, Oxford University Press で一般的に論じられている。

でみたように、もともと普遍者は、複数の個物の間に成り立つ共通性を説明するものとして導入されていた。すなわち、たとえば二つのトマトがともに赤いことは、それらが共有する〈赤さ〉によって説明され、三つの卓球ボールがすべて球形であることは〈球形性〉によって説明される、というわけだ。しかし、このような共通性の説明は、どのくらい広い範囲にまで適用されるべきなのだろうか。私たちは単純に、共通性のすべてのケースで、それぞれ別個の普遍者を認めるべきなのだろうか。

唯名論者によれば、その考えには明白な問題がある。三つの白い卓球ボールを例に考えよう。たしかにこれらのボールには、「白い」、「球形である」、「二・三グラムである」といった自然な共通性があり、これらに対応した普遍者を認めることは問題ないようにみえる。しかしながら、三つのボールの共通性は決してこれだけではない。たとえば、三つのボールには「緑色でない」、「妖怪ではない」といった共通性があるし、「白いか、あるいは怠惰である」のような共通性もある。さらにこれらには、「一グラム以上である」、「一・一グラム以上である」、「一・一一グラム以上である」……といった無限個の共通性もある。もし上で示唆されたように、すべての共通性に応じて別個の普遍者を認めるべきなのだとしたら、私たちの世界はあっという間に夥しい数と種類の普遍者であふれ返ってしまう。これは信じがたい結論ではないだろうか。

問題は、単に信じがたさだけではない。すべての共通性に対して別個の普遍者を認める場合、さらに深刻な困難が生じることがいくつかの議論によって示されている。

なかでも特に有名なのは、「自分自身を例化しない」という共通性に関する議論だ。専門的になりすぎるためここでは立ち入らないが[2]、その議論によれば、この共通性に対応した普遍者が存在すると仮定した場合、論理的な矛盾が生じてしまうのである（これは集合論で有名な「ラッセルのパラドクス」と本質的に同じ議論だ）。

したがって実在論者は、すべての共通性に対応して別個の普遍者が存在する、と主張することはできそうにない。つまり彼らは、事物の間に共通性が成り立つ様々なケースのうち、あるケースは固有の普遍者によって説明されるが、他のケースはそうでない、ということを認めなくてはならないようにみえる。

だが、このような実在論者の態度は、すぐさま次のような疑念を呼び起こす[3]。共通性が成り立つ多くのケースで普遍者が持ち出されないにもかかわらず、なぜ**一部の**ケースでは普遍者が必要なのだろうか。普遍者に訴えるべきケースとそうでないケースは、何らかの原理的な基準によって区別できるのだろうか。要するに、ここで提起されているのは、共通性に関する一種の**線引き問題**である。明らかに実在論者は、この問題に何らかの仕方で答えなければならない。というのも、さもなければ実在論者の態度は、普遍者を要求するとは限らないはずの「個物の共通性」という事実を、単に自分の都合のよいように（まさに普遍者による説明を要求するものとして）利用するだけの恣意的なものとなってしまうからである[4]。しかし、多くの線引き問題に関してそうであるように、この問題に答えることは決して容易ではない[5]。

［2］この点については、前掲コニー、サイダー『形而上学レッスン』二三九—二四四頁が特に詳しく論じている。また集合論におけるラッセルのパラドクスについては、たとえば次を参照。田中尚夫『公理的集合論』、培風館、一九八二年、一・八節：飯田隆編『哲学の歴史11：論理・数学・言語』中央公論新社、二〇〇七年、一八一—一八二頁。

［3］あまり指摘されることはないが、共通性の範囲を制限することは、前節でみた「抽象指示」の論点と緊張関係にあるようにみえる。なぜなら、「抽象名辞を含んだ文の真理を一貫した方針で説明できる」という利点を主張しうるためには、実在論者は、無制限にすべての述語に普遍者を用意すべきであるようにみえるからである。

［4］ただし同様の線引き問題は、実在論だけでなく、唯名論にとっても問題となるかもしれ

普遍者はどこに存在するのか

普遍者にまつわる困難として唯名論者が挙げる二つ目の点は、普遍者の空間位置に関するものだ[6]。この点がなぜ問題となるのかを理解するため、まずは私たちが通常問題なく存在すると認めているものについてあらためて考えてみよう。トマトや自動車のような身の回りの対象であれ、木星やシリウスのような天体であれ、あるいはロンドン五輪や超新星爆発のような出来事であれ、私たちが通常その存在を認めている存在者は、みな時空的世界のどこかに位置している。これらの存在者は、互いに時空的に関係づけられ、まさにそのことによりこの一つの世界の構成要素となっている。

この点を踏まえれば、実在論者が存在を認めている普遍者についても、その時空位置を問うてみたくなるのは少なくとも自然な成り行きだろう。具体例として、〈赤さ〉を考えてほしい。このトマトやそのリンゴ、あのポストといった個物によって共有されているという〈赤さ〉は、いったい世界のどこに位置しているのだろうか。

この問いに対する実在論者の答えとしてまずありうるのは、〈赤さ〉は空間位置を一切もたない、というものかもしれない。たしかに、どこにあるのかを問いうるものとして先ほど挙げた事物は、すべて個別的な存在者だった。だからもしかすると、空間位置をもつのはリンゴやポストのような個別的存在者だけであり、それらが共有する〈赤さ〉に関して空間位置を問うことは、単なるナンセンスなのかもしれない。

ない。実際、唯名論者であるルイスもこの問題を論じている。Cf. D・ルイス「普遍者の理論のための新しい仕事」、柏端達也ほか編訳、『現代形而上学論文集』、勁草書房、二〇〇六年、一四一―二二八頁。

[5] 一般に線引き問題が容易でないことは、たとえば人の生死の線引きや、正当防衛と過剰防衛の線引きのことなどを考えればわかるだろう。

なお、形而上学においてしばしば論じられる線引き問題には、「複数の対象はどんな場合に一つの対象を構成するのか」というものもある。(cf. P. van Inwagen, *Material Beings*, Cornell University Press, 1990.)

また、科学における線引き問題については次で主題的に論じられている。伊勢田哲治『疑似科学と科学の哲学』、名古屋大学出版会、二〇〇三年。

[6] この点は、前掲アームス

だが、この答えには少なくとも二つの問題がある。第一にこの答えは、実在するものの範囲を安易に広げすぎているようにみえる。もし〈赤さ〉が空間位置を一切もたないとすると、それは私たちの時空的宇宙を何らかの仕方で超越していることになる。しかし何と言っても、この広大な時空的宇宙こそが、実在するもののすべてなのではないだろうか。その中のどこにもないものを認めることは、たとえば天使や冥界を認めることと何が違うのだろうか。第二に、〈赤さ〉が空間位置をもたないという主張は、私たちがそれを知覚できるという明白な事実に反するようにみえる。たとえば、ここにあるリンゴに目をやることで、私はその赤さを知覚できる。そしてこの知覚は、ある複雑な因果的プロセス（網膜の刺激や視神経の興奮などを含む）として理解できるはずである。しかし、一般に時空的世界のうちにないものは因果的に作用することもない。よって、もし〈赤さ〉が空間位置をもたないとすれば、それを対象とした知覚（それを含んだ因果的プロセス）が成り立つことは不可能になってしまう。

というわけで、〈赤さ〉の存在を認めるからには、実在論者はそれに何らかの空間位置を割り当てる方がよさそうだ。ではふたたび、〈赤さ〉はどこに存在するのか。ここで可能な一つの答えは、次のようなものだろう。すなわち、〈赤さ〉は、トマトやポストなどの赤い個物が位置しているすべての場所に位置している。〈赤さ〉は、通常の個物のように特定の位置に局所づけられたものではなく、複数の位置にいわば飛び飛びに散らばって存在する巨大な存在者なのだ――と、このようなものだろう。

トロング『現代普遍論争入門』、第五章・第八節、前掲コニー、サイダー『形而上学レッスン』、二三一―二三五頁のほか、次でも論じられている。E. J. Lowe, *A Survey of Metaphysics*, Oxford University Press, 2002, pp. 348–350.

だがこの答えには、（広範囲に散らばった存在者という想定の奇妙さはおくとしても）次の問題がある。もしこの答えが正しいとすると、それぞれの赤い個物の場所に存在するのは、〈赤さ〉という全体を構成する別々の諸部分にすぎないことになる。つまり〈赤さ〉は、ちょうど一匹のミミズが、異なる場所のそれぞれに異なる部分（右端部分や左端部分など）をもつように、赤い個物のそれぞれの場所に異なる部分（トマト部分やポスト部分など）をもつにすぎないことになる。しかし思い出そう。そもそも〈赤さ〉は、赤い個物のすべてにおいて同一な存在者として考えられていたのだった。よって上の答えは、普遍者のもともとの定義に反してしまっている。

よって結局、実在論者は次のように言わねばならないようにみえる。すなわち、〈赤さ〉は、赤い個物がある場所の各々に、まるごと全体として存在しているのだ、と。この見解によれば、赤い個物のそれぞれの場所には、単に〈赤さ〉の一部分が現われているのではない。そうではなく、トマトが位置するこの場所にも、ポストが位置するあの場所にも、〈赤さ〉という同じ全体がそれぞれまるごと存在しているのだ。

しかし、この考えはそもそも理解可能なものだろうか。同時に別の場所に存在しているもの同士が同一の全体であるなどという主張を、いったいどうやって理解したらよいのだろうか[7]。もちろんここで実在論者は、こうした考えは決して理解不可能ではないと抗弁しようとするだろう。だが少なくとも、普遍者を認めることで、彼らがとても奇妙なことを言わねばならなくなっているのは確かだと思われる。

[7]「まるごと全体として存在する」ないし「余すところなく存在する wholly present」という概念は、目下の文脈だけでなく、時間や様相についての議論でもしばしば登場する。この概念を一般的に扱った興味深い分析は次の論文にある。P. Simons, "Location," *Dialectica* 58, 2004, pp. 341-347.

5-4 唯名論と質的同一性

前節では、普遍者を認めることから生じる困難として唯名論者が挙げる点をみた。たしかに彼らの言うように、私たちは単に普遍者を認めさえすれば、すべてをうまく運べるというわけではなさそうだ。しかし、もしかすると普遍者は、前節で指摘された難点を補って余りある利点をもたらすのかもしれない。これまで何度か触れたように、普遍者の想定を動機づけている中心的な論点は、個物の共通性をごく自然に説明できるという点である。もちろん、この点に関しては前節でみた適用範囲の問題はあるが、いまその問題はおこう。少なくとも自然な共通性のケース（これはいずれにしても説明されるべきものだ）に限って言えば、普遍者に訴えた説明はたしかに私たちの直観に強く訴える力をもっている。たとえば、いくつかのトマトが共通して赤いのはなぜかという問いに対し、それはトマトが同一の性質〈赤さ〉を共有するからだと答えることは、すぐさま代わりの案が思いつかないほど自然な反応だろう。

しかし唯名論者によれば、このような個物の共通性の事実は、実のところ普遍者なしでも十分説明できる。よって彼らによれば、普遍者を認める実在論は、本来説明に必要のない「余分な」存在者を措定していることになり、その分唯名論に劣っていることになる。ここで唯名論者が訴えているのは、**存在論的倹約性**と呼ばれる原則だ[1]。それによれば、一般に何かを説明しようとする際私たちは、その説明のために必要な範囲を超えて存在者を措定してはならない（つまり、なるべく「倹約的」な存在論を採用すべきである）。よって、もしある二つの理論が同じだけのことを説明できるならば、その二つの理論のうち私たちが受け入れるべきは、より倹約的な理論の方である。たしかにこれは、正しい選択だと言えるだろう。なぜならこの場合、より倹約的な理論の方が、説明されるべき事実をより統一的で見通しのよい仕方で説明していることになるからである。前節でみた普遍者にまつわる困難にも増して、唯名論をその根本において動機づけているのは、まさにこのような倹約性についての考慮である[2]。

だがもちろん、倹約性に訴えた唯名論者の議論が成功するかどうかは、彼らが実際に、実在論者と同等の説明を与えられるかどうかにかかっている。本当に唯名論者は、個物の共通性に関する事実を普遍者なしで説明できるのだろうか。本節の残りの部分では、唯名論の二つの主要なバージョンに注目してこの点を検討しよう。

類似性唯名論

一つ目に検討したいのは、**類似性唯名論**という立場である[3]。この立場の基本的な発想は、以下のように理解できる。個物の間の共通性に関して何よりも注目すべきは、

[1] この原則はしばしば、中世の哲学者W・オッカムの名をとって「オッカムの剃刀」とも呼ばれる。「コラム　理論評価のための基準」も参照。

[2] 先の【5-2　抽象名辞による指示とパラフレーズ】でみた「抽象指示」の問題に関しても、唯名論者はこの同じ原則に訴えようとしていたとみなせる（それが成功しているかどうかはともかくとして）。

[3] 類似性唯名論を精力的に擁護する著作としては、次が挙げられる。G. Rodriguez-Pereyra. *Resemblance Nominalism*, Oxford University Press, 2002.
　なお、類似性唯名論を含むいくつかの唯名論の立場は、前掲アームストロング『現代普遍論争入門』、第一―三章、前掲Moreland, *Universals*, ch. 2でより包括的に検討されている。

それぞれの異なる共通性には、それぞれ異なる個物のグループが対応して存在するという点だ。たとえば、「赤い」という共通性には、トマトやリンゴ、赤鉛筆などの個物からなる一つのグループが対応し、「四角い」という共通性には、画用紙や窓ガラスなどからなる別のグループが対応して存在する。これらのグループは一般に、当の共通性が成り立つ限りで、すべての成員が互いに少なくとも一定程度までは類似しているような個物のグループ、として特徴づけられる。いま、この条件を満たすグループを**類似性グループ**[4]と呼ぶことにすれば、ここでのポイントは要するに、一つの共通性には常に一つの類似性グループが対応する、ということだ。だが、もしこのような対応関係が常に成り立つのなら、個物の共通性の事実は、普遍者の代わりにこの類似性グループをもとにして説明できるのではないだろうか。たとえば、ここにある二つのリンゴが共通して赤いのは、それらがともに、トマトや赤絵具などからなるある特定の類似性グループの成員であるからだ、と言えるのではないだろうか。こうした類似性グループは、あくまで個物だけからなるのだから、この説明は普遍者に訴えていない。つまり私たちは、個物の共通性をまさに普遍者なしで説明できたことになる。

しかし、こうした類似性唯名論の主張にはいくつかの問題がある。その一つ目をみるための例として、「心臓をもつ」と「腎臓をもつ」という二つの共通性を考えよう[5]。これらは、共通性の観点としては明らかに別々のものだ（何かが一方をもち他方をもたないことは可能なのだから）。だがそれにもかかわらず、類似性唯名論はこの

[4] このようなグループは、「類似性クラス resemblance class」とも呼ばれる。

[5] この問題は、「共外延性の問題」と呼ばれる。Cf. 前掲アームストロング『現代普遍論争入門』、第二章・第三節、第三章・第七節、前掲 Moreland. *Universals*. p. 35. なお、本文の例はクワインが挙げて以来しばしば使われるが実は異論もありうる（たとえば昆虫やクモは心臓をもつが、腎臓ではなくマルピーギ管という排出器官をもつ）。この点が気になる読者は、何でもいいので、たまたま同じ個物たちによってもたれているが別々であるような性質を二つ思い浮かべて以下の議論を読んでほしい。

明らかな区別を認めることができない。なぜなら、現実の世界の事実として、心臓をもつすべての個物は腎臓をもち、その逆もまた成り立つからである。このことにより、「心臓をもつ個物のグループ」と「腎臓をもつ個物のグループ」は、まったく同じ成員からなる同一のグループとなる。しかし先にみたように、類似性唯名論は、一つの共通性は一つの類似性グループに対応すると主張するのだから、この立場に従う限り、「心臓をもつ」と「腎臓をもつ」は同一の共通性であることになってしまう。[6]

第二に、類似性唯名論には次の問題もある。[7] 例として、次のような三つの個物があるとしよう。すなわち、青くて四角いA、木製で四角いB、木製で青いC、という三つの個物だ。比べてみればわかるように、実際この三つの個物には、そのすべてに共通するような特徴はない。[8] だがそれにもかかわらず、類似性唯名論に従えば、まさにそのような共通特徴が一つ存在することになってしまう。このことを示すため、いま問題の三つの個物からなる{A, B, C}というグループを考えよう。そして、このグループが、先に定義した「類似性グループ」の条件を満たすかどうかを考えよう。ここで重要なのは、このグループの成員は、どれも他の二つの成員に一定程度までは似ているという点である（AとBは形、BとCは材質、CとAは色に関して似ている）。したがって{A, B, C}というグループは、まさに類似性グループであるための条件を満たしてしまう。そして類似性唯名論者は、一つの類似性グループには一つの共通性が対応すると主張するのだから、彼らに従う限り、このグループに対応した一

[6] この問題に対して、類似性唯名論者は、「可能的個物」という存在者に訴えることで応じうる（cf. 前掲アームストロング『現代普遍論争入門』、第二章・第三節）。もっともその場合、類似性唯名論者は、これらの（あまり素性のたしかでない）存在者を新たに導入することになるから、彼らが「存在論的倹約性」を達成できているかどうかは疑わしくなるだろう。

[7] この問題は、「不完全な共同体の問題」と呼ばれる。Cf. 前掲 Moreland, *Universals*, pp. 31f.

[8] より正確には、ここではたとえば次のように仮定する必要がある。

Aは青くて四角く金属製で、
Bは赤くて四角く木製で、
Cは青くて丸くて木製。

次頁の図が示すように、AとBとCはみなそれなりには似て

つの共通性が存在しなければならないことになる。

トロープ唯名論

こうした問題点を踏まえ、一部の唯名論者は、**トロープ**という存在者に訴える立場を提案してきた。[9] 彼らの立場を検討するためには、まず「トロープ」とは何かを説明しておく必要がある。例として、ここにまったく同じ色合いの二つのリンゴａとｂがあるとしよう。そして、それらがもつ「赤さ」に注目しよう。私たちがこれまで「赤さ」として理解してきたのは、リンゴａとリンゴｂが文字どおり共有する普遍者としての性質だ。しかし、実際のところ「赤さ」は、これとは異なる仕方でも理解されうる。すなわちその理解によれば、リンゴａの赤さとリンゴｂの赤さは、たしかにそっくりではあるが、あくまで数的には別々の二つの存在者である。こう考えた場合、「ａの赤さ」が指すのは、ａだけによってもたれ、ａの位置している場所だけに存在する個別者としての性質だ（普遍者として理解されたときと違い、これは「ｂの赤さ」とは異なる）。そして前述の「トロープ」とは、まさにこの二つ目の仕方で理解された性質、つまり「個別者として理解された限りでの性質」のことである。

このような存在者を用いた**トロープ唯名論**は、個物の共通性の事実を、先の類似性唯名論と同じく「類似性グループ」を使って説明しようとする。ただし重要なのは、類似性唯名論が、具体的個物からなる類似性グループを用いていたのに対し、トロー

いるが、そのすべてに共通する性質はない。

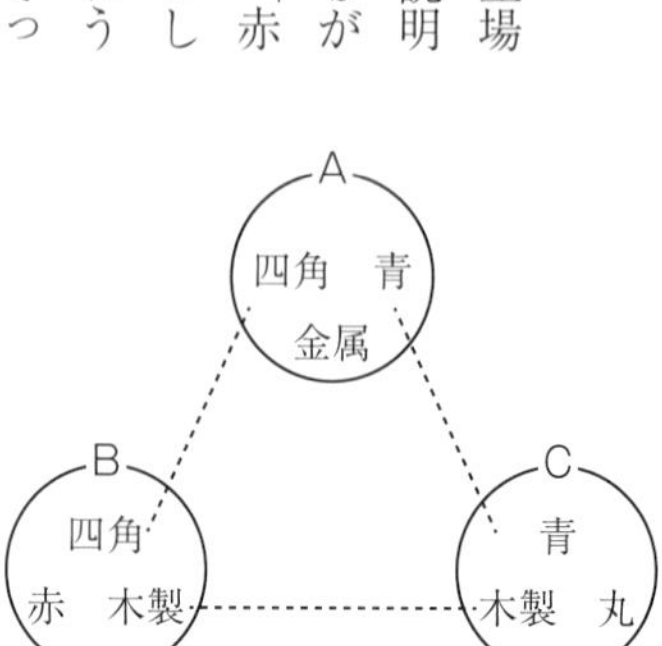

[9] トロープ唯名論を擁護する代表的著作としては次が挙げられる。K. Campbell, *Abstract Particulars*, Blackwell, 1990; A-S. Maurin, *If Tropes*, Kluwer Academic Publishers, 2002; D. Ehring, *Tropes*, Oxford University Press, 2011.
またこの立場は、前掲アームストロング『現代普遍論争入門』第六章、前掲 Moreland, *Universals*, ch. 3でも詳しく検討されている。

プ唯名論が用いるのはトロープからなる類似性グループだという点だ。つまりトロープ唯名論によれば、トロープはそれぞれの種類に応じて、「赤さトロープのグループ」や「四角さトロープのグループ」といった様々な類似性グループを形成する。そして、たとえばリンゴaとbが共通して赤いという事実は、二つのリンゴがそれぞれに、ある類似性グループに属する別の赤さトロープをもつこととして理解される[10]。

このトロープ唯名論は、類似性唯名論が抱えていた二つの問題を単純に解決できる。第一に、「心臓をもつ」と「腎臓をもつ」という二つの共通性の問題を思い出そう。類似性唯名論がこれら二つを区別できなかったのは、問題となるのが個物のグループである限り、これらの共通性に対応する類似性グループは同一になってしまうからだった。しかしトロープ唯名論に従えば、「心臓をもつ」と「腎臓をもつ」という二つの共通性には、きちんと二つの類似性グループを対応させられる。なぜなら、たとえ同じ個物によってもたれる場合でも、「心臓をもつ性トロープ」と「腎臓をもつ性トロープ」は別のトロープであり、それらのトロープからなる類似性グループは、まったく要素を共有しない別々のグループとなるからである。

第二に、類似性唯名論には、そのすべてに共通する特徴などないはずの個物（先のA、B、Cのような）の間にも共通の特徴を認めてしまうという難点もあった。この問題は直感的に言って、いくつかの個物が、単一ではなく複数の種類の共通性（色の共通性、形の共通性など）によって雑多な仕方で類似しているようなケースで生じ

〔10〕 性質の一種であるトロープを認めている点で、たしかにトロープ唯名論は、実在論に一歩譲った立場である（そのためトロープ唯名論は「穏健な唯名論」とも呼ばれる）。だがトロープ唯名論は、少なくとも普遍者としての性質を認めてはいないという点で、唯名論の基本精神を十分尊重したものだと言える。

る。なぜならこの場合、そうした個物たちからなるグループは、類似性唯名論が一つの共通性に対応すると考える「類似性グループ」の条件を満たしてしまうからである。だがこれに対して、トロープ唯名論に従えば、こうした雑多な類似性のケースで一つの共通性があるということにはならない。ここでもポイントは、トロープ唯名論の用いるのが、具体的個物ではなくトロープを要素とした類似性グループだという点である。たとえば、先にみたA、B、Cのように、個物が単に雑多に類似しているだけの場合、それらのもつトロープは、単一の類似性グループを形成することはない。よってトロープ唯名論は、こうした個物すべてに共通する特徴はないと主張できる。

　このようにトロープ唯名論には、類似性唯名論にはなかったいくつかの利点がある。しかしこの立場に対しても、いくつかの反論が提示されている。もはや私たちにはそれらに立ち入る余裕はないが、簡単に二つだけ示唆しておこう。[11] 第一の反論は、トロープ唯名論は、「赤いものの数が現実よりも少ないことがありえた」といった明白な事実を認められないというものだ。[12] トロープ唯名論によれば、「赤さ」という共通性はある特定の類似性グループに訴えて説明される。だが、「グループ」がものの集まりにすぎない以上、現にその成員であるもの（赤いもの）が一つでも欠けていた場合、存在するのは別のグループである。よってトロープ唯名論は、このような場合にリンゴとトマトの間に成り立つのは、「赤さ」でなく「赤さもどき」という別の共通性だと言わざるをえないようにみえる。第二に、トロープ唯名論に対しては「類似

[11]　ちなみに、以下の二つの反論はどちらも、類似性唯名論にも共通する。

[12]　Cf. 前掲アームストロング『現代普遍論争入門』、第二章・第四節、前掲 Moreland, *Universals*, p. 32. この反論への応答は、前掲 Ehring, *Tropes*, ch. 7 で試みられている。

性」という関係についての反論もある。[13] 前述のようにこの立場は、トロープの間の類似性関係に訴える。しかしこの類似性という関係は、実は普遍者の一つなのではないだろうか。たとえば、二つの赤さトロープの類似性と、二つの丸さトロープの類似性は、まさに同一の関係なのではないだろうか。だがそうだとすれば、トロープ唯名論は事実上、実在論の軍門に下っていることになる。――これらを含む諸反論にトロープ唯名論がどこまで説得的に応答できるのかは、現段階では未知数である。

　ここまで本章では、普遍者の存在をめぐる実在論と唯名論の論争をみてきた。最後に二つのことを強調しておこう。第一に、本章でみたいくつかの論点――ある種の文の真理の説明、時空世界内での位置づけ、認識との関わり、説明の効率性・倹約性など――は、実のところ普遍者をめぐる論争だけでなく、他の存在者をめぐる論争でも頻繁に登場するごく一般的な論点である。[14] 読者には、一般にこの種の論争には、これらの論点を中心とする一種の「型」があることをぜひ覚えておいてほしい。第二に、本章でも何度か強調したように、何かの存在をめぐる論争が最終的に行き着くのは、「説明枠組みとしての総合力」という争点である。そしてそうである以上、私たちはこの種の論争において、ある立場を一撃のもとで葬り去る決定的論駁といったものを期待すべきではない。むしろ私たちが目指すべきは、それぞれの立場の利点と難点の吟味を重ね、よりよいバランスをもった立場はどれなのかを見極めることである。

[13] Cf. 前掲アームストロング『現代普遍論争入門』、第三章・第一〇節、前掲 Moreland. *Universals*, p. 37f., 56.（ちなみにこの反論は、B・ラッセル『哲学入門』、高村夏輝訳、筑摩書房、第九章にもある。）
　ただし、この批判への応答は前掲 Campbell. *Abstract Particulars*, ch. 3; 前掲 Maurin. *If Tropes*, ch. 5 で試みられている。

[14] 特に論争の的となる存在者には、出来事、可能世界、命題、数学的対象、道徳的事実、虚構対象、といったものがある。
　なお、次章における個物についての議論でも、ここで挙げた論点のいくつかが登場する。

第6章

個物

6-1 具体的個物の存在論的還元

私たちの身の回りには、実に多くの「もの」があふれている。たとえば、いま私の目の前には、ボールペン、パソコンモニター、耳かきといったものがあるし、台所に行けば、包丁、グラス、玉ねぎといったものがある。さらに家の外に出れば、石ころや草花、電信柱といったものに出くわすし、空を見上げれば、月や星々という巨大なものを目にすることもできる。そしておそらく、かくいう私自身も、細胞や原子といった非常に多くのものによって構成された一つの「もの」である。このような観察はごく平凡で、特に問題を含んでいるようにはみえないが、実はいま列挙したような様々な「もの」、すなわち**具体的個物**（ないし単に**個物**）こそが、本章の主題である。[1]

しかし、なぜ具体的個物が形而上学の主題になるのだろうか。およそあらゆる存在者のなかで、具体的個物ほど私たちにとってなじみ深いものはないのではないか。普遍者や可能世界、芸術作品といった存在者に解明すべき謎があるのはよいとして[2]、石ころや玉ねぎのような存在者についていったいどんな問題が成り立つというのか[3]。

先に答えから言ってしまえば、本章で私たちがみていきたいのは、「個物の**存在論**

[1] 本章で具体的個物ないし個物と呼ぶものは、しばしば「実体 substance」、「個体 individual」などとも呼ばれる。特に「実体」という用語は、アリストテレス以来の伝統をもっている。

[2] 普遍者については第5章、可能世界については第3章、芸術作品については第8章を参照のこと。

[3] 実のところ、具体的個物については本章で扱うもの以外にも様々な問題がある。その一部には終章の【9-1 本書で主題的に扱わなかった形而上学の問題領域】でも触れるが、より包括的な議論は次でなされている。T・サイダー『四次元主義の哲学』、中山康雄監訳、小山虎・齋藤暢人・鈴木生郎訳、春秋社、二〇〇七年。

的還元は可能なのか、また可能であるとすればいかにしてか」という問題である。だが、ここでいう「存在論的還元」とはそもそも何であり、なぜ個物についてそのようなことが求められるのだろうか。これらの疑問に答えて本章の課題を明らかにするため、少々回り道になるが、まずはあらためて具体的個物とはどのような存在者かを確認しておこう。例として、ここに一個のトマトがあるとしてほしい。他の様々な種類の個物と同じく、このトマトはたとえば次のような特徴をもった存在者である。

・**局在性**：このトマトは、現時点においてはこの場所だけに存在し、同時に他の場所に存在することはできない。
・**不可入性**：このトマトが位置する場所には、同時に他の個物が位置することはできない。つまりこのトマトは、ある空間位置を独り占めしている。
・**他の個物との類似性**：このトマトは、色や重さや大きさ等々に関して、別のトマトやその他の個物と類似しうる。[4]
・**変化可能性**：このトマトは、先月は緑色で小さかったが、現在は赤くて大きい。そしてこれらの変化を通じて、このトマトは同一の個物であり続けている。
・**認識可能性**：このトマトは、知覚などの経験を通じてその本性が知られうる。

このリストは決して網羅的なものではないが、[5]一般に個物がこうした特徴をもつこと

[4] 類似性（ないし質的共通性）という特徴については、第5章で主題的に論じた。
[5] 個物の一般的特徴としては、この他にも、個別性（普遍者と異なりその個別例をもたない）、独立性（他のものなしにも存在できる）、偶然性（存在しないこともありえた）などがしばしば挙げられる。

は、ごく当たり前の事実として受け入れられているだろう。

もっとも、ここでこれらの事実を挙げたのは、単に常識を再確認したかったからではない。本章の問題設定を理解するためさらに注目してほしいのは、いま挙げたような個物の特徴は、ただ単に事実として受け入れられているだけでなく、しばしば、他の事実の根拠となりそれを説明するような基礎的な事実として引き合いに出されるという点である。たとえば、あるひき逃げ事件があったとき、それと同時刻に別の場所にいた人は誰であれその事件の犯人ではない[6]。そしてこの事実は、前述の「局在性」という事実――ある個物が同時に複数の異なる場所に存在することはありえない――の一例として説明されるだろう。あるいは、私はこの壁をすり抜けることはできず、もしそうしようとすれば衝突してしまう。そしてこの事実は、先の「不可入性」の事実――ある個物が位置している場所に他の個物は入り込めない――の一例として説明されるだろう。こうした例からもわかるように、個物の一般的特徴として先に挙げたような事実は、私たちの日常的な世界理解のうちでごく基礎的な位置を占めている。これらの事実は、個々の場面での個物に関する思考にいわば枠組みを設定するものであり、少なくとも日常的な観点からは、それ自身説明や根拠づけの対象ではない。

だが、ここはぜひ立ち止まってみてほしい地点だ。たとえ日常的な観点からは基礎的だとしても、個物の一般的特徴についての事実は、本当に基礎的な事実に留まらねばならないのだろうか。私たちはこれらの事実を、一方的に他の事実の根拠となるだ

[6] もっとも、巨大なリモコンカーを遠隔操作して人をひいた場合などはこの限りではないだろう。ここではあくまで、乗車中のひき逃げ事件を考えてほしい。

[7] ここでの記述は、戸田山和久『科学哲学の冒険』（日本放送出版協会、二〇〇五年、第四章、特に一一三―一一五頁）を参考にしている。なお、特に科学における「説明とは何か」という問題は、いま挙げた戸田山

けで、他の事実による説明や根拠づけをまったく受け付けないものとして受け入れるべきなのだろうか。それとも私たちは、個物の一般的特徴を説明してくれるようなより基礎的な事実を見出し、前者を後者へと還元することができるのだろうか。

　こうした問いかけに十分な動機があることは、科学の歴史からも学べる。よく引かれるニュートン力学の例で考えよう[7]。ニュートン以前の時代には、地上の落体の運動についてのガリレオの法則や、天上の惑星の運動についてのケプラーの諸法則は、それぞれ別個の基礎的法則とみなされていた[8]。だが、これに対してニュートンが示したのは、ガリレオやケプラーの法則は、どちらも彼自身のより基礎的な法則（万有引力の法則を含む四つの法則）から論理的に導かれるということである。こうした彼の業績は、次のような仕方で私たちの世界認識を前進させるものだった。すなわち、まず私たちは、それまで単に成り立つものとして受け入れていたガリレオやケプラーの法則が「なぜ」成り立つかを理解できるようになった。さらに私たちは、それまで独立した別個の事実として受け入れていた諸法則を、共通の根本原理から派生したものとして相互に関係づけられるようになった。要するに、ニュートン力学の登場は、私たちにそれまでよりも統一的で体系的な世界認識をもたらしたのである。

　このように私たちは、一見基礎的にみえる事実をより基礎的な事実へと還元するという試みにしばしば成功してきたし、しかもそうした成功には大きな認識的メリットがある。だが、一般にこうした試みに大きなメリットが見込めるならば、私たちは個

山本の第四章と第九章のほか、次でも論じられている。内井惣七『科学哲学入門——科学の方法・科学の目的』、世界思想社、一九九五年、第四章；A・ローゼンバーグ『科学哲学——なぜ科学が哲学の問題になるのか』、東克明ほか訳、春秋社、二〇一一年、第二—四章。

[8]　ここで「基礎的」は単に、派生的でないこと、つまり「他の原理や法則から導かれるのではない」ことを意味している。ただし、「基礎的」を「現象論的」と対置された意味で使うならば、ガリレオやケプラーの法則は、彼らの時代においてさえ基礎的法則でなかったことになるだろう。なぜならこれらの法則は、単に観察事実を一般化し、どのような規則性が成り立っているかを記述する現象論的法則であり、そうした規則性を成り立たせるメカニズムを解明しようとする法則（いま問題の意味ではこちらが基礎的と呼ばれる）ではないからである。

物に関しても、同様のことを試みてしかるべきではないだろうか。つまり、個物の一般的特徴に関する諸事実を、さらに基礎的な何らかの事実によって還元的に説明するという試みは、たしかに追求に値するものではないだろうか。

　実際、多くの哲学者たちはまさにこのことを試みてきた。そして、そのために彼らが取り組んできたものこそ、本章のはじめに名前を出した「個物の存在論的還元」という課題である。これが具体的にどのような課題なのかは、それに取り組むに至った哲学者たちの考えを辿ることで理解できる。その道筋はおおよそ以下のようなものだ——先に挙げられた諸事実は、みな「個物」カテゴリーの存在者を一般的に規定する基本特徴である[9]。よってこれらの事実の還元的説明のためには、ふたたびこの同じカテゴリーの存在者の特徴を用いることはできない。つまり私たちが訴えてよいのは、個物以外の何らかのカテゴリーの存在者の特徴である。ではより具体的に、そうした存在者の特徴をどのように用いればよいのか。ここで有力な導き手となるのは、一般に、複合物の特徴はその構成要素の特徴から派生したものとして説明されうる、という点だ。たとえば、ある原子の特徴は、それを構成する陽子や電子などの特徴から説明されうるし、ある交響曲の特徴は、それを構成する各楽章や各楽節の特徴から説明されうる。よって同様に考えれば、個物の特徴を説明するためにも、「構成要素にもとづく複合物の説明」というこの方針を追求していけばよいはずだ。つまり私たちは、個物を他のカテゴリーの存在者から構成された複合物として分析することによっ

[9]　ここで「カテゴリー」とは、「存在者の最も一般的な類」のことだ。その候補としては、個物、普遍者、トロープ、出来事、事態、命題、数学的対象、などが挙げられる。カテゴリーについては、本書の第5章（**【5-1　普遍者の実在をめぐる論争】**の末尾）と第8章を参照のこと。

[10]　この方法論的原則は、「存在論的倹約性の原則」ないし「オッカムの剃刀」と呼ばれる。**【5-4　唯名論と質的同一性】**も参照のこと。

て、個物に関する事実を他の事実から説明できるようになるはずだ――。と、このような仕方で動機づけられるのが、個物以外のカテゴリーを用いて個物を還元的に分析するという課題、すなわち、前述の「個物の存在論的還元」という課題である。

　このような還元的分析は、個物についての諸事実だけでなく、同時に、個物という存在者カテゴリーの還元を目指すものでもあることに注意しよう。そもそも、「個物」というカテゴリーが独自の存在者カテゴリーとして措定されるのは、ある特徴的な振る舞いをみせる「何か」が世界のうちに見出されるからである。だが、もしそうした特徴的な振る舞いをみせる「何か」を、ある別のカテゴリーの存在者だけから構成できることが示されるなら――つまり、個物の存在論的還元が成功するなら――、私たちは「個物」をあえて独自の存在者カテゴリーとして残しておく必要はなくなる。というのも、一般に私たちは、説明のために必要な範囲を超えて存在者を措定しないよう推奨されているからである[10]。要するに、個物カテゴリーの還元という試みは、個物についての諸事実の還元という試みと同様、より体系的で見通しのよい世界理解に至ろうとする同じ試みの一部として動機づけられるのだ[11]。

　というわけで、次節からは、個物の存在論的還元のために提案されてきたいくつかの具体的な試みを検討していこう[12]。その際私たちは、それら分析の妥当性を測るための試金石として、本節のはじめに挙げた個物の一般的特徴のいくつか（他の個物との類似性、変化可能性、認識可能性）を引き合いに出すことになるだろう。

[11]　ここからもわかるように、「何が基礎的な意味で存在するのか」という存在論の問題は、結局のところ、「どの存在者を認める立場が、説明枠組みとして総合的に優れているのか」という論点に帰着する。この点については前章でも何度か論じたので（【5-1　普遍者の実在をめぐる論争】、コラム「理論評価のための基準」、【5-4　唯名論と質的同一性】の末尾）、そちらも参照してほしい。

[12]　日本語で読める文献のうち、本章の内容を主題的に扱ったものには以下がある。D・M・アームストロング『現代普遍論争入門』、秋葉剛史訳、春秋社、二〇一三年、第四章；三上真司『もの・言葉・思考――形而上学と論理』、東信堂、二〇〇七年、第I章；坂下浩司「もの／こと、個体／普遍」、『岩波講座 哲学2：形而上学の現在』、岩波書店、二〇〇八年、七五―九一頁。

6-2 普遍者の束説

前節では、「個物の存在論的還元」という課題を導入し、その動機づけを確認した。ではより具体的に、個物はどのようなカテゴリーによって還元的に分析できるのか。その有力な候補として哲学者たちがまず注目してきたのは、「性質」というカテゴリーである。本節では、この方針のもとで展開される一つの立場を検討しよう。

前節でもみたように、一般に個物には、「知覚やその他の経験を通じてその本性が知られうる」という重要な特徴（認識可能性）がある。そこでまずは、いま目の前にある一つのリンゴを例にして、私たちの経験において個物はどのように与えられるのかを考えてみよう。私がいまみているこのリンゴは、つややかな赤い色をしていて、その表面は精妙な仕方で湾曲している。それは鼻を近づければかぐわしく、触ればすべすべしていて、手に取ればほどよく硬くて重い。このように、このリンゴが私の経験に与えられるのは、何よりもまずこうした様々な性質を通じてである。このリンゴについての私の経験は、常に何らかの性質に媒介されており、私がこのリンゴについて何かを知ることは、常にそれがもつ何らかの性質を把握することである。

このような構図は、単純な知覚経験の場面だけでなく、より手の込んだ仕方で個物が与えられる科学的探究などの場面でも本質的に変わらない。たとえば、遠い宇宙に浮かぶある天体は、特定の色や温度、半径、質量、成分などを通じて天文学者に与えられるだろう。あるいは、電子やクォークといった対象も、それらに固有ないくつかの性質（電荷やスピン、質量など）を通じて物理学者にその存在が知られるだろう。

このように、私たちの経験（知覚経験であれそれ以外であれ）において個物は、常にいくつかの性質がひとまとまりになったものとして現われる。私たちの経験に即してみる限り、通常「個物」と呼ばれているのは、ある種の性質の複合体に他ならないと思われるのだ。だがもしそうだとすると、私たちは個物を、まさにそうして経験に与えられるところの性質の複合体、ないし性質の束として分析できるのではないだろうか。つまり私たちは、たとえば薪の束が、ひとまとまりに束ねられたいくつかの薪に他ならないように、具体的個物もまた、ひとまとまりに束ねられたいくつかの性質に他ならない、と考えることができるのではないだろうか。――このような仕方で個物を性質の束と同一視する立場は、伝統的に**性質の束説**[1]と呼ばれてきた。

明らかに、性質の束説を受け入れるならば、個物の「認識可能性」という特徴は容易に説明できることになる。なぜなら、一般に私たちの認識は何らかの性質の把握に存するのだから、もし個物が性質の束に他ならないのだとすれば、個物はまさに認識可能な構成要素だけからできていることになるからである。

[1] 英語では、"Bundle Theory"と呼ばれる（「束説」の読み方は、「たばせつ」である）。
ここでみた動機づけの経緯からも予想できるように、性質の束説は、特に「経験主義」の伝統に属する哲学者たちにより支持されてきた。たとえば、G・バークリー『人知原理論』、本文第一節：D・ヒューム『人間本性論』、第一巻・第一部・第六節を参照。（もっとも、彼らが問題としているのは「観念」という心の中の存在者であるため、性質の束説をそのまま彼らに帰すことには解釈上問題があるが。）

ただし第5章でもみたように、「性質」という概念は二通りの仕方で理解できる。[2] すなわち性質は、一方では、複数のものが文字どおり共有することのできる**普遍者**――たとえば、このボールとあのボールが共有する同一の存在者としての〈球形性〉――として理解されうるし、他方では、複数のものが共有できない個別的性質、つまり**トロープ**――あのボールの球形性とは数的に区別される、このボールの球形性――として理解されうる。とはいえ、伝統的にみれば、この二つのうち主流派と言えるのは、性質を普遍者とする立場であった。そこで私たちも、まずはこの主流派の理解にもとづいて展開される性質の束説、すなわち、「個物は普遍者の束に他ならない」と主張する**普遍者の束説**を検討することにしよう。[3]

普遍者の束説の問題点――完全にそっくりな複数の個物の問題

前述のように、普遍者の束説には特に認識論的な観点からの動機づけがある。[4] だがこの立場に対しては、主として二つの深刻な問題が指摘されてきた。その二つの問題はそれぞれ、個物の一般的特徴として前節で挙げた「他の個物との類似性」と「変化可能性」という二つの特徴に関わるものである。このうち、変化に関わる問題は次節以降で扱うことにして、ここでは先に「類似性」に関する問題を考察しよう。

一見したところ、類似性という特徴が普遍者の束説に対して問題を引き起こすというのは意外に思われるかもしれない。たとえば、いま、このトマトはそのトマトと赤

[2] 普遍者については前章の【5-1 普遍者の実在をめぐる論争】、トロープについては【5-4 唯名論と質的同一性】を参照のこと。

[3] 普遍者の束説は、たとえば次で擁護されている。B. Russell, *An Inquiry into Meaning and Truth*, 1940, p. 93f.; Russell, *Human Knowledge: Its Scope and Limits*, 1948, Part IV, ch. 8; A. J. Ayer, "The Identity of Indiscernibles," in his *Philosophical Essays*, St Martin's Press, 1954.
なお、性質をトロープとして理解する「トロープの束説」は、この後の【6-4 トロープの束説】で検討する。

さの点で類似しているとしよう。普遍者の束説に従えば、私たちが日常的・前理論的にこのような仕方で記述する事実は、正式には次のように理解されるべきである。すなわち、「このトマト」と「そのトマト」として指される二つの普遍者の束があり、それらの束はともに〈赤さ〉という同一の普遍者を含むことで類似している、と。こうした例からもわかるように、普遍者の束説は、個物が様々な特性に関して他の個物と類似しうるという事実を容易に説明できるようにみえる。

しかしながら、これはことがらの一面にすぎない。というのも、個物の「類似性」にはある極限的な事例が存在するが、普遍者の束説はその極限事例を許容できないからだ。[5] たとえば、先に挙げたこのトマトは、赤さだけでなく、重さや形の点でも別のトマトと類似したものでありうる。さらにこのトマトは、これらの特徴に加え、大きさや硬さ、水分量などの点でも、他のトマトに類似したものでありうる。そして、このような仕方で類似性の程度を上げていけば、私たちは最終的に、このトマトとあらゆる点で類似した、それと完全にそっくりで見分けのつかない別のトマトに辿り着けるはずである。もちろん、ここまで完全な類似物は、現実には存在しないかもしれない。だが、こうした完全な類似物が存在することは、少なくとも可能性としては否定できないはずだ。したがって、個物の分析を目指すどんな立場も、「完全にそっくりだが数的に異なる個物が存在する」という可能性を許容できなくてはならない。

しかし、普遍者の束説はまさにこの可能性を許容できないようにみえる。それを示

[4] もっとも、第5章（【5-3】）でみたように、普遍者に一切の空間位置を認めない場合にはこの点も簡単には言えなくなる。だがここでは、普遍者に何らかの仕方で空間位置を割り当てることは可能だと仮定して話を進めよう。

[5] 以下の論点に関してより詳しくは、次の二つの文献を参照。
前掲アームストロング『現代普遍論争入門』第四章・第二節：M. Loux, *Metaphysics: A Contemporary Introduction. Third edition*, Routledge, 2006, ch. 3 (pp. 97-101).
なお、この問題は次の論文でも触れられている。前掲坂下「もの／こと、個体／普遍」、七五—九一頁。

すため、ある世界に二つの球体aとbが存在し、それらはともに黄色く、球形で、直径五センチで、等々の仕方で、すべての特性に関して一致しているとしよう。前述のように、こうした二つの球体が存在することは明らかに可能な状況の一つだろう。だが、普遍者の束説はこれを可能な状況として認められるのだろうか。この立場によれば、一般に個物は普遍者の束に他ならないのだから、いま問題のaとbも、それぞれ何らかの普遍者から構成された束である。そして目下の仮定より、aとbはともに、〈黄色さ〉、〈球形性〉、〈直径五センチ性〉といった普遍者から構成されており、しかも、どちらか片方だけに含まれているような普遍者は一つもない。つまりこの場合、aとbは、まったく同じ構成要素からなる束として分析されることになる。だがそうすると、aとbが数的に別の存在者であることはありえない。なぜなら、「束」がものの集まりの一種にすぎない以上、完全に同じ構成要素からなる束は、互いに同一でしかありえないからである。[6] こうして普遍者の束説によれば、完全にそっくりな個物として想定されたaとbは、数的に同一でなければならない。つまりこの立場は、「完全にそっくりな複数の個物が存在する」という可能性を認められない。[7]

もっとも、ここで普遍者の束説からは次のような反論がありうる。普遍者の束説が完全にそっくりな複数の個物の可能性を許容できないのはその通りだが、このことはまったく問題ではない。なぜなら、複数の個物の間には常に何らかの違いがあるのであって、「完全にそっくりな複数の個物」が存在することはやはり可能でないから

[6] 少なくともこのことは、「束」の同一性を「集合」の同一性と似たものとして、つまり、その要素の同一性により完全に決定されるものとして考える限り成り立つ。ただし【6-4 トロープの束説】では、束の同一性をこれとは異なる仕方で理解する立場を考察する。

[7] ここで束説がコミットしてしまっている「完全にそっくりな個物は数的に同一だ」という主張は、「不可識別者同一性」と呼ばれる。なおこの主張は、第1章でみた「ライプニッツの法則」の逆（「ならば」の前後を入れ替えたもの）である。

だ。たとえば直前で挙げられた球体aとbは、たしかに形や大きさといった内在的性質に関してはすべて一致しているかもしれない。だが、もしこれらが本当に別々の個物であるなら、これらの間には何らかの関係的性質に関する違いが成り立つはずだ。たとえば、個物aは「最も近いウラン原子から五キロメートル離れている」という性質をもつが、個物bはその性質をもたない（あるウラン原子から二キロメートルの距離にあるので）、といったことは十分ありうる。そして、たとえこの特定の例がまずいとしても、他の何らかの関係的性質のうちには、aとbの間の違いを示すようなものが必ずあるはずだ。よってaとbは、少なくともそうした関係的性質のどれかによって区別可能なのであり、厳密な意味で「完全にそっくり」なのではない[8]。

しかし、普遍者の束説によるこうした反論には、さらなる反論がある。たとえば私たちは、先の球体aとbだけが存在しているような世界を可能なものとして思い描けるだろう。そしてこのような世界では、次の注目すべき事実が成り立つことになる。すなわち、その世界のうちには、aとbと関係することでこの二つの対象の間に関係的性質の違いを作り出せるような対象は何もない、という事実である[9]。したがって、この世界においてaとbは、単に内在的性質だけでなく、関係的性質に関しても完全に一致していることになる。よって、「完全にそっくりな複数の個物が存在する」という可能性はやはり否定しがたく、その可能性を許容できない以上、普遍者の束説を維持するのは難しいように思われる。

[8] さらに同様の主旨の反論として、「aと同一である」のような性質を認めればaとbは容易に区別できる、というものがありうる。だが、いま目指されているのは個物以外のものによって個物を分析することなのだから、個物の同一性を前提したこのような性質に訴えることはできない。

[9] もちろんこのような可能世界でも、問題のaとbは、何らかの関係的性質（たとえば、「三メートルの距離に球体がある」といった性質）をもつことはできる。だがここでのポイントは、この可能世界でaとbがもちうる関係的性質の中には、その片方だけがもつことで両者の差異を作り出す性質は一つもないという点である。

6-3 基体説

前節では、個物の分析を目指す一つの立場として普遍者の束説を導入し、この立場が「完全にそっくりな個物の可能性」に関して問題を抱えることをみた。こうした問題点を受け、一部の哲学者たちは次のように論じる。たしかに、私たちの経験において個物は、諸々の性質がひとまとまりになったもの、つまり性質の束として与えられるだろう。だが普遍者の束説の誤りは、このような個物の「与えられ方」を、そのまま額面どおりに個物自身の「あり方」だと信じてしまった点にある。完全にそっくりな複数の個物の可能性を否定できない以上、私たちは、個物は単なる性質の集まりに尽くされるという束説の主張を拒否しなくてはならない。そして代わりに、個物は性質に加えて、それ以上の何かを構成要素として含んでいることを認めねばならない。

では、ここで言われる「何か」とは何か。明らかにそれは、何らかの性質の一つでもなければ、性質の複合体でもない。なぜなら、もしこの「何か」が性質ないし性質の複合体なのだとしたら、それを性質の束に加えたとしても、得られるのはふたたび新たな性質の束であり、前節の問題は解決されないことになるからである。よって、

[1]「基体」は英語では「substratum」と表わされる。またそれは、通常の具体的個物とは異なり、一切の性質をその身からはぎとられているという意味で、「裸の個別者」とも呼ばれる。Cf. G. Bergmann. *Realism: A Critique of Brentano and Meinong*. Wisconsin University Press, 1967, pp. 22-23.

個物の構成要素として新たに加えられるべき「何か」は、性質とは根本的に異質な存在者でなければならない。実際、このような「何か」を想定する哲学者たちは、それを性質と対極におかれるものとして、つまり様々な性質を所有し、それらを担うところの**基体**として理解してきた。彼らによれば、基体とは、その本性のうちにいかなる性質的要素も含まず、一切の性質から独立の同一性をもった「純粋な」担い手である[1]。そしてこうした基体の各々は、それぞれ別個の担い手として、いくつかの性質をとりまとめると同時に、それぞれが担う性質の束を互いに区別されたものとする[2]。

こうして一部の論者によれば、個物は諸々の性質に加え、「基体」という存在者を含んだ複合物として分析されるべきである。たとえば、ここにある一個のトマトは、〈赤さ〉や〈丸さ〉や〈二〇〇グラム性〉といった諸々の普遍者に加え、それらを担っている一つの基体を含んだ複合物として分析されることになる。以下では、このような仕方で個物の分析を試みる立場を、**基体説**と呼ぶことにしよう[3]。

基体説の利点

基体説には、たしかにいくつかの利点がある。第一に基体説は、普遍者の束説が許容できなかった「完全にそっくりな複数の個物」の可能性を難なく許容できる[4]。例として、前節でも登場した個物aとb——黄色く、球形で、他のすべての特性に関しても等しい二つの球体——をもう一度考えよう。基体説によれば、たしかにaとbは、

[2] 次の論文にも基体に好意的な叙述がある。佐藤徹郎「『もの』と性質——基体概念をめぐって」、『科学から哲学へ——知識をめぐる虚構と現実』、春秋社、二〇〇〇年、一六一—一九〇頁。

[3] 基体説は、伝統的にロックに帰される（cf.『人間知性原論』、第二巻・第二三章・第四節）が、アリストテレスの「第一質料」の概念にその起源がたどられることもある（cf.『形而上学』Z巻・第三章）。
現代における基体説の支持者としては次が挙げられる。前掲アームストロング『現代普遍論争入門』、第五章; C. B. Martin, "Substance Substantiated," *Australasian Journal of Philosophy* 58, 1980, pp. 3-10; J. P. Moreland, *Universals*, McGill Queen's Press, 2001, ch. 6-7.

[4] Cf. 前掲 Loux, *Metaphysics*, pp. 101-104.

〈黄色さ〉や〈球形性〉といった普遍者のすべてを共有しているが、このことは決して、aとbが同一であることを意味しない。なぜなら、aとbのそれぞれには、これらの普遍者を担う数的に別の基体が含まれているからだ。つまり基体説によれば、質的には完全に同一な束であっても、別々の基体に担われることで、別々の個物の構成要素となりうるのである。

第二に基体説は、【6-1】で個物の一般的特徴として挙げた「変化可能性」の説明においても力を発揮する。[5] この点もまた、普遍者の束説との対比を通じて明らかにできる。例として、このトマトは五日前には緑色だったが、現在は赤いとしよう。この場合、次のように言うことは問題なく正しいように思われる。すなわち、この変化はあくまで「変化した」と言われる当のトマトにとって生じたことなのだから、この変化の主体であるトマトは、その前後を通じて同一の個物として存続しているはずだ、と。だが、普遍者の束説がこの直観を尊重できるかどうかは、実のところかなり疑わしい。普遍者の束説によると、いま言った状況は、〈緑色性〉を含んだある普遍者の束が五日前に存在していて、〈緑色性〉の代わりに〈赤さ〉を含んだある束が現時点で存在している、という状況として解釈される。しかしここで問題は、五日前の束と現在の束は、同一の存在者ではないという点だ。なぜなら、一般に「束」がものの集まりにすぎない以上、異なる構成要素を含んだ束は、異なる束でしかありえないからである。よって普遍者の束説は、ここで一つのトマトに生じたはずのことを「同

[5] Cf. 前掲 Loux, *Metaphysics*, p. 93.

一物の変化」として理解することができない。むしろここで生じたのは、ある存在者が（緑色性を失うことで）存在しなくなり、それと入れ替わりに別の存在者が存在し始めた、ということでしかない。これはいかにも奇妙な見解ではないだろうか。[6]

これに対して基体説は、ここで生じたのが「同一物の変化」であることを認めるのにより有利な状況にある。そのことを理解するには、次の二つの点に注意すればよい。第一に、基体説論者は、このトマトに含まれている基体は、〈緑色性〉と〈赤さ〉の入れ替わりに関係なく、文字どおり同一のまま存続しているのだと主張できる。なぜなら前述のように、基体は性質から独立した純粋な担い手であり、自らが担うところの性質の入れ替わりによってその存続が左右されるものではないはずだからだ。そのうえで第二に、基体説論者は、このトマトと同一視されるべき複合物全体の同一性は、まさにその基体によって与えられているのだと主張できる。なぜなら、これも前述のように、この複合物を構成している諸要素のなかで、それを他のものから区別されたこの複合物としているのはまさに基体なのであり、この複合物は自らの同一性をもっぱらその基体に負っていると言えるからである。つまり比喩的に言えば、ここで基体は、いわば原子や細胞における「核」のようなものとして、それを含む複合物全体の同一性と存続を決定しているというわけだ。[7] したがって基体説論者は、このトマトと同一視されるべき複合物は、〈緑色性〉と〈赤さ〉の入れ替わりにもかかわらず――まさにこの基体が同一のまま存続している限りにおいて――、それ自身同一のま

［6］ ただし次の【6－4 トロープの束説】では、（トロープの束説に即してではあるが）普遍者の束説からこの反論にどのように応答できるかをみる。

［7］ この比喩は次に負っている。P・サイモンズ「個別の衣をまとった個別者たち」、柏端達也ほか編訳、『現代形而上学論文集』、勁草書房、二〇〇六年、二五一―三〇一頁。
もっとも、サイモンズ自身は基体説を支持しているわけではない。サイモンズの立場は、次の【6－4】で取り上げる。

ま存続しているのだと主張できる。

基体説に対する懸念

このように基体説には、普遍者の束説にはなかったいくつかの利点がある。しかしこの立場に対しては、特に「基体」を想定することの是非に関していくつかの懸念が表明されてきた。ここではそのうちの主要なものを二つみていこう。

第一の懸念は、認識論上のものだ[8]。先に確認したように、基体はそれ自身いかなる性質でもなく、またいかなる性質もその本性のうちに含まない「純粋な担い手」とされている。だがここから帰結するのは、基体は、私たちの経験や認識に決して与えられないということではないだろうか。というのも、私たちの認識は、常に何らかの性質の把握に存するはずだが、基体はまさにそうした把握可能なものを一切含まないとされているからである。しかし、このような仕方で原理的に認識の及びえないものを認めることは、「この世界は究極的には私たちの知りえない何かからできている」という一種のオカルト主義に与することと大差ないのではないだろうか。要するに、基体説においては、前節でみた普遍者の束説の利点、すなわち、個物についての認識可能性を確保できるという利点が失われてしまっているようにみえる[9]。

第二の懸念は、基体の「本質」に関するものだ[10]。基体説によれば、基体はその本性のうちに一切の性質的要素を含まない、性質とはまったく独立な存在者である。しか

[8] Cf. 前掲 Loux, *Metaphysics*, p. 90, 104; 前掲アームストロング『現代普遍論争入門』、第四章・第一節; 前掲サイモンズ「個別の衣をまとった個別者たち」二七九頁。

[9] ただしこの懸念に対しては、前掲 Moreland, *Universals*, pp. 150-151 で応答が試みられている(前掲 Loux, *Metaphysics*, pp. 104-105 にも言及がある)。

[10] Cf. 前掲 Loux, *Metaphysics*, pp. 121-123; 前掲坂下「もの/こと、個体/普遍」、七九―八〇頁。

し、このような見解はそもそも整合的なものだろうか。少なくとも一見したところ、基体は、いくつもの性質を自らにとって本質的なものとしてもつようにみえる。たとえば基体は、「自己同一的である」や「個別的である」、「性質の担い手である」などの性質をもつだろうし、さらには「性質から独立である」という性質ももつだろう。これらの性質はどれも、基体が基体である以上必然的にもたざるをえない本質的な性質であり、基体の存在はこれらの性質から決して独立ではないようにみえる。

では、もし基体説がこの点で一歩譲り、基体はいくつかの本質的性質をもつことを認めたとしたらどうか。たしかにその場合には、基体説は一見したところの不整合から解放されるだろうし、先に述べた認識論的な懸念も同時にいくらか和らぐことになるだろう。しかしこの場合の問題は、今度は基体それ自身が、いくつかの本質的性質から構成された性質の複合体とみなされねばならなくなるように思われることだ。というのも、基体の本質的性質は、すべてあわさることで、基体が「何」であるかを完全に決定するものであり、基体の存在はまさにそれらの性質によって構成されていると言いうるはずだからである[11]。だが本節のはじめでもみたように、これは基体説にとって致命的な一歩でしかない。なぜなら、もし基体がいくつかの性質からなる複合体にすぎないのだとすれば、それを性質の束に加えたとしても、得られるのは再び新たな性質の束に過ぎなくなってしまう――よって、前節でみた普遍者の束説の問題は解決されないことになってしまう――からである。

[11] このような議論を拒否するため、基体説論者は、基体の性質を表わすものとして上で挙げられた「個別的である」や「性質の担い手である」などの述語には、対応した性質が存在するわけではない、と論じるかもしれない。しかし、このように主張する場合、彼らは、実在する性質に対応する述語とそうでない述語の間に線引きをするという困難な課題を抱えることになる（cf. 前掲 Loux, *Metaphysics*, p. 106）。この点については、前章の【5-3 普遍者にまつわる問題点】も参照のこと。

6-4 トロープの束説

ここまで、普遍者の束説と基体説という二つの立場を検討してきた。歴史的にみても、これらは個物の還元的分析のため提案されてきた二つの代表的な立場なのだが、それぞれの立場に難しい問題があることは、これまでの議論で明らかになったと思う。このような状況を受け、一部の哲学者たちは、「個物の存在論的還元」という課題設定がそもそもの誤りだったのだと論じる。すなわち彼らによれば、「個物」というカテゴリーは他のカテゴリーによって分析されるべきものではなく、還元不可能で基礎的なものとして受け入れられるべきである。そして、本章の冒頭で挙げられたような個物の一般的特徴も、他の何らかの事実によって説明されるべきものではなく、世界についての探求の出発点としてそのまま受け入れられるべき基礎的事実である。[1]

たしかにこうした見解は、可能な選択肢の一つだろう。そして前節までの議論をみた読者のなかには、このような見解に共感を覚えるひともいるかもしれない。しかしもちろん、この見解をとる場合私たちは、個物とその特徴についての理解を常識よりも一歩先に進める、というはじめの目標を放棄することになる。[2] 私たちは本当に、こ

[1] こうした見解は、特に「新アリストテレス主義者」と呼ばれる哲学者たちによって支持されている。この立場の概要は次で知ることができる。前掲 Loux, *Metaphysics*, p. 107f.; E. J. Lowe, *Four Category Ontology*, Oxford University Press, 2006.

[2] もちろん、ここで意味されているのは、個物の存在論的還元という目標のことであり、これを放棄したからといって、個物にまつわる一切の探究を放棄することになるわけではない。個物に関する他の問題については本書の終章でも触れる。

の目標を放棄すべきなのだろうか。近年の一部の哲学者たちによれば、実際のところその必要はない。そしてそう主張するために彼らが訴えるのは、「性質の束説」の一形態として【6-2】で示唆した**トロープの束説**である。そこでこの最後の節では、このトロープの束説という立場にどの程度の見込みがあるかを検討してみよう。

トロープの束説と完全にそっくりな個物の問題

まず確認しておくと、トロープとは、「個別的性質」として特徴づけられる存在者である。[3] つまりそれは、たとえばここにあるトマトだけがもち、このトマトのある場所だけに存在している「この個別的な赤さ」や「この個別的な二〇〇グラム性」などのものである（このトマトの赤さトロープは、それとそっくりな色合いをしたあのトマトの赤さトロープと数的に区別される存在者であることに注意）。そして、いま問題のトロープの束説によれば、個物はまさにこうしたトロープからなる束に他ならない。つまりこの立場によれば、たとえばここにある一つのトマトは、赤さトロープや丸さトロープ、二〇〇グラム性トロープ等々からなる一つの束として分析される。[4]

たしかに、このようなトロープの束説をとるならば、普遍者の束説にとって問題だった「完全にそっくりな個物の可能性」を認めることには何の問題もなくなる。例としてもう一度、完全にそっくりな二つの黄色い球体aとbを考えよう。トロープの束説によれば、これらの個物は、単に一つの構成要素に関して異なった複合物として分

[3] トロープについてより詳しくは、【5-4 唯名論と質的同一性】を参照。

[4] トロープの束説は、前掲サイモンズ、「個別の衣をまとった個別者たち」で積極的に擁護されている。この立場を擁護する他の代表的な文献には次のようなものがある：D. C. Williams, "The Elements of Being I," *The Review of Metaphysics* 7, 1953, pp. 3-18; K. Campbell, *Abstract Particulars*, Blackwell, 1990; A-S. Maurin, *If Tropes*, Kluwer Academic Publishers, 2002, ch. 6.

析できるだけではない（前節の基体説のように）。むしろ球体aとbは、いかなる構成要素も共有しないまったく別の複合物として分析される。なぜなら、トロープの束説において束の要素とされるトロープは、そもそも複数の個物に共有されうるような存在者ではなく、よってたとえば、aの黄色さトロープとbの黄色さトロープは、互いにそっくりではあるが数的には別々の存在者だからである。

変化の問題再び

だが、普遍者の束説にはもう一つ、「変化」に関する問題があった。そしてこの問題は、単に普遍者の代わりにトロープを束の要素とするだけでは解決されない。そのことは、前節でみた普遍者の束説への反論が、ほぼそのままトロープの束説にも当てはまることからわかる。前節と同じく、五日前は緑色だったこのトマトが現在は赤くなっているとしよう。普遍者の束説と同様トロープの束説においても、この状況は次のように解釈される。すなわち、五日前には緑色性トロープを含んだ一つの束が存在していたが、現在では赤さトロープを含んだ別の束が存在している、と。つまりトロープの束説においても、この状況で生じたのは、ある束がその要素の一つを失うことで存在しなくなり、代わりに別の束が存在し始めたということでしかない。だがこれは、こうした状況を「同一物の変化」と捉える私たちの直観に反している。

この反論に対しては、主として二つの応答が試みられてきた。ただし先に注意しておくと、以下でみる二つの応答は、必ずしもトロープの束説だけに開かれたものではない。同様の応答は、普遍者の束説からもなされうるし、実際なされてもきた。とはいえ、私たちはすでにトロープの束説が普遍者の束説より見込みのありそうな立場であることを確認したので、以下ではトロープの束説に即してその応答をみていこう。

一つ目の応答は、「同一物が変化する」という直観を額面どおり救うことはあっさり諦めたうえで、個物の性質変化という現象を別の仕方で描き直そうとするものだ[5]。この方針をとる論者たちは、以下のように論じる。たしかにトロープの束説に従えば、先のトマトの例で生じたのは、あるトロープの束と別の束との入れ替わりであって、同一物の存続ではない。しかし、このことをもってトロープの束説を拒否しようとするのはあまりに性急だ。なぜならトロープの束説は、私たちが通常「変化を通じて同一に留まる個物」とみなしているものを、必ずしも単一の束として分析する必要はないからである。むしろトロープの束説は、通常そうみなされているものを、いくつものトロープの束からなる系列として分析することができる。先のトマトの例で説明しよう。いま言った考えに従えば、通常私たちが変化を通じた同一物とみなしている「このトマト」は、何らかの単一の束として分析されるべきものではない。むしろそれは、緑色性トロープを含んだ一つの束、その代わりに赤さトロープを含んだ別の束、さらに別の要素が入れ替わった三つ目の束、等々といったいくつもの束から構成された一つの系列に他ならないのだ。このような仕方で個物をトロープの束の列と同

[5] この立場は次の論文において、(特に普遍者の束説に即して)擁護されている。A. Cassulo, "A Fourth Version of the Bundle Theory", *Philosophical Studies* 54, 1988, pp. 125–139. 同論文の一節でカッスーロも示唆しているように、変化と持続の現象への束－列説のアプローチは、「四次元主義」という立場と本質的な関連をもつ。四次元主義については前掲サイダー『四次元主義の哲学』を参照。

一視する立場は、「トロープの束－列説」と呼ばれうるだろう[6]。

明らかに、このトロープの束－列説に従えば、たとえば、「五日前の緑色のトマト」と「現在の赤いトマト」が指すものは、厳密な意味では同一の存在者ではない（それらはせいぜい、一つの系列を構成する別々の束だ）。だが、少なくとも日常的には、これらのものが「同一」とされていることは確かだろう。このことはいったいどう説明できるのだろうか。トロープの束－列論者によれば、その答えは次のようなものだ。すなわち、日常的な意味で「同一」とされるトロープの束の間には、時空的・質的な連続性や因果関係などによる、ある自然な結びつきが成り立っている。そして、厳密な意味では同一でないトロープの束たちも、まさにこうした自然な結びつきのゆえに、日常的で緩やかな意味においては「同一」と呼ばれているのである。

このような立場は、たしかに可能な選択肢の一つだし、実際少なからぬ支持者をもっている（普遍者の束説論者を含め[7]）。だが、「五日前の緑色のトマトと現在の赤いトマトは、厳密な意味で同一の存在者だ」という直観はそう簡単に手放してよいものだろうか。これを手放すことは、「変化した」と言われる当の主体の存在を否定することであり、引いては、変化という現象そのものを否定することではないだろうか。

おそらくはこうした考慮にもとづき、一部の束説論者は、変化の問題に対する第二の方針を提案している。それは、前節でみた基体説の考えをとり入れることで、「同一物の変化」という直観をできるだけ保持しようとするものだ[8]。多少長くなるが、最

[6] 束説を擁護するという文脈とは異なるが、ここで束－列説と呼んだのと本質的に同じ立場は次でも提示されている。R・M・チザム『人と対象——形而上学的探究』、中堀誠二訳、みすず書房、一九九一年、第三章。

[7] Cf. 前掲 Russell, *Human Knowledge*, N. Goodman, *The Structure of Appearance*, 3rd edition, Reidel Publishing Company, 1977, pp. 104-106.

[8] この立場は、前掲サイモンズ「個別の衣をまとった個別者たち」で、「核説 nuclear theory」という名のもと擁護されている（特に邦訳二八二頁以下で）。そこでサイモンズ自身述べているように、彼の立場はフッサールの『論理学研究』から着想を得たものである。（フッサールについては、第7章のコラム「フッサールと現代形而上学の関係」を参照のこと。）

後なのでもう少しお付き合い願いたい。この第二の方針をとる論者たちの考えは、以下のように再構成できる。「緑色だったトマトと赤いトマトは同一の存在者だ」という直観を救うため、基体説は、基体がもつ次のような特徴に訴えていた。すなわち、(i)緑と赤のような性質の入れ替わりに関係なく同一のまま存続でき、(ii)自らを含んだ複合物全体の同一性を決定する、という二つの特徴である。要するに基体説は、いわばこの基体を「核」とする構造体として個物を分析することで、問題の直観を保持しようとしていたわけだ。だが実のところこの作戦は、基体を認めずとも、トロープの束説の枠内で十分実行できる。そのためにはただ、このトマトと同一視すべきトロープの束は、「本質的トロープからなる中心部」と「それ以外のトロープからなる周辺部」という二層の構造をもつ、と考えればいい[9]。このうち、一方の中心部に当たるのは、このトマトの本質的性質のトロープ——たとえば、「ナス科性トロープ」や「有機物性トロープ」——から構成される比較的小さな束であり、他方の周辺部には、このトマトを構成するそれ以外の（偶然的性質の）トロープ——たとえば、「赤さトロープ」や「二〇〇グラム性トロープ」——が配置される。そして明らかに、こうした二層構造をもった束としてこのトマトを分析すれば、私たちは基体説と同様の仕方で、「同一のトマトが変化した」という直観を保持できるようになる。なぜなら、ここでいう「中心部」は、基体説において基体が果たしていたのとまったく同じ役割を果たせるからだ。具体的に言うと、まずこの中心部は、緑色性トロープや赤さトロー

また次の論文では、普遍者の束説の枠内で同様の立場をとる可能性が示唆されている。J. Van Cleve, "Three Versions of the Bundle Theories", *Philosophical Studies* 47, 1985, pp. 95-107.

[9] この立場の提唱者であるサイモンズは、これらの部分をそれぞれ「核 nuclear」と「周縁 periphery」と呼んでいる。とはいえ、こうした空間的な表現はあくまで比喩であることには注意しておこう。たとえば、「中心部」にあるナス科性トロープは、トマトの空間的な中心部（種のあたり？）に局在しているわけではないだろうし、「周辺部」にある二〇〇グラム性トロープも、その空間的な周辺部（皮のあたり？）に局在しているわけではないだろう。

プを含んでいないのだから、(i′)それらの入れ替わりに関係なく同一のまま存続できる。またこの中心部は、このトマトの本質を完全に規定しているのだから、(ii′)この中心部の同一性は、このトマトと同一視されるべき複合物全体の同一性を完全に決定すると言える。よって私たちは、このトマトと同一視されるべき複合物は、緑色性トロープと赤さトロープの入れ替わりにもかかわらず——まさにこの中心部の存続によって——、それ自体同一のまま存続しうると主張できる。

　このようにトロープの束説には、変化の問題に答えるための方針が少なくとも二つある。だがもちろん、以上の議論から、個物の存在論的還元という課題がこの立場によって達成されたと結論するのは気が早い。第一に、ここまで私たちは、個物と同一視される「束」の本性には立ち入らずにきた。しかし、いくつかの性質が単なる寄せ集めではなく真正の統一体（個物はまさにそうした統一体だ）を構成するためには、何らかの統一原理が必要なはずである。その統一原理がどんなものかを明らかにすることは、束説の重要な課題として残されている。[10]第二に、個物の特徴を本当にこの立場で説明し切れるのかどうかも、いまだ未知数である。もとより本章で扱ったのは、個物の基本的特徴のごく一部にすぎないし、実際にはそのなかにさえ説明をこばむ何らかの要因が隠されているかもしれない。[11]本章のはじめにみたように、一般に「還元」は正当な動機をもった尊重すべき試みだが、他の多くの還元の試みと同様、個物の存在論的還元も、いまだ私たちにとって一つの挑戦であり続けているのだ。

[10]　Cf. 前掲坂下「もの／こと、個体／普遍」、八一頁以降。この問題に対し、たとえば前掲サイモンズ「個別の衣をまとった個別者たち」では、「存在論的依存」ないし「存在依存」という関係こそがこの統一原理である、という立場が提案されている。依存関係については、本書の第7章と第8章を参照のこと。

[11]　たとえば【6-2 普遍者の束説】でみたように、普遍者の束説は、当初は「類似性」の説明に問題を抱えるようにはみえなかったにもかかわらず、その極限事例（完全な類似性）に関して問題を抱えていた。これと同様のことは他の立場にも十分起こりうるだろう。直前で変化の問題に答えられるようにみえた核説にも、個物の実体変化（生成・消滅）に関しては問題が指摘されている。Cf. A. Denkel, "On the Compresence of Tropes," *Philosophy and Phenomenological Research* 57, 1997, pp. 599-606.

第7章 存在依存

7-1 存在依存の基本

存在論の課題と「依存」関係

存在論とは「何が存在するのか」という問いに答えようとする形而上学の基礎分野である。すでに第5章で検討した「普遍者としての性質は存在するのか」という問いをはじめ、「心は存在するのか」、「数は存在するのか」、「現実世界とは異なる可能的な世界は存在するのか」（第3章）などの問いはすぐれて存在論的な問いである。

しかしながら、存在論の課題はそうした個々の問いに答えることに留まるわけではない。「世界に存在するものはどのような秩序をもつのか」、言い換えれば「何が基本的な存在者であり、何が派生的な存在者（基本的な存在者に依存する存在者）であるのか」を記述することもまた、存在論の重要な課題である。これはいわば存在者の優先順位《プライオリティ》に関わる問いである。

依存という概念は、こうした存在論の課題にとって極めて重要な役割を果たしてきたにもかかわらず、それ自体として論じられるようになったのはごく最近のことであり、今なお形而上学の全体的な見取り図において中心的な地位を獲得しているとは言いがたい。この章では、古くて新しい主題であり、なおかつその重要性に見合った扱いを受けてこなかった依存概念そのものに焦点をあてる。私たちはこの概念の有用性の一端を示すとともに、それを正確に把握しようとする際に生じる問題点のいくつかを明確にしたい。

存在依存

私たちは日常生活の中で、様々な「依存」に言及している。「アルコール依存」、「恋人への心理的依存」、「親への経済的依存」等々。「A子はアルコールに依存している」と述べられるとき、それは「A子はアルコールなしにストレスや虚無感から抜け出すことができない」ことを意味するかもしれないし、また「B氏は彼の親に経済的に依存している」と述べられるとき、それは「B氏は親の金銭的援助なしに生活を維持することが困難である」ことを意味するかもしれない。こうした「依存」は、たしかに哲学的解明を必要とする概念であるかもしれないが、さしあたりこの論考の考察範囲には含まれない。ここで考察されるのは「**存在依存**」と呼ばれる依存関係である。[1] それは、前述の生理学的（心理学的）な依存や経済的な依存といった、ある領域に固有の関係というよりは、むしろ多くの領域において成立しうる一般的な関係である。この「領域中立的」という意味において、存在依存関係は**形式的‐存在論的関係**の一つだと考えられている。[2]

[1]「存在依存」は"existential dependence"の訳である。論者の中には"ontological dependence"（「存在論的依存」）という用語を採用する者もいるが、この章ではこれらを同義の語と捉えている。

[2]「形式的‐存在論的関係」は"formal-ontological relation"の訳である。略して「形式的関係」と呼ばれることが多い。部分関係、例化関係、内属関係などは形式的関係の典型である。

「αはβに存在依存する」と言われるとき、それはさしあたり次のことを意味する。すなわち、「βが存在することなしにαは存在しない」。あるいは「βが存在するときにのみ、αは存在する」。

哲学的諸概念と存在依存

なぜ存在依存が問題となるのか。この聞き慣れない関係が考察の中心となることを訝しく思う人も多いだろう。こうした疑念に対して、次の点を繰り返し強調しておこう。存在依存は、それ自体主題化されることはなくとも、「存在者の秩序（優先順位）を記述する」という存在論的課題において重要な役割を担うとともに、哲学の基礎的諸概念を規定する際にもたびたび使用されてきた。それだけではない。次の第8章で明らかになるように、この関係は「カテゴリーの個別化」という課題にとっても根本的な役割を果たす。

　伝統的諸概念の規定に関する例を挙げてみたい。**実体**という概念はアリストテレス以来、様々な批判に晒されつつも、依然として哲学の基礎概念の一つだと見なされている。一般的に、実体は「世界の基本的な存在者」であると解されるが、そもそも「基本的である」（ベーシックである）とはいかなることであろう。もっとも有力な解釈に従えば、それは「他の何ものにも依存しない」（独立している）ということを意味する。この解釈が正しいとすれば、実体は「他の何ものにも依存しないようなもの」、換言すれば「それが存在するために他の何かの存在を必要としないもの」と規定されることになる。このように存在依存は実体概念の把握において重要な役割を果たすように思われる。

　この種の規定が説得力をもつことは、「基本的でない存在者」を考えてみるときいっそう明らかになるかもしれない。「今年の流行（トレンド）はミニスカートである」と言われるとき、たとえ流行なるものの存在を認める人であっても、それが「基本的な存在者」であるとは考えないであろう。「流行が基本的な存在者ではない」ということはいかなることか。それは、流行の存在が他の何らかの対象の存在に依存するということに他ならない。おそらくこの例においては、個々のミニスカートやそれを買う多数の人間が存在しなければ、流行そのものも存在しないということになろう。ゆえに流行は、基本的でない存在者、すなわち「非実体」であるとされる。

性質（あるいは**属性**）という概念もまた、存在依存を用いて規定されることが多い。なぜならば、しばしば性質は「それを担う何かに依存するもの」と規定されるからである。この規定が正しいとすれば、性質は「非実体」（基本的でない存在者）である。[3]

　さらに存在依存は、哲学的立場そのものの規定にも頻繁に現われる。**観念論**（の一つのヴァージョン）は、「世界そのものが私たちの主観／意識／心に存在依存する」と説く立場として捉えられる。この立場が正しければ、私たちの主観／意識／心なし

［3］　もちろんこの規定に異を唱えることは可能である。たとえば第6章では、実体（個物）を性質の束に解消してしまう立場が検討された。この立場が正しければ、性質こそが基本的なものであろう。

に、世界は存在しないということになる。反対に、（素朴な）**実在論**によれば、世界は私たちの主観／意識／心に依存することなく存在する（独立して存在する）。[4] ゆえに観念論と実在論もまた存在依存によって理解されると言えよう。

このように存在依存関係は、存在者の秩序を記述すると同時に、哲学の重要な諸概念や立場の規定そのものの中に頻繁に現われてきた基礎概念である。他にも様々な例を挙げることができるが、この概念の有用性を把握するという目的にとってはこれで十分であろう。

標準的な定義

これまで私たちは存在依存の直観的な理解に訴えながらその有用性ないし重要性に言及してきた。ここでもう少し厳密にこの概念を理解してみたい。

存在依存の標準的な定義は以下のようになされる。[5]

（ED）αはβに存在依存する ⇕ 必然的に、αが存在すればβも存在する。[6]

「αが存在すればβも存在する」は、同値の命題「βが存在しなければαも存在しない」（対偶）や「βが存在するときにのみαも存在する」（"only if"を用いた書き換え）として理解しても構わないが、この定義に現われる「**必然性**」については若干の

[4] ここでの実在論（realism）は観念論（idealism）に対立する立場として理解される。これに対し、第5章で検討された実在論は、「普遍者に関する実在論」（realism about universals）、すなわち普遍者の実在を説く立場であり、いわゆる唯名論（nominalism）と対立する立場である。

[5] P. Simons, *Parts: A Study in Ontology*, Oxford University Press, 1987, ch. 8 などを参照。

[6] 式に現われる「⇕」は定義（必要十分条件）を表わす記号として用いる。

説明を加えておく必要があろう。存在依存はαとβとの偶然的な関係ではない。すなわち、αが存在するところにβも存在するということが今までたまたま成り立ってきたことを意味するものではない。そうではなく、この関係は「αは存在するにもかかわらず、βが存在しないことは不可能であること」を意味する必然的な関係である。第3章で検討した**可能世界**という概念装置を用いて言い換えれば、「αは存在するのにβは存在しないという可能世界はない」（すべての可能世界において、「αが存在すればβもまた存在する」ことは真である）ということになろう。ここでの可能世界は私たちの現実世界と同じ自然法則に支配されている必要はなく、その意味において（ED）ではいわゆる「形而上学的な必然性」が問題となる。

定義（ED）をいくつかの事例に即して考えてみよう。まず、この赤さやこの丸さといった**個別的性質**について考えてみる[7]。一般的に、個別的性質はその特定の担い手なしに存在することができないと言われる。たとえば、このカーテンの赤さはこのカーテンなくして、存在することはできない。しかも、このことは必然的に成り立つと考えられる（このカーテンが消滅してしまったのに、その赤さだけが存在し続けるということは形而上学的に不可能である。すなわち、このカーテンの赤さが存在するならばこのカーテンも存在することは必然である）。ゆえに（ED）に従い、「このカーテンの赤さはこのカーテンに存在依存する」と言われる。これは妥当であるように思われる。いま逆に、このカーテンはこのカーテンの赤さに存在依存するのかと問うて

[7] しばしば個別的性質は「トロープ」と呼ばれる（第5章および第6章を参照）。ただし、多くの現代形而上学者たちがトロープを「基本的な存在者」と見なすのに対し、この第7章ではそうした見解を採用しない。ゆえに以下では「トロープ」の代わりに「個別的性質」という用語を使うことにする。

みよう。もし存在依存関係が成り立つとすれば、このカーテンの特定の赤さが消滅してしまえば、このカーテン自体も存在しなくなることになる。しかしこれは奇妙であろう。なぜならば、私たちはカーテンが日に焼けて鮮やかな赤さを失ったとしても、このカーテン自体はなお存続しうると考えるからである。ゆえに、「このカーテンはこのカーテンの赤さに存在依存しない」。

普遍的性質（普遍者）に関してはどうだろうか。一般的に、普遍的性質はある特定の担い手に存在依存しない性質として捉えられる。というのも、たとえば「赤さ一般」（赤性）なるものは、それをもつ特定の個体（このリンゴやあの郵便ポスト）が消滅したとしても存在し続けることができるからである[8]。

[8] ここでは赤性（普遍的性質）が、その特定の担い手に存在依存しないことが主張されているだけであり、すべての赤い対象が消滅したとしても赤性が存在しつづけると主張されているわけではない。私たちは第8章においてこの問題をふたたびとりあげることにしたい。

7-2 依存関係のいくつかの下位区分

一方的な存在依存と相互的な存在依存

存在依存関係を多様な文脈において考察する際に、それをきめ細かく区分することは有益である。まずは、**一方的な存在依存と相互的な存在依存**との区分を検討してみよう。

一方的な存在依存（Unilateral Dependence）
（UD）αはβに一方的に存在依存する ⇔ αはβに存在依存する＆βはαに存在依存しない。

相互的な存在依存（Mutual Dependence）
（MD）αとβは相互的に存在依存する ⇔ αはβに存在依存する＆βはαに存在依存する。[1]

［1］こうした相互依存を認めない立場もある。つまり、存在依存は本質的に非対称的であると考える立場である。（「αがβに存在依存すれば、βはαに存在依存しない」を公理として採用する立場。）cf. E. J. Lowe, *The Possibility of Metaphysics*, Oxford University Press, 2001, ch. 6 など。

前述した個別的性質のその担い手への依存は一方的な存在依存である。というのも、このカーテンの特定の赤さはこのカーテンに存在依存するが、このカーテンはその特定の赤さに存在依存しないからである。これに対し、妻という役割と夫という役割は相互に存在依存しあうように見える。なぜならば、妻という役割は夫という役割なしに存在しえず、またその逆も成り立つと思われるからである。[2] もちろん、このことは親と子の役割、教師と生徒の役割にも当てはまるであろう。

直接的な存在依存と間接的な存在依存

直接的な存在依存と**間接的な存在依存**との区分もまた有益である。この区分を**美的性質**に即して考えてみよう。

もっともよく知られた美的性質と言えば、「美しい」・「醜い」という述語で表現される二つの性質（美と醜）であろう。むろんこれらの性質の他にも、「調和的である」、「優雅である」、「躍動感のある」、「コントラストが効いている」、「感傷的である」、「単調である」、「活気がある」など実に様々な述語によって表現されうる性質を私たちは知っている。さしあたり美的性質が実際に存在するのかという問題は措いておき、ここではその存在を仮定したうえで、次のような問いを提出したい。もしそうした性質が存在するならば、それらはどのようなあり方をしているか。ごく控えめに言っても、美的性質がその担い手とされる対象（たとえば、個々の芸術作品）から離

[2] この種の依存関係を「概念的依存」（notional dependence）と捉え、存在依存と区別する立場もある。だが、役割（ロール）そのものを存在者として見なせば、役割同士は互いに存在依存関係に立ちうると考えることができる。

れて存在することはないであろう。また、常識的に捉えるならば、美的性質は、個々の絵画や彫刻の基本的な性質（典型的にはそれらの物理的性質）に存在基盤をもつように思われる。私たちの言葉で言えば、美的性質は、それよりも基本的な性質に存在依存するのである。

これらの諸性質は依存関係に応じた階層を形成する。一例を挙げれば、調和的であるという性質は、より基本的な物理的性質（かたちに関する構造的性質など）に依存する。つまり、そうした物理的性質なしに調和性は存在することができない。しかし同様に、優雅であるという高次の美的性質は、調和的であるという性質なしに存在することができないかもしれない。この分析が正しいとすれば、調和的であるという性質は何らかの物理的性質に直接的に存在依存するのに対し、優雅であるという性質は当該の物理的性質に間接的に存在依存することになろう。このことを一般化すると次のような定式が得られる[3]。

直接的な存在依存（Direct Dependence）

（DD）αはβに直接的に存在依存する ⇔ αはβに存在依存する＆αが存在依存し、βに存在依存するようなγは存在しない。

［3］一方的／相互的依存、直接的／間接的依存といった区別は、フッサールが『論理学研究』第三研究の中で論じたものである。ただしフッサールは「基づけ」という用語も同時に用いている。その現代的な解釈に関しては、たとえば B. Smith, "Acta Cum Fundamentis in Re," *Dialectica*, Vol. 38, N2-3, 1984: 157–178 などが参考になる。

間接的な存在依存（Indirect Dependence）

（ＩＤ）αはβに間接的に存在依存する ⇕ αはβに存在依存する＆αはβに直接的に存在依存しない。

平たく言えば、直接的な依存では、依存するものと依存されるものとのあいだに「中間項」は存在しないのに対し、間接的な依存では、「中間項」が存在するということになろう。このように存在依存をきめ細かく区分することによって、依存関係に基づく諸性質の階層を明確にすることができると考えられる。

他の例としては、心的作用（状態）の階層が挙げられる。たとえば「Ａ氏が妻の浮気現場を見たことを後悔している」とき、Ａ氏の後悔という心的作用は、おそらくＡ氏の想起（浮気現場を見たことを思い出す）という心的作用に依存する。さらにこの想起という作用は、Ａ氏の知覚（浮気現場を見る）という作用に依存する。この分析が妥当だとすれば、Ａ氏の想起はＡ氏の知覚に直接的に存在依存し、Ａ氏の後悔はＡ氏の知覚に間接的に存在依存することになる。

コラム　フッサールと存在依存

存在依存についての現代的な考察の萌芽は初期フッサールの著作の中に見出すことができる。現象学の祖であるフッサールと、主に英語圏で展開されている現代形而上学（分析的形而上学）との繋がりを訝しく思う読者もいるかもしれないが、分析哲学の起源を若きフッサールらが活動した「中央ヨーロッパ」に求める哲学史観は徐々に受け入れられつつある（M・ダメット『分析哲学の起源』、野本和幸ほか訳、勁草書房、一九九八年）。

フッサールは『論理学研究』（立松弘孝ほか訳、みすず書房、一九六八―一九七六年）、とりわけその「第三研究」において、「断片」と呼ばれる独立的部分と「モメント（契機）」と呼ばれる非独立的部分を区分し、後者に関する形式的存在論を展開するために「基づけ」（Fundierung）という形式的関係を導入した。この基づけ関係こそが、本章で論じた存在依存関係の原型である。フッサール理論の特徴は、基づけという存在依存関係をメレオロジー（全体と部分の理論）の枠内で論じたことにある。フッサール自身は、この「第三研究」を、来るべき「全体と部分に関する純粋理論」のためのスケッチとして捉え、次のように述べている。「われわれがここで念頭においている純粋理論を実際に成就するには、すべての概念を数学的な精密さをもって定義し、諸定理を形式的論証によって、すなわち数学的に演繹しなければならないだろう」（「第三研究」第24節）。実際に、「第三研究」では六つの「公理」が提案され、そこからいくつかの定理が導出されるなど、「純粋理論」への布石が敷かれた。また、フッサールのスケッチから厳密な公理系を作ろうとする現代哲学者たちの研究も存在する（G. T. Null, "A First Order System for Non-Universal Part-Whole and Foundation Relations", 1983. 及び K. Fine, "Part-Whole", 1995. など）。

フッサールにおける基づけ（存在依存）概念の重要性を再評価し、現代的な議論を喚起する出発点となったのは、おそらくB・スミスが編集した『部分とモメント（*Parts and Moments*）』（1982）という画期的な論文集であろう。そこには、基づけ概念と深く関連するフッサールのメレオロジーに関する論文も含まれている。この論文集の公刊以降、分析的形而上学者たちの一部は、自らの研究と初期現象学あるいはオーストリア哲学との歴史的・概念的な繋がりを自覚するようになったと言える。

7-3 存在依存の定義に関する問題点とその解決策

「自己依存」の問題

実のところ、これまで私たちが前提してきた存在依存の標準的定義（ED）にはいくつかの問題点が指摘されている。手始めに比較的取り組みやすいと思われる問題から見ていきたい。ここでもう一度、（ED）を復習しておこう。

（ED）αはβに存在依存する ⇔ 必然的に、αが存在すればβも存在する。

最初に指摘すべきは、（ED）がいわゆる自己依存を許すという点である。（これは$\alpha=\beta$のケースにおいて生じる。）あまりに自明で詰まらない例ではあるが、このテーブルが存在すればこのテーブルが存在することは必然的に成り立つ。（ED）に従えば、「このテーブルはこのテーブルに存在依存する」ことになる。これに何ら困難を見出さない立場もあるとはいえ、この自己依存を許してしまえば、あらゆるものが「依存的対象」になってしまうことは明らかであろう。念のために**依存的対象**を定義しておくと次のようになる。

（DO） αは依存的対象である ⇕ αが存在依存するものが少なくとも一つ存在する。

依存的対象に加え、非依存的対象（独立的対象あるいは実体）が存在することを主張する哲学者たちは、この問題を解決するために、「αはβと同一ではない」という条件を（ED）の定義項に付け加える。

（ED1） αはβに存在依存する ⇕ αとβは同一ではない&必然的に、αが存在すればβも存在する。

このように手直しすれば、あらゆるものは「自己依存」するがゆえに「依存的対象」であるという帰結を避けることができる。

複合的対象の問題

二番目の問題は、αの位置に複合的対象が入るケースにおいて生じる。たとえば、私たちにとって身近な個別者（このテーブルやあの人間など）は、複数の部分から成る複合的対象である。こうした複合的対象が存在すれば、その任意の部分もまた存在することは必然的に成り立つように見える。このテーブルが存在すればこのテーブルの任意の部分（平らな板や四つの脚など）もまた存在することは、一見するともっともらしい。もしこのことが正しければ、「このテーブルはその任意の部分に存在依存する」ことになる。しかし、はたしてこれは妥当であるのか。

まず、そうだとすれば今検討している身近な個別者（伝統的な形而上学が「実体」の典型例として挙げてきたもの）はすべて依存的対象になってしまう。むろん、ここには何の困難もないと考える哲学者もいる。こうした哲学者たちによれば、実体が世界の基本的な存在者であり、それは「他の何ものにも存在依存しないもの」だと捉えられるならば、身近にある複合的な個別者は実体の候補から外されるというだけの話である。それでは彼らにとっての「実体」とは何か。それはいかなる部分ももたない単純なものということになろう。ライプニッツのモナド（単子）はその候補の一つかもしれないし、より現代的な視点から言えば、原子核を構成するいくつかの素粒子は、それ以上分割することができないと（現時点で）考えられているがゆえに、「実体」の名にふさわしいのかもしれない。

次に――こちらの方がより深刻な問題だが――複合的対象がその任意の部分に存在依存するとすれば、その部分が一つでも欠けてしまえば、複合的対象という全体もまた存在しなくなるということになる。「A氏が存在すれば、A氏のすべての部分もまた存在する」が必然的に成り立てば、その対偶「A氏の少なくとも一つの部分が存在しなければ、A氏もまた存在しない」も必然的に成り立つと考えれば分かりやすいかもしれない。だがA氏は、彼の部分である片腕を失えば存在しなくなってしまうのか。あるいは、胃の一部分を摘出してしまえば、A氏はもはや存在しなくなるのか。私たちの日常的な信念に従えば、A氏はそれでも存在し続ける。

とはいえ、日常的な信念がつねに妥当であるとは限らない。一部の形而上学者たちは、どんなに微細な部分であれ、ある部分を欠いてしまえば元の全体は存続できないと考える。全体はそのすべての部分を必然的にもつというわけである[1]。彼らによれば、ある部分の欠如や交換という変化に耐えて「同一の個別者（全体）」が存続するという信念は、私たちの日常的な言語使用に由来する誤謬に他ならない。こうした形而上学者たちに従えば、「複合的対象はその任意の部分に存在依存する」は正しい。

ここで複合的対象についてしばしば言及される難題を一挙に解決することは困難である。しかしながら、少なくとも存在依存の標準的な定義（ED）に、若干の手直しを加えることによって、伝統的な形而上学を尊重しつつ、身近な個別者（このテーブルやあの人間）を、単純な対象（素粒子など）とともに、世界の基本的な存在者（非依存的対象）に分類することは可能である。また、私たちの「常識」を保持しつつ、身近な個別者を、その部分の変化に耐えて存続しうる対象として捉えることも可能である。私たちは（ED）の修正版である（ED1）に、さらに次の制限を付け加える

[1] チザムはこうした立場（「メレオロジカルな本質主義」）に立つことで知られる。R・M・チザム『人と対象』、中堀誠二訳、みすず書房、一九九一年、付録B。

ことを提案する。すなわち「βはαの部分ではない」という制限である。

（ED2）αはβに存在依存する ⇕ αとβは同一ではない&βはαの部分ではない&必然的に、αが存在すればβも存在する。

この（ED2）の利点は、複合的対象がその部分に存在依存することをあらかじめ排除することにある。したがって、複合的対象も「非依存的対象」（基本的な存在者ないし実体）の候補となりうる。（ただし、直ちにこのことからあらゆる複合的対象は「非依存的対象」であることが帰結するわけではない。）それに加え、（ED2）を採用すれば、「複合的対象はその部分の変化に耐えて存続することはできない」という「非常識」な帰結を回避することもできる。たとえば、A氏は自身の胃を摘出したからといって存在しなくなるわけではない。

以上の議論は、実体をめぐる形而上学的論争が、存在依存関係をいかに理解するのかという問いと深く関わっていることを如実に示している。

7-4 必然性と本質

当惑させる諸事例

この節で検討したい問題は、前節における二つの問題よりもずっと手ごわい。一部の形而上学者はこの問題を解決するために、これまで検討してきたような存在依存の標準的な定義およびその修正版そのものを放棄してしまうほどである。私たちとしては、この難問を抜本的に解決するというよりは、むしろ困難の在りかを正確に把握し、解決の糸口をつかむことに主眼を置きたい。

いまナポレオンとナポレオンを唯一のメンバーにもつ集合｛ナポレオン｝について考えてみる。ナポレオンが存在すれば、｛ナポレオン｝もまた存在することは必然であるように思われる。[1]（ED）が正しければ、当然、「ナポレオンは｛ナポレオン｝に存在依存する」ことになる。だが、直観的に捉えればこれは奇妙である。私たちは、むしろ｛ナポレオン｝という集合こそがナポレオンというメンバーに存在依存すると考えているのではなかろうか。

もう一つの当惑させる事例を挙げておこう。それは（ED）のβの位置に、「**必然**

[1] これはあくまでも集合論が正しければ、という仮定のもとでの話である。しかし、ある対象が存在すれば、その対象のみをメンバーとする集合もまた存在すると考えることは、現代の数学教育（あるいは集合論のある種の「権威」）に慣れきってしまった私たちにとって、それほど奇妙なことではなかろう。ただし念のために、空集合や単元集合（単一のメンバーから成る集合）といった「集まり」を認めず、二つ以上の対象から成る集まりのみを認めるオルタナティヴ理論（メレオロジー）が存在することを付言しておく。

的存在者」が入るケースである。必然的存在者とは、偶然的存在者とは異なり、すべての可能世界に存在している対象として理解される。ナポレオンが存在している（存在していた）のはたんなる偶然である（ナポレオンは存在しないことも可能であった）のに対し、数２のような対象はたまたま存在しているのではない。（ふつう私たちは、数２は存在するけれども、それが存在しないことも可能だったとは考えない。）つまり、それはすべての可能世界に存在している必然的存在者である。

さて、こうした必然的存在者を想定したとき、「ナポレオンが存在すれば、数２も存在する」は必然的に成り立つであろう。なぜならば、ナポレオンが存在するにもかかわらず、数２が存在しないような可能世界はないからである。言い換えれば、すべての可能世界において、「ナポレオンが存在すれば、数２も存在する」は真である。（ＥＤ）が正しければ、当然のことながら、「ナポレオンは数２に存在依存する」ことになる。しかし、いくら「論理的には妥当である」などと意地を張ってみたところで、これを認めるわけにはいかないだろう。この種の「依存」を容認することは存在依存の理解そのものを放棄することに等しい。

こうした困難を（ＥＤ１）や（ＥＤ２）といった（ＥＤ）の「修正版」に訴えて解決することはできない。すでに見たように（ＥＤ１）は存在依存から「自己依存」を除外する定義であったが、ここでは自己依存が問題になっているわけではない。（ナポレオンと{ナポレオン}は同一ではなく、ナポレオンと数２も同一ではない。）また（ED2）は、（ED1）に「部分への存在依存」を禁ずるという制限を加えた定義であったが、ここでは全体と部分が問題となっているわけではない。（｛ナポレオン｝はナポレオンの部分ではなく、数2もナポレオンの部分ではない。）それではどうすればよいのか。

一つの提案として、βの位置に｛ナポレオン｝といった集合や数2といった抽象的・必然的存在者が入ることを禁止するのはどうであろう。しかし、この提案の支払うべき代償は大きい。私たちは｛｛クレオパトラ｝、｛ナポレオン｝｝という集合が、そのメンバーの一つである｛ナポレオン｝という集合に存在依存すると正当に述べうるし、また数2を唯一のメンバーとする｛2｝という集合が数2に存在依存すると述べることもできよう。提案された制限は、集合や数といった抽象的対象ないし必然的存在者に関するこうした依存関係をあらかじめ排除することになってしまう。

本質に訴える——解決への糸口

この厄介な問題の解決に関しては、ややテクニカルな対処が要求される。それを詳細に論じることは本章の目的を逸脱してしまうだろう。とはいえ、何らかの「方針」を示しておく必要はある。その方針とは、大雑把に言えば、依存するものαの**本質**ないし**本性**に訴えるものである[2]。

先の例に戻って考えてみよう。「ナポレオンは数2に存在依存する」と言われると

［2］K. Fine, "Ontological Dependence," *Proceedings of the Aristotelian Society*, Vol. 95, 1995: 269–290.

き、あるいは「ナポレオンは｛ナポレオン｝に存在依存する」と言われるとき、私たちがそうした「依存」を受け入れがたいと考えるのはなぜか。たしかに前者のケースについては、ナポレオンと数2とのあいだには何の関連性もないという理由が挙げられよう。けれども「関連性」というのはやや曖昧である。もしかするとナポレオンは数2をこよなく愛しており、両者のあいだには何かしらの「関連性」があるかもしれない。むろんこれはたんなる「詭弁」であるとしても、「関連性の欠如」という理由は、後者のケースにはまったく通用しない。なぜならば後者のケースにおいて、ナポレオンと｛ナポレオン｝とのあいだには立派な関連性があるからだ。したがって、関連性の有無はここでのポイントではない。

それでは次のように考えてみればどうか。ナポレオンをメンバーとしてもつことは、｛ナポレオン｝という集合の本質（本性）に属するのに対し、｛ナポレオン｝のメンバーであることは、ナポレオンの本質（本性）に属するわけではない。したがって｛ナポレオン｝はナポレオンに存在依存するとしても、その逆（ナポレオンは｛ナポレオン｝に存在依存する）は成り立たない、と。ここから推測されるのは、「αがβに存在依存する」とは、「αが存在すれば、αの本質に従って、βもまた存在する」という意味に他ならないということである。（別様に言えば、「βが存在するときのみαが存在するのは、αの本質的性質のおかげである」。）この方針が正しければ、αからβへの本質的な繋がりがないケースを存在依存関係から排除できるだろう。たとえば、ナポレオンが存在すれば数2も存在することは必然であるかもしれないが、ナポレオンの本質に従って、数2も存在しなければならないというわけではない。それに対し、このチョークの白さが存在すればこのチョークも存在することは、このチョークの白さという個別的性質の本質に従って、そうでなければならない。（つまり、このチョークの存在はこのチョークの白さの本質に属する。）

このように必然性の代わりに本質を用いて（ＥＤ）を完全に書き換えてしまう立場もある。さらにテクニカルな対拠もあるが、私たちの目的からすればこれ以上煩瑣な議論を続けることは得策とは言えないだろう。[3] さしあたり、この節で見たような困難に対し、必然性とは区別される本質概念に訴えることによって解決の糸口をつかむ方策があることを理解できれば十分である。

［3］（ＥＤ）における存在依存を「同一性」の依存と読み替える立場もある。E. J. Lowe, *The Possibility of Metaphysics*, Oxford University Press, 2001, ch. 6.

7-5 存在依存と付随性

非還元主義

この章を閉じるにあたり、今まで考察してきた存在依存という概念を、現代形而上学のメイン・ストリームの中でしばしば論じられる同種の概念（付随性）と比較することによって、存在依存の根本性格をさらに明確に把握することを試みたい。

冒頭でも述べたとおり、存在依存関係は、「何がより基本的であり、何が派生的なのか」という存在者の秩序（優先順位）を記述する際に有用となる形式的関係である。一般的に、存在依存を重視する存在論は**非還元主義**の立場をとることが多い。言い換えれば、それは、依存されるもの（より基本的なもの）に加えて、依存するもの（派生的なもの）の存在を容認する傾向をもつ。この態度は、還元主義的な態度、すなわち「最も基本的なもの（典型的には物理的対象）のタームを用いて、派生的なものを説明する・定義する」という態度とは大きく異なる。

ところで、存在依存関係と同様に、**部分関係**もまた非還元主義的存在論にとって有用な形式的関係である。というのも、部分関係は粒度（きめの細かさ）の異なる様々な存在論（たとえば、生物学の存在論、化学の存在論、物理学の存在論など）の間に成立する関係を記述できるからである。部分関係を用いることによって、非還元主義は、粒度の細かい存在論がコミットする対象（素粒子、原子、分子など）に加え、粒度のより粗い存在論がコミットする対象（細胞、臓器、生体など）も等しく容認することができる。しかしながら、心的な過程にコミットする存在論と脳生理学の存在論との関係を記述する際に部分関係を用いることができるであろうか。あるいは抽象的対象にコミットする存在論と物理学の存在論との関係を記述する際に部分関係を用いることができるであろうか。残念ながらそうは思われない。心的過程は生理的過程の部分ではなく、またそれを部分としてもつわけでもない。同様に、抽象的対象は物理的対象の部分ではなく、またそれを部分としてもつわけでもない。つまりこれらの存在論はたんに粒度の違いによって区分されるわけではない。部分関係とは異なり、存在依存関係は、いわば質的に異なる複数の存在論を横断しうる関係である。

付随性という概念

「付随性」と呼ばれる概念もまた、存在依存に類似する役割を果たすと考えられる[1]。一般的に付随性は次のように規定される。

（S）A性質はB性質に付随する ⇔ B性質に関する差異なしに、いかなる二つの

[1]「付随性」は"supervenience"の訳語である。最近では「スーパーヴィーニエンス」（その動詞形「スーパーヴィーンする」）と片仮名で表記することが多くなっている。

ものもA性質に関して異なることはありえない。

簡単に言えば、「Bの違いなくしてAの違いはありえない」ということである。ここでの「A」および「B」は、性質または性質の集まりを指す。しばしば現代の形而上学者たちは「心的なものは物理的なものに付随する」という言い方をするが、それは「物理的性質の違いなしに心的性質の違いはありえない」ことを意味する。たとえば、「痛み」のような心的状態およびそれに関連する心的性質を考えてみよう。痛みは脳のある物理的状態によって生じると考えられているが、いま二人の人間が同じ脳の状態にあるのならば、彼らは痛みという同じ心的状態になくてはならない。つまり、同じ脳の状態にあるにもかかわらず、二人が異なる心的状態にあることはありえない。これはいったん脳の状態（性質）が固定されれば、心的状態（性質）も固定されるということに他ならない。これより付随性はある種の依存関係であることが推測される。つまり、「AはBに付随する」という関係は「AのBへの依存」を含意するように思われる。

付随性を論じる形而上学者たちは、「AはBに付随する」という関係を「主題中立的な関係」であると考えている。[2] これは私たちの言うところの「形式的（-存在論的）関係」に等しい。実際彼らは、付随性を、意識や志向性などを主題とする心の哲学と、脳の生理学的プロセスを主題とする脳科学との関係を記述する道具立てとし

[2] J. Kim, "Supervenience, Emergence, Realization, Reduction," in M. J. Loux and D. W. Zimmerman (eds.), *The Oxford Handbook of Metaphysics*, Oxford University Press, 2005, ch. 18: 558ff.

て、あるいは生体の機能を主題とする生物学と物理的‐化学的プロセスを主題とするより基礎的な科学との関係を記述する道具立てとして捉えている。そしてこの領域横断的な道具立てそのものを考察することは形而上学の重要な課題の一つであるとされる。

付随性と存在依存が重なる理由はそれだけではない。付随性概念が現代形而上学に導入されることになった動機の一つは、還元主義へのアンチテーゼであった。つまり、「還元」という概念を用いることなしに、諸科学の関係、あるいはそれらがコミットする対象の階層関係を記述するという動機の下に、付随性が論じられるようになったのである。この意味においても、付随性は依存性との親和性をもつ。

付随性と依存性との分岐点

しかしながら、これら二つの概念はある地点において分岐することも否定できない。付随性を重視する論者たちの多くは、心的性質や美的性質や道徳的性質が、たとえ物理的性質によって明示的に定義されえないとしても、それによって決定されると考えている。「自然主義」や「物理主義」という立場が、付随性概念と強く結びつくのはこのためである。[3] こうした論者たちの立場は、「他の何ものも付け加えないこと」(Nothing-over-and-abovery) というスローガンに端的に表われている。[4] つまり「AはBに付随する」と言われるとき、「AはBに加えて存在するようなものではない」

[3] 自然主義や物理主義は必ずしも「還元主義」の立場をとる必要はない。

[4] ジャクソンはこうした立場に立つ形而上学者の一人である。F. Jackson, *From Metaphysics to Ethics: A Defense of Conceptual Analysis*, Oxford University Press, 1998.

（A is nothing over and above B）ことが含意されているのである。Bが物理的なものであれば、存在するのはB（物理的なもの）のみであり、それに付随するAは物理的世界に付け加わるものではない。

それに対し、存在依存を論じる形而上学者たちはこうした自然主義的・物理主義的傾向から自由である。「AはBに存在依存する」と言われるとき、彼らは「Bが存在するときにのみAが存在する（ことは必然である）」と述べているだけであり、Bに加えて、（非物理的対象でありうる）Aが存在することを否定するわけではない。たとえ彼らにとって、物理的対象こそが最も基本的な存在者であるとしても、それらに依存して存在する「依存的対象」もまた実在世界を構成する存在者の一つなのである。

存在依存という概念が、存在者の秩序を記述するに際して、また伝統的形而上学の諸概念を理解するに際して、極めて重要であることは、この章においてある程度確認できたのではなかろうか。もちろん、探究の対象となる概念が基礎的であればあるほど、それを正確に規定することは難しい。（この困難に関しては、不完全なかたちではあるが、そのいくつかを論じたつもりである。）だが、そうした困難にもかかわらず（あるいはそうした困難ゆえに）存在依存という概念それ自体についての考察は、一つの興味深い形而上学的主題を形成する。次章（第8章）において、私たちはこの概念をさらに細かく見ていくことにより、それが、伝統的形而上学が明らかにしえなかった存在者の把握にも貢献しうることを示したい。

第8章 人工物の存在論

8-1 人工物のあり方

はじめに

存在論の第一の課題は「何が存在するのか」という問いに答えることである。だが存在論者は、この白いイヌが存在し、あの円いテーブルが存在し、白さや円さも存在するといったように、個々の存在するもの（あるいは存在すると考えられるもの）を枚挙するわけではない。その代わりに、彼らは存在するものが属する最も高次の類、すなわち**カテゴリー**のリストを作成しようとする。この意味において、存在論とは「カテゴリー論」である。

この章では、まず「人工物」と呼ばれる存在者の特異なあり方（存在様態）の分析から話を始め、次に伝統的形而上学のカテゴリー体系がそうした存在者を適切に記述しえないことを指摘する。続いて私たちは、A・トマソンの理論を参照しながら、第7章で扱った存在依存関係をきめ細かく区分することを提案した後、そこで得られた存在依存の下位区分を用いて、伝統的なカテゴリー体系を拡張することを試みたい。この新たに拡張された存在論には、従来の形而上学が十分な仕方で考察しえなかった存在者に適切な位置を与える表現力が要求されるとともに、既存のカテゴリーに関してもそれらをより正確に把握することが期待される。最後に、私たちは、人工物を具体的に分析する過程の中で得られた、存在論そのものについての理論的省察を簡潔にまとめ、この章を閉じることにしたい。

人工物の多様性

日常生活の中で私たちが慣れ親しんでいる多くのものは「**人工物**」である。たとえば、私の目の前にあるテーブル、灰皿、ノートパソコン、携帯電話、通りを往来する自動車、壁に掛けられた絵画、遠くのスピーカーから聞こえてくる音楽作品など数え始めればきりがない。一般的に、人工物は「ある目的にしたがって意図的に作られたもの」と規定され、岩や木々といった「**自然物**」と対比されるが、それはいわゆる「もの」に限定された仕方で理解されるわけではない。人工物の中には、今しがた挙げた工業製品、工芸品、芸術作品の他にも、貨幣、大学、会社、国家、法などの制度的対象、さらには虚構のキャラクターといった文化的対象まで含まれる。このように捉えるならば、「人工物」は極めて多様な諸対象を包括する概念であると言えよう。

タイプとしての抽象的人工物

手始めに、プリウス（自動車）という工業製品を考えてみよう。プリウスは、一方で、道路を走行する鉄とガラスの塊として、すなわち一つの物理的対象として理解されるが、他方で、そうした個々の物理的対象とは区別される**タイプ**（車種）そのものとして理解される。「ヨウコは二台のプリウスを所有している」と言われるとき、私たちは「プリウス」を前者（哲学者たちはそれを「**トークン**」と呼ぶ）の意味で解している。それに対し、「トヨタは来年、二つの新たなプリウスを市場に投入する」と言われるとき、私たちは「プリウス」を後者（すなわちタイプ）の意味で理解するだろう。というのも、そこで「二つ」と数え挙げられているのは、トークン（物理的対象）としての自動車ではなく、タイプ（抽象的対象）としての自動車であると思われるからだ。

こうした分析は芸術作品の一部にも当てはまる。たとえば文学作品は、個々の冊子や朗読（読書）といった物理的対象や出来事によって具体化されるとはいえ、それらを作品そのものと同一視することはできない。なぜならば、そうした物理的対象や出来事の消滅は、必ずしも作品それ自体の消滅を意味しないからである。同様に音楽作品は、その個々の演奏や聴取といった出来事、また楽譜などの物理的対象とは異なる抽象的性格をもつ。演奏や聴取は一度限りの出来事であり、同じ演奏や聴取は二度と繰り返されないのに対し、音楽作品（タイプ）自体は、同一のものとして、複数の異なる演奏によって何度でも反復されうる。楽譜に関しても、音楽作品の存在はその楽譜の存在を含意しない（つまり、楽譜をもたない音楽作品も存在するし、また楽譜の廃棄は必ずしも作品そのものの消滅を意味しない）以上、それを作品と同一視することはできない。

このように人工物の中には、それ自体が物理的なものである「具体的人工物」とは区別される抽象的なもの——これを「抽象的人工物」と呼ぼう——が含まれているように思われる。こうした抽象的人工物のあり方を分析することは現代存在論にとっての大きな課題である。

作者の志向的作用と人工物

人工物は「意図的に作られたもの」である。このことは、波の浸食等によって長い年月をかけて作られた「芸術的な岬」が人工物ではないことを意味する。ある彫刻作品（それがどんなに「平凡」なものであっても）を「芸術的な岬」から区別するものは、それを制作する者の何らかの心的活動である。私たちはそれを「**志向的作用**」（信念、意図、願望など創作に関わる一切の心の働き）と呼ぼう。こうした理解が正しいとすれば、人工物はその作者の志向的作用に依存する仕方で存在し始めるということになる。言うまでもなく、これは自然物には見られない特徴である。

使用者あるいは受容者の志向的作用の役割

人工物が依存するのはその作者の志向的作用だけであるとは限らない。貨幣という人工物について考えてみよう。いま私のポケットの中に一枚の紙切れが入っている。この紙切れはすでに一つの人工物である。しかしながら、それが貨幣であるためには、ある共同体の成員たちによって「それは貨幣である」ことが信じられ、あるいは承認されていなければならない。もし何らかの危機的な状況において、私たちがもはやそれを貨幣とは見なさなくなったとき、紙切れという対象は存続しても、貨幣という対象は存在しなくなるだろう。言い換えれば、信念や承認といった私たちの「**集団的志向性**」なしに、貨幣は存在しえないのである。木々や岩といった自然物は、私たちの信念や承認から独立して存在しうる。つまり自然物は、私たちがそれらについて何らかの信念をもとうがもつまいが、またそれらを承認しようがしまいが、それ自体として存在することができる。ところが貨幣は、私たち使用者がそれを貨幣だと信じる・承認するときにのみ存在する。しかも貨幣の存在は、ある意味で「客観的な事実」として私たちの世界の一部を形成しているように思われる。考えてみればこれは不思議なことである。むろんこのことは貨幣に限ったことではない。ほぼすべての制度的対象は貨幣に似たあり方をしていると言えよう[1]。

　貨幣の例は、人工物の存在がそれを使用する者の志向的作用に依存することをうまく示しているが、この種の分析は芸術作品にも当てはまるだろう。前述のとおり、芸術作品はその存在を、作り手の志向的作用に依存するが、それと同時に芸術作品は自らの存在を、その受容者（鑑賞者）にも負うと考えることができる。たとえば、文学

［1］貨幣をはじめとする制度的対象、とりわけ制度的事実に関しては、John Searle, *The Construction of Social Reality*, Free Press, 1995 が詳細な存在論的分析を行なっている。

作品はそれが書かれたところの言語を理解する人間が死に絶えてしまえば、もはや存在しつづけることはできない、といったように。

「受容理論」と呼ばれる美学上の立場は、こうした見解をさらに発展させた理論として捉えることができる[2]。この理論によれば、文学作品は作者によって創られるだけでなく、その受容者によっても「創られる」。もはや作品は自立し完結した存在者ではなく、本質的に不完全なものであり、それを理解し解釈する読者や批評家の志向的作用に支えられることによってはじめて存在し始める。このことは、従来作者に帰されていた「創造」に関する特権的な地位が消失することも含意する。むろん受容理論という枠組みは、文学作品だけでなく、あらゆるジャンルの芸術作品に適用可能である。私たちが第7章で導入した道具立てを用いれば、その骨子は「芸術作品はその受容者の志向的作用に存在依存する」と表現されるであろう。

[2] H・R・ヤウス『挑発としての文学史』（轡田収訳、岩波現代文庫、二〇〇一年）を参照。ヤウスは「受容理論」の先駆者として、ポーランドの哲学者R・インガルデンの名前を挙げている。このインガルデンこそ、本章に基本的なアイディアを与える哲学者である。

8-2 伝統的カテゴリー体系の不十分さ

具体的なものと抽象的なもの

伝統的形而上学におけるカテゴリー体系は、前節でそのあり方を素描した人工物に適切な位置を与えることができるのか。私たちにはそれが困難であるように思われる。なぜであろう。まず、存在するものを「具体的なもの」と「抽象的なもの」というカテゴリーに二分する典型的な存在論を見てみよう。この種の存在論では、時空間のうちに位置をもつものが「具体的なもの」に属し、時空間のうちに位置をもたず、生成も消滅もしないものが「抽象的なもの」に属するとされる。しかしこのカテゴリー区分は、抽象的人工物の位置づけを困難にしてしまう。というのも、抽象的人工物は、たしかに空間的な位置をもつことはないが、少なくとも時間的な位置はもつように思われるからだ。タイプとしてのプリウスや、タイプとしての《幻想交響曲》は、人間によって創造されたものである限り、時間軸のどこかに位置づけられる存在者である。また、具体的なもの／抽象的なものという単純な二分法は、抽象的人工物が、具体的人工物を含む物理的対象に対してどのような関係に立つのかという問いに適切な答えを与えることができない。

物理的なものと心的なもの

次に、存在するものを「物理的なもの」と「心的なもの」というカテゴリーに二分する体系を考えてみよう。伝統的には、延長（空間的なひろがり）をもつか否かという基準に従って、これら二つのカテゴリーが個別化されてきた。つまり、延長を有するものが「物理的なもの」のカテゴリーに属し、そうでないものが「心的なもの」のカテゴリーに属するというように。あるいは別の伝統に従えば、これら二つのカテゴリーは、認識の様態に応じて、すなわち外的知覚によって（間接的に）認識されるか、内的知覚によって（直接的に）認識されるかに応じて個別化されてきた。いずれにせよこの種の体系は、抽象的性格をもつ（時間的な起源を有するが空間のうちに位置しない、また外的知覚によっても内的知覚によっても認識されない）人工物を位置づけることができないだけでなく、「物理的なもの」と「心的なもの」（ここでは志向的作用）とのいわば「中間」に位置するような人工物を適切に捉えることができない。前述したように、ある一枚の紙幣が存在するためには、紙片という「物理的なもの」の存在と、それを貨幣として信じ、承認するような集団的志向性（「心的なもの」）の存在が必要となる。物理的なもの／心的なものという単純な二分法は、こうした人工物の複雑なあり方を捉え損ねてしまうだろう。

8-3 存在依存のきめ細かな区分

歴史的依存と恒常的依存

人工物の特異なあり方を記述するためには伝統的カテゴリー体系の拡張が要求される。この節ではそのための下準備として、第7章で論じた存在依存という概念をさらに細かく区分する作業を行なうことにしたい。

ここでもう一度、存在依存の標準的な定義を確認しておこう。

（ED）αはβに存在依存する ⇔ 必然的に、αが存在すればβも存在する。[1]

この定義（ED）は時間への言及を一切含まない。すなわち（ED）の定義項は「必然的に、時点tでαが存在すれば、tよりも前に、またはtと同時に、またはtよりも後にβも存在する」と読むことができる。この定義は人工物の存在様態の分析にとって十分きめ細やかであるとは言いがたい。分かりやすい例で考えてみよう。「芸術作品はその創作者の志向的作用に存在依存する」と言われるとき、その依存

[1] 第7章と同様に「⇔」は定義（必要十分条件）を表わす記号とする。

は、作品が存在するあいだ絶えずその創作者の志向的作用が存在しなければならないことを意味するわけではない。あくまでも創作者の志向的作用は、作品が生成する（存在し始める）に際して決定的な役割を果たすにすぎない。これに対し「貨幣はその使用者たちの志向的作用に存在依存する」と言われるとき、その存在依存は、貨幣が存在するときには常に使用者たちの志向的作用も存在しなければならないことを意味する。この違いを表現するためには、トマソンに倣って存在依存（ED）を**歴史的依存**と**恒常的依存**とに区分する必要がある。[2]

歴史的依存（Historical Dependence）

（HD）αはβに歴史的に依存する ⇕ 必然的に、αが存在するならば、βはαが存在し始める時点よりも前に、またはその時点と同時に存在する。[3]

恒常的依存（Constant Dependence）

（CD）αはβに恒常的に依存する ⇕ 必然的に、αが存在するならば、βはαが存在するすべての時点において存在する。

虚構のキャラクターという人工物を例にとろう。川端康成の小説『眠れる美女』の主人公である江口老人は川端康成の創造的な志向的作用に歴史的に依存している。と

[2] Amie. L. Thomasson, *Fiction and Metaphysics*, Cambridge University Press, 1999, ch. 2.

[3] 以下では、「存在依存する」を単に「依存する」と記すことにする。したがって「歴史的に依存する」は「歴史的に存在依存する」の略記である。

いうのも、江口老人というキャラクターが存在するならば、当然、川端康成の志向的作用はそれが存在し始める時点よりも前に、あるいはその生成と同時に存在しなければならないからだ。しかし、江口老人はたとえ川端康成の志向的作用が存在しなくなったとしても、それが登場する作品が存在する限り、存在しつづけると考えられる。一般的に、芸術作品や作品中のキャラクター（作品の構成要素）は、その作者の志向的作用に、恒常的に依存するのではなく、歴史的に依存するにすぎない。

芸術作品の物理的対象への依存に関してはどうであろう。たとえば、彫刻作品はその物理的支持体（青銅の塊など）に歴史的に依存するのみならず、恒常的にも依存すると考えられる。なぜならば、ある青銅像が存在するならばそれを「構成」している青銅の塊は、青銅像が存在するすべての時点において存在することが必然的に成り立つからである。ただし、「すべての芸術作品はその物理的支持体に恒常的に依存する」という見解には反論の余地もある。おそらく音楽作品はこの見解に対してもっともらしい反例を提供するであろう。なぜならば音楽作品は、その個々の演奏（物理的出来事）が存在しないあいだも（つまり、それが演奏されていないあいだも）存在しつづけるように思われるからである。

固定的依存と類的依存

もう一つだけ重要な区別を導入しておきたい。それは**固定的依存**と**類的依存**との区別である。この区別を必要とする理由は次の通りである。人工物の中には特定の物理的対象や特定の創作者（の志向的作用）に存在依存するものがある一方で、特定の存在者ではなく、何らかの物理的対象や誰かしらの創作者に存在依存するにすぎないものもある。具体例を挙げれば、ピカソの『ゲルニカ』という作品は特定の物理的支持体（このカンバス）に恒常的に依存し、特定の町（ドイツ軍の空爆に曝されたバスク地方の町）に歴史的に依存する。また、それはピカソという特定の画家の志向的作用（怒り、悲しみ、哀悼の意など）にも歴史的に依存するだろう。それに対し、電話という発明品は特定の創作者の志向的作用に（歴史的に）依存するようには見えない。なぜならば、たとえ電話機を発明したのがベルであったとしても、ベル以外の誰かがそれを発明していても構わなかったからである。ベルが存在しなかったとしても、遅かれ早かれ他の誰かがそれを発明していたに違いない。（実際に、ベルとは独立に電話機を発明した人物が存在する。）また、物理的対象への依存に関して言えば、たとえばアップル社のリンゴのマークといったデザインは、特定のカンバスを必要とするものではない。そうしたデザインが存在するためは何らかの物理的支持体があれば事足りる。小説作品に関しても同様の分析がなされうる。夏目漱石の『それから』が存続するためには、特定の冊子（たとえば、オリジナル草稿や初版本）が存在する必要はなく、何らかの紙媒体や磁気媒体があれば十分である。

こうした直観的な区分をやや形式的に表現するならば、次のようになろう。

固定的依存（Rigid Dependence）

（RD）αはβに固定的に依存する ⇔ 必然的に、αが存在すればこの特定のβも存在する。

類的依存（Generic Dependence）

（GD）αはβに類的に依存する ⇔ 必然的に、αが存在すれば類βに属する何らかのxが少なくとも一つ存在する。

人工物の中には、創作者の志向的作用に固定的に依存するものもあれば、それに類的に依存するものもある。私たちの通念に従えば、前者には、創作者の「個性」と分かち難く結びつけられる「芸術作品」の多くが属し、後者には、典型的には「発明品」や「製品」が属すると言えよう。（ただし、こうした私たちの通念が形而上学的に適切か否かについては、さらなる検討が必要であることを付け加えておく。）

さらに言えば人工物の中には、物理的な支持体に固定的に依存するものもあれば、類的にのみ依存するものもある。前者の典型例は絵画作品である。というのも、絵画作品はその物理的支持体としての特定のカンバスを失えば存続できないと考えられるからである。それに対し、デザイン作品は特定の支持体を失ったとしても存続することが可能である。それが存続するためには何らかの支持体がありさえすればよい。したがってデザイン作品に類するものはすべて後者に、つまり物理的支持体に類的に依存するものに属するだろう。（しかしここでも付言しておくが、ある種の常識に基づくこれらの区分はさらに精査される必要がある。[4] この点に関してさしあたり次のように述べておこう。私たちの存在論は、こうした概念区分を――それが妥当であるか否かはいったん棚上げして――適切に定式化できるだけの「表現力」を備えておかねばならない。）

人工物以外の概念への適用

歴史的／恒常的依存、固定的／類的依存は、極めて一般的な（形式的な）存在論的区分であるがゆえに、人工物以外の存在者を分析するに際にも適用可能であることが予想される。実際にそれらの区分を**普遍的性質**という概念に適用してみよう。すでに私たちは第7章の中で、基本形となる存在依存（ED）を用いて、普遍的性質をその特定の担い手に存在依存しないものとして規定した。しかしこの規定は十分なものではない。なぜならば、この規定では普遍的性質、たとえばイリオモテヤマネコであるという性質が、その実例（個々のイリオモテヤマネコ）に単に恒常的に依存しないと言われているのか、あるいは、歴史的にすら依存しないと言われているのかが分からないからである。前者のケースであれば、イリオモテヤマネコ性は個別的なイリオモ

[4] 実際ストローソンはこうした「常識」を疑い、絵画作品とデザイン作品（製品）との存在論的差異を認めない立場を支持した。ストローソンに従えば、絵画作品が特定のカンバスに固定的に依存するように見えるのは、単に現行の複製技術が満足のいく水準に達していないからである。Peter F. Strawson, *Individuals: An Essay in Descriptive Metaphysics*, Routledge, 1959/2003: 231, n.1.

テヤマネコが死に絶えた後でも存続することが可能である。しかし後者のケースであれば、イリオモテヤマネコ性の存在は、そもそも個々のイリオモテヤマネコが存在した／することを必要としない。いわばそれは「プラトン主義」的な普遍者として捉えられる。また、第7章の考察では、普遍的性質がその実例に固定的に依存するのか、それとも類的に依存するのかが明らかにされなかった。この章で導入した区分を用いれば、一般的な「アリストテレス主義」における普遍的性質は、その実例に類的に（かつ恒常的に）依存する性質として規定することができる。つまり、イリオモテヤマネコ性は特定のイリオモテヤマネコの存在を必要とするわけではなく、何らかのイリオモテヤマネコを必要とするにすぎない。ただし、イリオモテヤマネコ性が存在するためには、常に何らかのイリオモテヤマネコが存在していなければならない。

依存関係の分析を、性質とその実例（インスタンス）に限定せず、性質と物理的対象一般に拡張するのであれば話が異なってくる。ヨウコの帽子であるという性質は、その実例（ヨウコが所有している何らかの帽子）に類的に依存するが、ヨウコという人間（実例ではない物理的対象）には固定的に依存する。この種の性質は、たんなる帽子であるという性質とは異なる仕方で物理的対象に依存すると言えよう。[5]

［5］アームストロングは、特定の個別者と論理的に結びついた普遍的性質（ヨウコの帽子であるという性質）を「純粋でないタイプ」（impure types）と呼ぶ。これに対し、特定の個別者と論理的に結びつかない普遍的性質（帽子であるという性質）は「純粋なタイプ」と呼ばれる。前掲（【5‐1 普遍者の実在をめぐる論争】注［3］）アームストロング『現代普遍論争入門』。ただしアームストロング自身はこうした純粋でないタイプの存在に関しては懐疑的である。

8-4

存在依存関係を用いたカテゴリーの個別化

物理的対象への依存関係の組み合わせによるカテゴリーの個別化

私たちは、この章の冒頭で「存在論とはカテゴリー論である」と述べた。そのうえで、既存のカテゴリー体系は、複雑な存在様態をもつ人工物に適切な位置を与えないことも指摘した。以下で私たちは、存在依存関係の下位区分を組み合わせることによってカテゴリーを個別化する方法を、トマソンのダイヤグラムに即して検討し、人工物の記述にとって十分な表現力を備えたカテゴリー体系を模索することにしたい[1]。

ダイヤグラム1は、物理的対象への様々な存在依存を任意に組み合わせることによってカテゴリーを個別化した図である。四角形の外側の表示（固定的依存、類的依存など）は存在依存の様態に対応し、四角形の内側の各升目（A、Bなど）は個別化されたカテゴリーに対応すると考えていただきたい。

このダイヤグラム1の升目Aに入るのは、物理的対象に固定的・恒常的に存在依存し、かつ類的・恒常的に存在依存する対象である。Aの候補は物理的対象それ自体である。すなわち物理的対象はあらゆる意味において自分自身に存在依存する対象とし

[1] 前掲 Thomasson, *Fiction and Metaphysics*, ch. 8 を参照。

て把握される。[3] Aの対極に位置するFには、数やプラトン主義的に解された普遍的性質といったイデア的対象、すなわち物理的対象に固定的にも類的にも存在依存しない対象が入るだろう。これら両極のあいだにいくつかの可能な存在様態を見出すことができる。つまり物理的対象に何らかの仕方で依存するが、それ自体は物理的対象ともイデア的対象とも異なるあり方である。

そうしたあり方の一つであるBの升目には、芸術作品のいくつかが入ると思われる。たとえば小説作品は、その生成に関して特定の物理的対象（作者が生きた特定の物理的環境など）に固定的・歴史的に依存する。また、小説作品は、その生成の際に決定的な役割を果たした物理的対象（オリジナル草稿など）が消滅しても存在し続けることができるが、それでも何らかの物理的支持体（冊子や朗読テープなど）を常にもつ必要がある。したがって、それは物理的対象に類的・恒常的にも存在依存する。これに対し、生成の際に特定の物理的対象に依存する必要のない人工物はDの升目に入る（非固定的依存）。たとえば、ある貨幣は貝殻という物理的形態をとっても、金属という物理的形態をとっても構わなかった。ただし、その種の人工物も存在し続けるためには常に何らかの物理的支持体を必

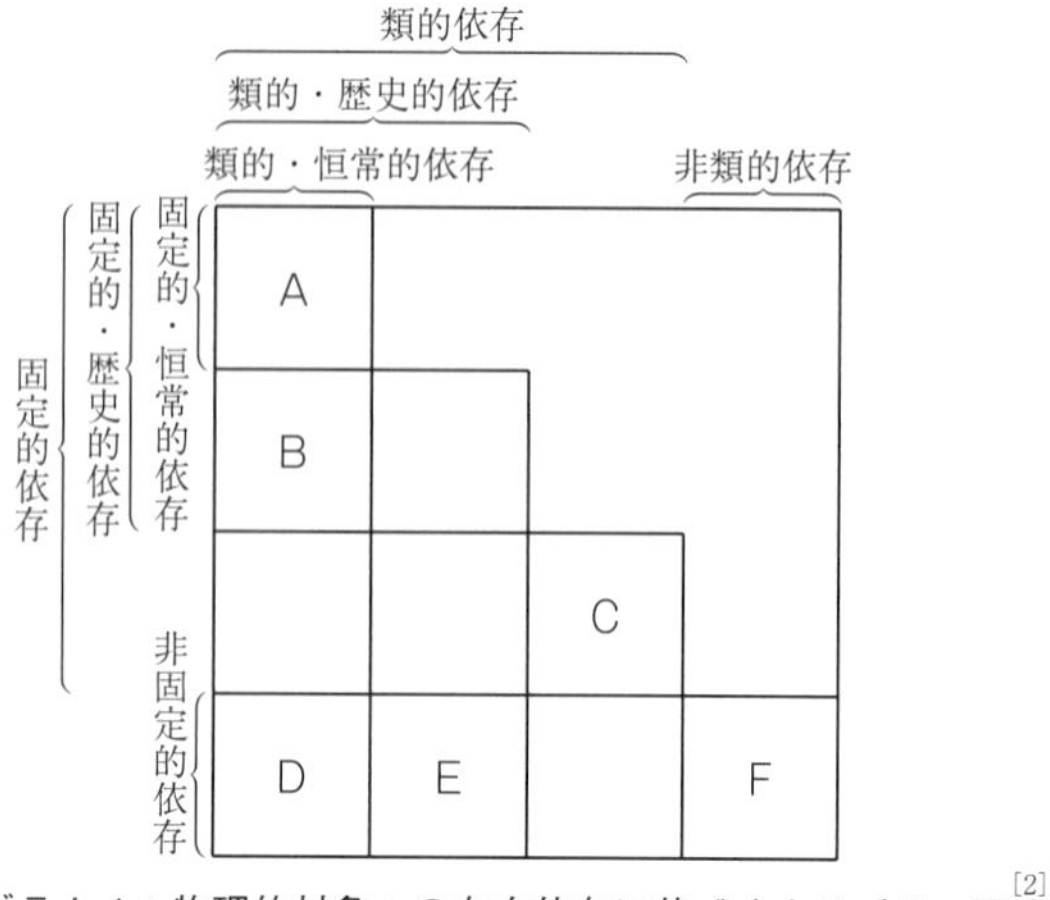

ダイヤグラム１：物理的対象への存在依存に基づくカテゴリー区分[2]

[2] トマソン自身は「リアルな対象（時空間に位置をもつ対象）への依存」という言い方をしている。

要とするに違いない（類的・恒常的依存）。

　Cの升目には、特定の物理的対象に存在依存し（固定的依存）、かつ何らかの物理的対象に存在依存（類的依存）するような対象が入る。たとえば、ヨウコの帽子であるという普遍的性質は、ヨウコという特定の人物に固定的に依存し、かつヨウコが所有する何らかの帽子に類的に依存する限りにおいて、Cの候補にふさわしい。（これはアームストロングが「純粋でない」と呼ぶ普遍的性質である。）これに対し、Eには特定の物理的対象に依存することのない普遍的性質（たとえば、帽子であるという性質）が入るだろう（非固定的依存）。だがこの種の普遍的性質も、何らかの帽子という実例に歴史的に存在依存している（類的・歴史的依存）。Eに属するのは、いわゆる「アリストテレス主義的」に解された普遍的性質であり、それはFの升目に入る「プラトン主義的」な普遍的性質とは区別される。簡単に言えば、帽子であるという性質をEのカテゴリーで捉えた場合、すべての帽子が世界から消え去れば、帽子であるという性質も存在しなくなるが、それをFのカテゴリーに属するものとして捉えると、たとえすべての帽子が消滅したとしても、帽子であるという性質それ自体は存続しうる。なぜならば、繰り返しになるが、Fのカテゴリーには、物理的対象に固定的にも類的にも存在依存しないものが属するからである（非固定的かつ非類的依存）。

［3］トマソンは存在依存の基本形式EDを採用するため、いわゆる「自己依存」は許容される（第7章での議論を参照）。当然このことは、物理的対象も含めたすべての存在者が「依存的対象」であることを帰結するが、肝心なことは、依存的対象と非依存的（独立的）対象とを区分することではなく、むしろ各々の対象が何に、どのように依存するのかを区分することである。

カテゴリー（升目）は空であっても構わない

残りの升目に関してはどのように考えればよいのであろう。それらの升目には存在するもののカテゴリーが対応することもあればしないこともある。これは一見するとたんなる「無駄」であるように見えるが、実はそうではない。なぜならば、存在論における最重要課題を「実際に存在するもののカテゴリー」の個別化ではなく、むしろ「存在しうるもののカテゴリー」の個別化として捉えることもできるからである。この捉え方に従えば、存在論は、対象の可能なあり方を体系的に記述する学である。したがって、ダイヤグラム1における升目のいくつかが空であり、それを埋めるような対象が実際に存在しなくても構わないということになる。

こうした記述を最初に試みたインガルデンによれば、「存在するものについての学」である形而上学とは異なり、存在論は「存在しうるものについての学」である。[4] さらに言えば、形而上学は「何が実際に存在するのか」を探究するのに対し、あくまでも存在論はその探究に先立つ学であり、かくして存在論は形而上学に理論的な道具立てを提供する役割を果たす。[5] インガルデンの立場に立てば、伝統的形而上学者たちのみならず、「何が実際に存在するのか」というコミットメント問題に固執する現代の論者たちもまた、存在論の重要な課題を見落としていることになろう。

[4] Roman Ingarden, *Der Streit um die Existenz der Welt*, Bd. I, Existentialontologie, Niemeyer, 1964. この著作の第6節において「存在論」と「形而上学」との違いが詳細に述べられている。しかし通常、存在論は形而上学の一分野であると見なされており、本書も概ねその慣例に従っている。

[5] オーストリアの哲学者A・マイノングも同様に、「存在するものについての学」である形而上学の限界を指摘し、認識に関わる一切の対象を包括的に探究する学としての「**対象論**」を提唱した。マイノングは、ある対象が「しかじかであること」（ある性質をもつこと）は、その対象が「存在すること」（あるいは「存立すること」）から独立していると主張した。「**独立原理**」という名で知られるこの主張もまた、現代存在論が必ずしも伝統的形而上学の枠内に収まるものではないことを示していると言えよう。

志向的作用への存在依存を用いたカテゴリーの個別化

前節では物理的対象への依存関係に基づくダイヤグラムを検討したが、この節では志向的作用への依存関係を組み合わせることによってカテゴリーを区分する方法を簡単に確認したい。ダイヤグラムの見方は先ほどと同じである。[6]

Aの升目には、志向的作用に対して固定的・恒常的依存かつ類的・恒常的依存する対象が入る。Aの候補としては、志向的作用そのものが挙げられる。（志向的作用は「自己依存」する存在者として捉えられる。）Aの対極に位置するFの升目には、志向的作用に固定的にも類的にも依存しない対象が入る。その有力な候補は物理的対象である。なぜならば、それらは私たちの心の活動とは独立に存在し、いかなる意味においても志向的作用に存在依存しないと考えられるからである。

AとFという両極のカテゴリーのあいだには多くの升目がある。たとえばBの升目にはどのような対象が入るのか。それは志向的作用に対して固定的・歴史的に依存し、かつ類的・恒常的に依存するというあり方をしている。この升目には芸術作品が入るであろう。なぜならば、芸術作品は特定の創作者の様々な志向的作用に固定

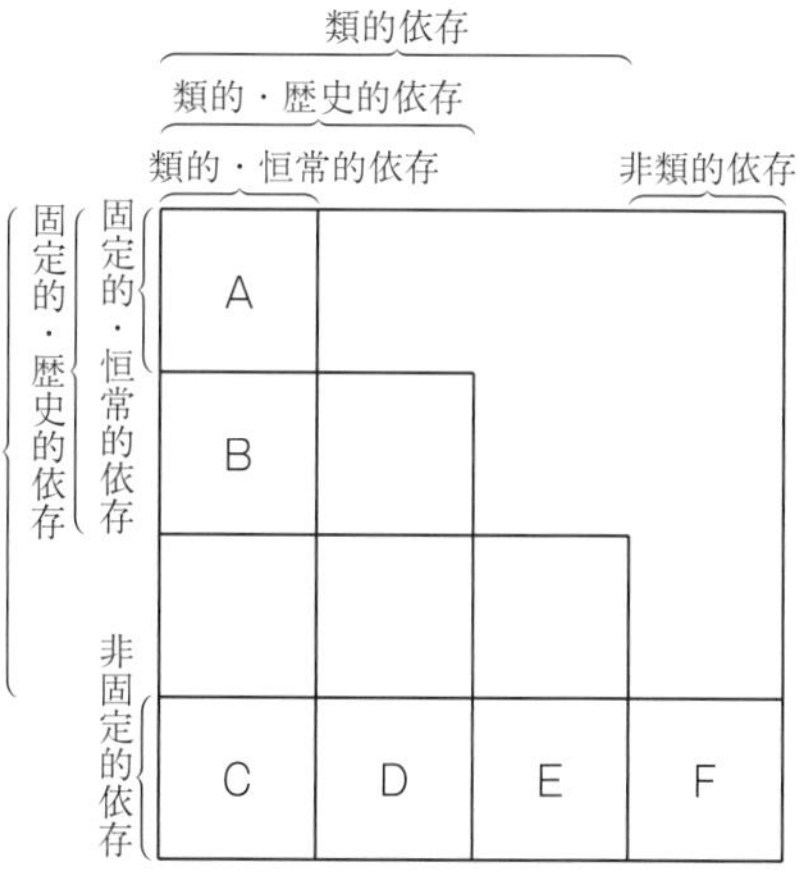

ダイヤグラム２：志向的作用への存在依存に基づくカテゴリー区分[7]

[6] 前掲 Thomasson, *Fiction and Metaphysics*.

[7] トマソン自身は「心的状態への依存」という言い方をしている。

的・歴史的に依存し、なおかつ誰かしらの受容者の志向的作用に類的・恒常的に依存すると見なされるからである。

　これに対し、Cの升目には製品や多くの制度的対象が入ると思われる。同じ人工物であっても、そうした対象は芸術作品とは異なり、特定の創作者の志向的作用に固定的に依存するものではない。また、それらは使用者の志向的作用に対して類的・恒常的に依存する対象でもある。言語や法といった制度的対象はこうした対象の典型例である。

8-5 伝統的なカテゴリー体系を超えて

この章で私たちが検討した存在依存の諸区分は、存在論の重要な課題であるカテゴリーの体系的な個別化に寄与する。このことはある程度まで明らかになったのではなかろうか。しかもここで検討したカテゴリーの個別化は、伝統的なカテゴリー体系が正確に把握することのできなかった「厄介な」存在者に適切な位置を与えることに成功している。私たちはこれを人工物という存在者に即して示したつもりである。伝統的なカテゴリー体系の中で、人工物は長らく自らの居場所を確保することができずにいた。すでに述べたように、それは純粋な物理的対象でもなければ、純粋なイデア的対象でもない。また、それは心的なもの（志向的作用）と密接な関係に立つが、それ自体は心的なものではない。こうした複雑なあり方をする存在者のカテゴリーを、伝統的存在論はうまく個別化することができずにいたのである。

人工物の存在論は、特殊な領域に関する存在論であるにもかかわらず、一般的存在論における既存のカテゴリー体系の見直しを迫るものである。ここには特殊な領域から一般的な領域への「フィードバック」がある。しかしそれだけではない。人工物の存在論は、いわゆる「確立した科学」(自然科学)が扱う物理的対象、および数学・論理学がコミットするイデア的対象を偏重してきた従来の存在論を根本的に変革する可能性を秘めている。たしかに人工物は世界の「基本的」な存在者ではない。それはより基本的であると見なされている存在者に様々な仕方で依存する「寄生者」であると言ってもよい。だがそれでもなお、人工物の存在論が記述しようと試みる制度的・文化的対象は、私たちの世界の一部を構成している。存在論は、自然科学および数学・論理学の「基礎的存在論」という呪縛から自らを解き放ち、私たちの世界の一部である文化的・制度的対象をシリアスに受け止めることによってはじめて、真に実在的な世界を統合的に把握する学となるはずである。

コラム　インガルデンと現代

R・インガルデン（1893-1970）は、フッサールの下で学び、その後、彼の哲学の最も良き理解者の一人となったポーランドの哲学者である。師の『論理学研究』における「存在論」を独自の仕方で発展させた一方で、『イデーンⅠ』以降の「超越論的観念論」には一貫して批判的な姿勢を示した。『文学的芸術作品』（滝内槇雄、細井雄介訳、勁草書房、一九九八年）の成功により、わが国においては美学や文学理論の文脈で論じられることの多い哲学者ではあるが、彼の一般的存在論に関する未完の大著『世界の存在をめぐる争い』（全三巻 1964-1974）がもつ射程の大きさを見落としてはならない。この著作の中でインガルデンは「存在的モメント」と呼ばれる幾つかの存在依存関係を組み合わせることによって、多様な「存在様態」を形式的に導き出そうとした。存在的モメントは次の四つの対に区分される。①存在自律性／存在他律性、②存在根源性／存在派生性、③存在自足性／存在非自足性、④存在独立性／存在非独立性。これらはフッサールが『論理学研究』で論じた「独立／非独立」という区分をさらに精緻にしたものである。インガルデンはこれらの存在的モメントの組み合わせから、「絶対的に存在すること」（自律性&根源性&自足性&独立性）および「純粋志向的に存在すること」（他律性&派生性&非自足性）という二つの極となる存在様態を導き、さらにその両極のあいだに位置する様々な存在様態を検討した。本章で論じたトマソンによる存在依存の区分とその組み合わせに基づくカテゴリーの個別化は、インガルデンよるそれを幾分簡素化したものになっている。

現代形而上学におけるインガルデンの重要性を理解する哲学者は、既述したトマソンやP・サイモンズらを除けば、ごく少数にとどまる。しかし、この稀有な哲学者を単なる「現象学者」として哲学史のうちに固定してしまうことはあまり生産的とは言えない。（とくにわが国において）「現象学的存在論」と言えば、ほぼ同時代を生きたハイデガーの仕事ばかりが取り沙汰されるが、ハイデガーよりもある意味で「本来的」な存在論を展開したのはむしろインガルデンの方である。極めて洗練された存在論的分析と明晰な文体を兼ね備えたインガルデンの著作は、現代形而上学に多くのインスピレーションを与えるはずである。今後、英語圏の分析的形而上学者のあいだに「マイノング主義者」ならぬ「インガルデン主義者」たちが登場する可能性は大いにある。

終章 形而上学のさらなる広がり

9-1 本書で主題的に扱わなかった形而上学の問題領域

ここまで本書では、現代形而上学の主要トピックを八つの章にわたって概観してきた。本文の中では十分に論じられなかった点もあるが、それぞれのトピックの基本的な問題設定や対立構図はここまでの議論によって明らかにできたと思う。この先、さらに進んで形而上学を学びたい読者には、大まかに言って二つの進むべき方向がある。一つは、これまでに扱ったトピックをさらに掘り下げていくという「縦」の方向であり、もう一つは、それ以外のトピックにも視野を広げていくという「横」の方向だ。[1] このうち、「縦」方向の探究の案内は各章の註とコラム、巻末のブックガイドに任せることにして、この最後の章では「横」方向の広がりに目を向けることにしよう。つまりこの章の目的は、形而上学にはこれまで主題的に扱ったもの以外にどんな問題領域があり（【9-1】）、また、形而上学は他の分野（言語哲学や心の哲学など）とどんな仕方で関わるのか（【9-2】）、という点を少しばかり展望することである。その際、これまでの各章の内容との関連づけも忘れないようにしよう。以下の紹介は決して網羅的なものではないが、[2] これを通じて読者には、形而上学のさらなる広

[1] ただし本章の最後では、この二つの探究方向が密接に結びついていることを指摘する。

[2] ここで触れられなかった問題領域については、本節の注［24］と【9-2】の注［24］を参照。

がりを感じてもらえるだろう。

通時的同一性と変化

第1章では「人」の通時的な同一性――時間の経過を通じた同一性――の問題を取り上げた。しかしあらためて考えてみれば、時間の経過を通じて同一のままあり続けるのは、何も私たち人だけではない。より一般的に言って、このマグカップやあの桜の木といった具体的な物質的対象――第6章で「具体的個物」と呼んだもの――は、時間を通じて同一であり続けることができる。[3]とりわけこうした対象は、様々な変化を被りながら、それにもかかわらず同一のまま持続できる（たとえば、このマグカップはひびが入っても同一のカップだし、あの桜の木は背が高くなっても同一の木だ）。このような考えは、ごく当たり前でわざわざ述べるまでもないようにみえるが、実はそのうちにはすでに様々な問題の種が含まれている。そのことを示すのが、たとえば次のような古典的パズルである。[4]

古代アテネの港には、英雄王テセウスが乗った一隻の船が泊まっていた。[5]「テセウスの船」と呼ばれたその船は、彼の死後何年も港に留まり続けたが、その部品は一定期間ごとに一つずつ取り外され、新たな部品へと取り換えられていった。そして長年の作業の末、もともと船を構成していた部品はどれも取り外され、船の部品はすべて新たなものになっていた。この新たな部品からなる船を「取り換え号」と呼ぶことに

[3] もっとも、人の同一性の問題は、物質的対象の同一性の問題の単なる一例だというわけではない。第1章でみたように、人の同一性には、心理的連続性や責任など、固有に考慮すべきいくつかの側面がある。

[4] 変化に関するパズルとしては、次で提示されたものもよく知られている。M. Heller, *The Ontology of Physical Objects*, Cambridge University Press, 1990, pp. 2-4.

[5] 以下のパズルは、「テセウスの船のパズル」として古くから知られている。このパズルはもともとプルタルコス（『英雄伝』、「テセウスとロムルス」二三）によって伝えられ、T・ホッブス（『物体論』、第二一章）によって定式化された。

すれば、この船がもとのテセウスの船と同一の船だと考えることには十分根拠がある。なぜなら、一般に船の同一性は、その部品の一つが変化しただけでは損なわれないはずだが、テセウスの船に生じたのも、まさにそうした同一性を損なわない変化の連続に過ぎないからだ[6]。しかし、この考えは本当に正しいだろうか。次のような状況を考えてみよう。すなわち、もとの船から取り外された部品がすべて倉庫に保管されていて、それらが一定数集まってからふたたび船の形に組み立てられた、という状況である。こうしてできた船を「組み立て直し号」と呼ぶことにすれば、この船もまた、もとのテセウスの船と同一の船だと言ってよいようにみえる。なぜなら、たとえば私たちは、ある船を一度分解して輸送してから組み立て直した場合にも、輸送前とは別の船が出現したとは考えないが、組み立て直し号のケースはこれとよく似ているからだ。だがそうすると、私たちはここで、テセウスの船と同一と言うべき二つの異なる船（取り換え号と組み立て直し号）を得てしまったことになる。明らかに、この二つの船が両方ともテセウスの船と同一だということはあり得ない――もしそうなら、取り換え号と組み立て直し号という別々の船が同一だということになってしまう――のだから[7]、私たちはここまでの議論のどこかのステップを拒否しなくてはならない。だが、いったいどのステップをどんな根拠によって拒否したらよいのだろうか[8]。

このようなパズル（いま挙げたのは一例であり、他にもいくつか有名なものがある[9]）が興味深いのは、それが私たちに、物についてあらためて考え直すきっかけを与

[6]　ここでは、同一性は推移的だという原則（$x=y$ かつ $y=z$ なら $x=z$）に訴えている。また、ここで、部分のすべてが変化してしまってはもはや同一の船ではない、と言いたくなるかもしれないが、話はそう簡単でもない。たとえば、私たちの身体を構成する部分（細胞）は数年でほとんどすべて入れ換わるが、それによって身体の同一性が失われるわけではないだろう。第1章の議論も参照。

[7]　ここでは、「テセウスの船＝取り換え号」と「テセウスの船＝組み立て直し号」という二つの前提から、「取り換え号＝組み立て直し号」という結論を導いている。

えてくれるからだ。つまりこうしたパズルは、物についての様々な常識的見解のうちに潜んでいる緊張をいわばあぶり出してくれるのであり、その緊張に直面した私たちは、あらためて「物とは何か」を考える必要に迫られる。物質的対象の形而上学では、このような仕方で世界についてのより深い理解を得ることが目指される。

時間と空間

いま話題にした物質的対象は、時間と空間の中で存在する。また第4章で主題となった因果関係も、時間と空間のうちで生じる関係である。一般的に言って、時間と空間は、およそ私たちが考えうる限り最も包括的な実在世界の枠組みだと言ってよいだろう。だが、その時間と空間とは、そもそも何なのだろうか。それらはどのような特徴をもち、そのうちに存在する事物とどのように関係しているのだろうか。時間と空間も、古くから哲学者たちの興味をかき立ててきた探究主題であり、それについての議論は現代の形而上学でも一大領域をなしている。

一つの問題は、時間と空間の存在論上の身分に関わるものだ。そもそも時間と空間は、そのなかに存在する事物なしでも存在できるような何かなのだろうか。つまり時間と空間は、個々の事物とは独立に存在可能なある種の実体（おそらくは極めて巨大な容器のようなもの）なのだろうか。それとも時間と空間は、それ自体としては本来何ものでもなく、あくまで事物の間の関係のシステムとして、せいぜい事物に対して

[8] このパズルに関連した様々な対応策は、（船でなく携帯電話を例に）次で手際よく紹介されている。八木沢敬『分析哲学入門』、講談社、二〇一一年、第九章「『物』とは何か」二二一―二五一頁。

[9] 物質的対象に関してはこの他にも、物質的構成と一致に関する問題や、曖昧性と多者に関する問題などがある。前者の問題については、T・サイダー『四次元主義の哲学』（中山康雄監訳、春秋社、二〇〇七年、第五章）、E・コニー、T・サイダー『形而上学レッスン』（小山虎訳、春秋社、二〇〇九年、第七章）を参照。後者の問題については、D・ルイス「たくさん、だけど、ほとんど一つ」、柏端達也ほか編訳、『現代形而上学論文集』（勁草書房、二〇〇六年、一―三六頁）を参照。

派生的に存在するに過ぎないのだろうか。この対立は、時空についての「実体主義」と「関係主義」の対立としてニュートンやライプニッツの時代から争われてきたが、現在もなお議論は続いている。[10]

また、特に時間に関しては次のような固有の問題がある。[11] 私たちはしばしば、事物の時間的な違いを、時制の違いによって表現する。たとえば、「太郎は入浴した」、「太郎は散歩している」、「太郎は出勤するだろう」といった具合である。だが、こうした時制付きの文はいったい何を表現していて、それが真である場合にはどのような仕組みで真になっているのだろうか。この点についても、大きく分けて二つの立場がある。

一方の論者たち――伝統的に「A論者」と呼ばれる――によれば、時制付きの文は、世界の事物がそれ自体でもつ何らかの客観的特徴を表現し、それによって真にされる。つまり彼らによれば、たとえば「太郎は散歩している」という現在時制の文が真なのは、ごく単純に、太郎の散歩という出来事が〈現在である〉という性質をもつからである。[12] A論者によれば、こうした時間的性質は、事物が私たちと独立にもつ客観的な特徴の一種であり、時制の役割はまさにそうした特徴を表わすことである。

他方これに対して、実のところ世界には、時制が表わすような客観的特徴など存在しないと主張する者もいる。こうした論者たち――「B論者」と呼ばれる――によれば、現在・過去・未来の事物はどれも等しく実在するし、そのつど特定の事物だけが

[10] この点についての歴史的経緯から現代宇宙論までを含んだ議論は次にある。内井惣七『時間の謎・空間の謎――宇宙の始まりに迫る物理学と哲学』、中央公論新社、二〇〇六年。

[11] 以下の叙述に関しては次を参考にした。R. Le Poidevin and M. MacBeath, "Introduction", in *The Philosophy of Time*, Oxford University Press, 1993, pp. 1-20. 時制と過去・未来の身分をめぐる問題については、前掲サイダー『四次元主義の哲学』の第二章も参照。

[12] 「現在主義」と呼ばれるA理論の一つの立場によれば、あるものが〈現在である〉ことは、より端的に、それが〈存在する〉ことと言い換えられる。なぜならこの立場によれば、そもそも存在するのは現在の事物だけだ（過去の事物はもはや存在せず、未来の事物はいまだ存在しない）からである。

〈現在である〉という性質をもつようになるわけでもない。そして、ある文の時制が表わしているのは、事物がそれ自体でもつ特徴ではなく、せいぜい事物がその文の発話時点と相対的にもつ関係的特徴に過ぎない。たとえば、「太郎は散歩している」という文は、その発話が太郎の散歩と同時であることを表わし、「太郎は入浴した」という文は、その発話が太郎の入浴より後であることを表わす、といった具合である。要するにB論者によれば、時制の役割は「ここ」や「私」といった指標的表現と同様のものに過ぎず、それによって事物の客観的な違いが表現されるわけではないのである[13]。

この他にも時間に関しては、時間の客観的な「向き」をどう理解するか、タイムトラベルは可能なのか、といった多くの興味深い問題がある。日本語で読める文献も比較的多い分野なので、関心をもった読者はぜひ挑戦してみてほしい[14]。

抽象的対象、その他の奇妙な対象

本書のいくつかの章では、「何が存在するのか」という問いを考察した。第3章では「可能世界」が、第5章と第6章では「普遍者」と「個物」が、こうした問いの主題となった。これらの存在者の実在や本性をめぐる問いは、第8章で説明した「存在論」の典型的な問いだが、同様の仕方で議論の主題となる存在者は決してこれだけではない。ここでは特に、抽象的対象と依存的対象を取り上げよう。

[13] 時制についての客観主義（A論）と指標主義（B論）の対立は、様相についての現実主義と可能主義の対立と大まかに対応している。様相に関する対立については、【3-2 可能主義と現実主義】を参照。

[14] 中山康雄『時間論の構築』、勁草書房、二〇〇三年：伊佐敷隆弘『時間様相の形而上学』、勁草書房、二〇一〇年：加地大介『なぜ私たちは過去に行けないのか』、哲学書房、二〇〇三年：青山拓央『新版 タイムトラベルの哲学』、筑摩書房、二〇一一年：I・ヒンクフス『時間と空間の哲学』、村上陽一郎・熊倉功二訳、紀伊國屋書店、二〇〇二年：R・レ・ペドヴィン『時間と空間をめぐる12の謎』、植村恒一郎ほか訳、岩波書店、二〇一二年：入不二基義『時間は存在するか』、講談社、二〇〇二年。

抽象的対象と呼ばれる存在者は、伝統的な形而上学の主題であった「神」と並んで、[15]古くから哲学者たちの興味を引いてきた。抽象的対象とは、特定の時空位置をもたない対象のことであり、[16]たとえばプラトンの特徴づけによれば「普遍者」はこのうちに含まれる。また、第3章でも話題に上った「命題」や、数7や$\sqrt{2}$、素数の集合といった「数学的対象」も、抽象的対象の代表例として挙げられる。[17]これらの対象は、トラや惑星のような具体的対象と比べた場合、たしかにとても変わったあり方をしているようにみえる。まずこれらの対象は、時空世界内に存在するわけではないのだから、他のものと一切因果的に交渉することがない。私たちはそれらを作ったり壊したりできず、その姿をみることもできない。また抽象的対象は、時空世界での生成消滅をまぬがれており、もし存在するとすれば、世界がどんなあり方をしていようとも必然的に存在するとされる。[18]

しかし、第5章で普遍者について論じた際にもみたように、こうした特異なあり方をした対象を認めることには反対意見も多い。たとえば、この時空的・因果的な宇宙にこそ何よりもリアリティを感じる者は、次のように論じるだろう。抽象的対象はどんなものにも因果的作用を及ぼさないとされている。だがこれが意味するのは、抽象的対象はこの現実世界にまったく違いをもたらさないということではないか。つまり私たちのこの世界は、抽象的対象があろうとなかろうとまったく変わらずあり続けられるのであって、それらの対象は本当のところ私たちの思考の産物に過ぎないのでは

[15] この主題については次が参考になる。上枝美典『「神」という謎――宗教哲学入門［第二版］』、世界思想社、二〇〇七年。

[16] ただし、「抽象／具体」というこの区別をどう定式化すべきかという点についても議論はある。この点については次を参照。E. J. Lowe, *A Survey of Metaphysics*, Oxford University Press, 2002, ch. 20.

[17] 数学的対象については、飯田隆編『リーディングス数学の哲学――ゲーデル以後』、勁草書房、一九九五年；前掲八木沢『分析哲学入門』（第一〇章）を参照。命題については、同上『分析哲学入門』（第四章）；W・G・ライカン『言語哲学』（荒磯敏文ほか訳、勁草書房、二〇〇五年、一一二頁以降）でも論じられている。

ないか、と。一方で、抽象的対象の支持者は、「説明上の利点」という観点に訴えてこうした反対意見に応じるだろう。つまり、世界には必ずしも因果的でない様々な事実（類似性の事実、意味の事実、数学的事実など）があり、抽象的対象はまさにそうした事実に十分な説明を与えるために不可欠なのだ、と。[19] このような両者の対立は、それこそプラトンの時代から続く伝統的なものだが、今もなお哲学者たちの関心をかき立て続けている。

さらに、時空的対象に話を限っても、その中には一風奇妙なあり方をしたものがある。第7章でみた「存在依存」によって特徴づけられる対象、つまり**依存的対象**のいくつかは、そうしたものの好例だ。[20] 例として、ドーナツの穴や、地球の地軸といった対象を考えてみよう。ここで奇妙なのは、これらの対象は、いかなる物質からもできていない（非物質的対象である）にもかかわらず、しばしば通常の物質的対象と同じように振る舞うことだ。たとえば、ドーナツの穴はドーナツと一緒に移動することができるし、地軸は隕石の衝突などによって傾くことができる。しかし、非物質的なものが世界の中で移動したり傾いたりすることがいったいどうして可能なのだろうか。こうした奇妙な時空的対象、いわば「物もどき」とも呼べる対象を適切な仕方で記述することも、今後の存在論の重要な課題だろう。

[18] ただし、抽象的人工物はこうした特徴づけに収まらない独自のあり方をする。伝統的な存在論にとって人工物が難しい問題を提起するという点は、第8章で論じられた。

[19] さらにクワインによれば、数学的対象は物理学による時空世界の説明においてさえ不可欠である。Cf. W. V. Quine, "Things and Their Place in Theories", in *Theories and Things*, Belknap Press, 1981, pp. 1–23.

[20] 穴、影、境界などの依存的対象については、加地大介『穴と境界』（春秋社、二〇〇八年）で詳しく論じられている。

メタ形而上学

これまでみてきたように、形而上学的探究の主題は、世界の基礎的なあり方である。つまりそこでは、同一性や因果性、時空性、可能性、類似性、依存性といった、実在世界の極めて一般的な特徴に注目することで、その根本的なあり方を解明することが目指される。だが、こうした関心のもとで行なわれる形而上学的探究とは、そもそもどのような知的活動なのだろうか。こうした探究はどのような前提や原則のもとで行なわれ、それらはどの程度の正当性をもっているのだろうか。このような問題意識の高まりのもと近年盛り上がりを見せているのが、「メタ形而上学」と呼ばれる分野である。[21] これまでみてきた形而上学が、世界の基礎的なあり方を主題としていたのに対し、メタ形而上学は、そうした世界の探究そのものを考察の主題とする。つまりそれは、形而上学的探究についての（メタレベルの）探究であり、そこで目指されるのは、形而上学的探究そのものの本質の解明である。

これまでみてきた「通常の」形而上学と「メタ」形而上学の違いは、形而上学的論争の参加者と観察者という対比を考えることで理解しやすくなる。[22] 一つの典型例として、「普遍者は実在するのか」という問いをめぐる形而上学論争を考えよう。一方で、この論争にみずから参加する者（通常の形而上学者）がもっぱら関心を寄せるのは、この問いに対し肯定／否定どちらの答えを出すべきかという点だ。すなわち、普遍者の実在を認める側（実在論者）はそう考えるべき論拠を挙げるし、それを認めな

[21] メタ形而上学を主題とした日本語で読める文献はまだ少ないが、前掲サイダー『四次元主義の哲学』の序論や、前掲コニー、サイダー『形而上学レッスン』の第一〇章はその例として挙げられる。なお、次の論文集はまるごと一冊メタ形而上学に当てられたものであり、多様な論点について論じられている。D. Chalmers *et al.* (eds.), *Metametaphysics: New Essays on the Foundations of Ontology*, Oxford University Press, 2009.

[22] 「参加者／観察者」の対比は、【9-2】のメタ倫理学の項でも触れる次の文献に負っている。赤林朗編『入門・医療倫理Ⅱ』、勁草書房、二〇〇七年、七二頁。なお、同じ対比を表わすため、通常の形而上学者は世界についての一階の問いに答えようとする一方で、メタ形而上学者はその一階の問いについての二階の問いに答えようとする、と言われることもある。

い側（唯名論者）は反対の論拠を挙げる。そしてこの両者は、互いの論拠がどれほど強力なのかについてそれぞれの意見を主張し合う。他方これに対して、この論争から一歩身を引いてそれを観察する者（メタ形而上学者）からすれば、問題となるのはむしろ以下のような事柄だ[23]――この論争ではある存在者カテゴリーの実在性が問われているが、そもそも「カテゴリー」とは何であり、それぞれのカテゴリーはどのようにして互いに区別されるのか（これは第8章の問いである。つまり同章はすでにメタ形而上学に踏み込んでいた）。また、この論争の参加者は互いに様々な論拠を挙げているが、それらの論拠はどんな基準によって評価されているのか。そもそも、どんな論拠がどの程度有効であるかについての皆が同意する基準はあるのか。さらに、この論争の参加者は、実在世界の客観的な特徴そのものを探究していると考えているようだが、彼らがしているのは本当にそのようなことなのだろうか。むしろ彼らは単に、同じ一つの世界をどのような言葉で記述するかについて、つまり「言語の選択」について争っているだけなのではないか。

　このような仕方で、メタ形而上学においては、「通常の」形而上学的探究のうちで暗黙裡に受け入れられている前提や原則があらめて主題化され、その正当性が吟味される。そして場合によっては、形而上学的探究はどうあるべきかについての実践的な提案がなされる。こうした問題設定がきわめて興味深く重要なものであることは疑いえないだろう。この分野は今後さらに発展していくことが見込まれる[24]。

[23]　もっとも、こうした二分法はかなり単純化を含んでいる。というのも、ある一階の問いに答えようとする形而上学者が、自分の見解を裏付けるため、自らの方法論的前提に遡りその正当化を図る（二階の問いに答えようとする）ということは決して珍しくないからだ。

[24]　以上で紹介できなかった形而上学の問題の中には、次の論文で論じられる超重量級の問いもある。P・ヴァン・インワーゲン「そもそもなぜ何かがあるのか」、前掲『現代形而上学論文集』、五七―八四頁。

9-2 形而上学と密接に関わる他の分野

以上でみてきたように、形而上学には本書の各章で扱ってきたもの以外にも様々な興味深いトピックがある。しかし、それだけではない。形而上学的考察は、世界の極めて一般的な特徴を主題とするものであることにより[1]、他の多くの分野とも密接な仕方で関わっている。以下では、その一部を紹介しよう。

言語哲学

まず触れておきたいのは、形而上学と言語哲学との関わりだ。言語哲学とはその名のとおり、言語やそれにまつわる諸現象——思考、意味、理解、コミュニケーションといった現象——を主題的に考察する分野である[2]。言語哲学は、分析哲学創成期の二十世紀初頭からかなりの期間にわたり、そのうちで中心的位置を占めてきた。実際のところ、言語哲学と形而上学の関係は非常に複雑なものであり、ここでその全体像を描き出すことはとてもできないが、少なくとも以下のような仕方で、両者の込み入った関係の一端を垣間みることができる。

[1] もっとも、前節の最後にみた「メタ形而上学」はこの点で例外と言える。

[2] 言語哲学についてはわが国でも多くの優れた書物が出版されている。とりわけその全体像をつかみたい読者には、次の三つを勧めたい。飯田隆『言語哲学大全』Ⅰ—Ⅳ巻、勁草書房、一九八七—二〇〇二年；野本和幸、山田友幸編『言語哲学を学ぶ人のために』、世界思想社、二〇〇二年；前掲ライカン『言語哲学』。

[3] こうした立場は「指示の因果説」と呼ばれ、その原型は次で提示されている。S・クリプキ『名指しと必然性』、八木沢敬・野家啓一訳、産業図書、一九八五年、一〇八頁以降。この立場についてのより詳しい議論は、前掲ライカン『言語哲学』、第四章にある。

ある見方からすれば、形而上学は言語哲学を補完し、それに基礎を与えるものとしての役割をもつと言える。そう言えるわけはこうだ。言語哲学の主要な目的は、言語にまつわる様々な現象のメカニズムを解明し、それらについて説明を与えることである。だが、言語的現象についての説明は、他の種類の説明と同様、何らかの存在者やプロセスを措定したうえでなされる。そしてここに、形而上学のなすべき仕事がある。というのも、そうした措定物の本性や存在論的身分についての問い――たとえば、その措定物は、それ自身世界の基礎的な構成要素なのか、それとも、説明の上では言及するのが便利だが最終的には他の何かに還元されるものなのか、といった問い――は、まさに形而上学の問題だからだ。いくつか具体例を挙げよう。たとえば、私たちが名前によって特定の対象を指示できるのはなぜかを説明するため、多くの哲学者は、何らかの形で因果関係に訴えている[3]。しかし第4章でもみたように、因果関係とは結局どのような関係なのか（たとえば、規則性に還元可能なのか）という問題は、それ自体、形而上学上の大問題である。また哲学者たちは、自然言語の動詞に関わる様々な現象を体系的に説明するには、出来事や状況といった存在者を導入するのが有効であること[4]や、同様に、可能性や必然性に関する様相語法のはたらきを説明するには可能世界という存在者に訴えるのが有効であることを発見してきた[5]。しかし再び、これらの存在者がどのような本性や存在論的身分をもつのかは、それ自体、形而上学的議論の的である[6]。以上のような例からもわかるように[7]、形而上学においては、

[4] Cf. D・デイヴィドソン「行為文の論理形式」、『行為と出来事』、服部裕幸ほか訳、勁草書房、一九九〇年所収；J・バーワイズ、J・ペリー『状況と態度』土屋俊ほか訳、産業図書、一九九二年；峯島宏次「自然言語と論理」、『論理の哲学』、講談社、二〇〇五年。

[5] 可能世界の有用性については、【3-1 可能世界】を参照。

[6] 前掲『現代形而上学論文集』にも出来事に関する二つの論文が収められている。J・キム「性質例化としての出来事」；D・デイヴィドソン「出来事についてのクワインへの返答」。

[7] さらに付け加えれば、そもそも語や文といった言語的対象がどのような存在者であるかも、必ずしも明らかではない。この点については、前掲飯田『言語哲学大全Ⅳ――真理と意味』の第一章を参照。

言語的現象についての説明でもち出される存在者や関係があらためて主題化され、それらが実在世界においてどのような身分をもつのかが吟味される。こうした作業は、様々な言語現象を、実在世界のより一般的な枠組みのうちに位置づけ、その正確な居場所を見定める試みだと言えるだろう。この意味で、先述のように、形而上学は言語哲学を補完し、それに基礎を与える役割をもつと言える。

しかし、形而上学と言語哲学の関わりは、必ずしもこうした一方的なものではないかもしれない。とりわけ、前節の「メタ形而上学」の箇所で触れた形而上学の方法論の問題、すなわち、「形而上学はどのような方法で進められるべきか」という問題に関しては、言語哲学者の側から多くのことが言われうる。

その内容をみるには、少しだけ哲学史的な経緯に触れておくのがよいだろう。上述のように、言語哲学は長きにわたって分析哲学の中心であり続けてきたが、哲学者たちがこうまで言語に注目してきたのは、単に言語がそれ自体として興味深い探究対象だったからではない(それも大いにあるが、少なくともそれだけではない)。むしろ、多くの場合に言語への関心を動機づけていたのは、現代哲学に特徴的なある流れ――しばしば「言語論的転回」と呼ばれる――を構成する次のような認識である。すなわち、哲学的な問題の発生には言語が深く関わっており、それゆえ、哲学的問題の解決のためには言語に関する考察を経由することが不可欠だ、という認識である。[8] 実際、こうした認識は多くの哲学者によって共有され、二十世紀の哲学者たちの多く

[8] Cf. L・ウィトゲンシュタイン『論理哲学論考』(たとえば4.112以下)。なお、ここでの言語論的転回の特徴づけは次に負っている。飯田隆編『哲学の歴史11:論理・数学・言語』、中央公論新社、二〇〇七年、三二頁。

は、心や知識、価値などに関する哲学的問題の解決のため、それらについて語る言語の分析に多大な労力を費やしてきた。[9]つまり多くの哲学者にとって、言語の分析は、哲学の方法そのものとなったのである。

こうした大きな流れの中でみてみれば、形而上学の方法についても同様の考えが出てくることに不思議はない。実際、D・デイヴィドソンやM・ダメットといった著名な言語哲学者は、形而上学の方法についてまさにこうした考えをとっている。[10]すなわち彼らによれば、実在世界の基礎的なあり方を明らかにするという形而上学の企ては、言語のはたらきを明らかにするという言語哲学の企てから独立に行なわれうるものではない。むしろ実在世界のあり方は、私たちの言語の特徴についての考察――そのうちでどんな文が真とされ、そのはたらきを体系的に説明するにはどんな存在者や関係が必要か、といった考察――を通じて探られるべきなのである。もちろん、こうした見解は必ずしも一般的な同意を得たわけではなく、実際には多くの反対意見も生んできた。[11]だが少なくとも、ここで提起される論点が、形而上学という営みの根幹に関わる極めて重要なものであることは確かだろう。

心の哲学

次に触れておきたいのは、形而上学と心の哲学との関わりである。私たちは誰しも、自分には心があり、他人も同様だと信じているだろう。だが、そもそも心をもつ

[9] こうした伝統を代表する著作には、たとえば次がある。G・ライル『心の概念』、坂本百大ほか訳、みすず書房、一九八四年；J・L・オースティン『知覚の言語』、丹治信春、守屋唱進訳、勁草書房、一九八四年；G・E・ムア『倫理学原理』、泉谷周三郎ほか訳、三和書籍、二〇一〇年；R・ヘア『道徳の言語』、小泉仰、大久保正健訳、勁草書房、一九八二年。

[10] Cf. D・デイヴィドソン「形而上学における真理の方法」、『真理と解釈』、野本和幸ほか訳、勁草書房、一九九一年、二一四―二三七頁；M・ダメット『思想と実在』、金子洋之訳、春秋社、二〇一〇年。

[11] 特に形而上学者からの反対意見は次で詳細に論じられている。T. Sider, *Writing the Book of the World*, Oxford University Press, 2011.

とはどのようなことなのだろうか。心を物から区別する本質的特徴は何であり、たとえばロボットは心をもてるのだろうか。また、心の状態にはどのような種類があり、それぞれの特徴やはたらきはどのようなものなのだろうか。心の哲学とは、こうした問いを中心に「心とは何か」を多角的に考えていく分野である[12]。

心の哲学の主要トピックのうち、形而上学と特に関わりが深いのは、**心身問題**と呼ばれる問題領域だ[13]。私たちは心をもつと同時に、身体をもった存在者である。そして私たちは日常的に、自分たちの心と身体が、相互に因果的に作用し合っていることを当然の事実として認めている。つまり、ある心的な要因によって身体の変化が生じることや、ある身体的な要因が心の変化を引き起こしたりすることをごく当たり前のこととみなしている。しかし以下でみるように、この日常的な「事実」がいかにして成り立ちうるかを理解することは、実のところ決して容易ではない。(この問題は、第4章でみた因果性の議論と、[14]第2章でみた自由の問題と特に深く関わる。)

とりわけ問題となるのは、信念や欲求、感覚といった心的性質が、いかにして身体運動の生起に対して因果的な役割を果たせるのかという点だ[15]。例として、あなたが花を買おうと花屋に入った場面を考えてほしい。一見したところこのケースは、花を買いたいという欲求(と、花屋に入れば花が買えるという信念など)が原因となって、花屋に入るという身体運動が引き起こされた事例――つまり、あなたが特定の心的性質をもったことにより物理的な結果が生じた事例――として理解できそうにみえる。

[12] この分野においても優れた邦語文献が多い。以下は心の哲学の全体像をつかむためのものとして特にお勧め:金杉武司『心の哲学入門』、勁草書房、二〇〇七年:T・クレイン『心の哲学』、植原亮訳、勁草書房、二〇一〇年:信原幸弘編『シリーズ心の哲学I―III』、勁草書房、二〇〇四年(I―II巻は日本人著者による論考、III巻は重要論文の翻訳を収録):信原幸弘・太田紘史編『シリーズ新・心の哲学I―III』、勁草書房、二〇一四年(前シリーズの続編で、各巻は認知、意識、情動というテーマのもと最新の研究成果に基づく論考を収録)。
また勁草書房のHPには、心の哲学の問題領域の見取り図とブックガイド(金杉氏作成)があり大変役に立つ。
URL=http://www.keisoshobo.co.jp/news/n1347.html

[13] この問題の歴史的展開を含む解説は、次に収められた諸論考が詳しい。『岩波講座哲学

というのも、このケースであなたは、まさに花を買いたいという欲求をもったからこそ花屋に入ったのだし、この「からこそ」は問題の欲求の因果的役割を表わしていると思われるからだ。しかしながら、この常識的な見方を疑わしくする次のような事情がある。あなたの身体運動は結局のところ、筋肉の収縮という純粋に物理的な過程に他ならない。そして、近年の科学（特に神経生理学）の研究成果によれば、この物理的過程がなぜ生じたのかは、脳の神経細胞で発生した電気的シグナルが、特定の神経回路を通じて最終的に骨格筋の筋繊維に伝わったからだといった仕方で、徹頭徹尾、物理的な性質だけに訴えて説明できてしまう。つまりあなたの身体運動は、信念や欲求といった心的性質に一切言及することなしに、完全に物理的な原因だけから生じた結果として理解できてしまうのだ。だがそうなると、信念や欲求などの心的性質がどうやって因果的役割を果たせるのかは理解しがたくなる。なぜなら、あなたの身体運動が生じるために必要な因果的な仕事は、実際にはすべて物理的性質によってなされてしまっており、心的性質にはもはや何のなすべき仕事も残っていないように思われるからだ。つまり心的性質は、常識的見解に反して、身体運動へと通じる因果的経路から排除されてしまっているようにみえるのである。

この問題に対しては、これまで様々な解決案が提示されてきた。[16] そして本書の観点から重要なのは、それら解決案のほとんどは、「因果性」や「性質」などに関するより一般的な形而上学的前提をあらためて問い直すものになっているという点である。

5：心／脳の哲学』、岩波書店、二〇〇八年。

[14] 日本語の「信念」という語には、「根本的な信条」や「断固たる決意」といったかなり強い意味がある（「彼女はどんな苦境でも信念を曲げなかった」など）。しかし哲学では「信念」は単に、何らかの事態が成立していることを信じている、という心の状態を表わす（「雪は白いという信念」などの形で）。

[15] 以下で素描するのは「因果的排除論証」と呼ばれる議論である。より詳しくは次を参照。J・キム『物理世界のなかの心――心身問題と心的因果』、太田雅子訳、勁草書房、二〇〇六年。

[16] その一部は、前掲キム『物理世界のなかの心』の第三章で論じられている。より網羅的な情報は次で手に入る。D. Robb & J. Heil, “Mental

たとえば先の議論では、「心的性質は物理的性質と同一でない」ということが前提されている。しかし、この前提は本当に受け入れられるべきなのだろうか。そもそも、性質とはどのような同一性条件をもった存在者なのだろうか。また先の議論では、「ある性質がある結果に対して因果的役割を果たすときには、それ以外の性質は因果的役割を果たさない」ということも前提されている。しかし、これはどんな性質についても一般に認められるべき前提なのだろうか。そもそも、ある性質が因果的役割を果たすとはいかなることなのだろうか。このような仕方で、私たちの心のあり方を解明するという心の哲学の試みは、形而上学を深く巻き込んだ仕方で展開されている。[17]

メタ倫理学

形而上学的な考察は、「メタ倫理学」と呼ばれる分野でも大きな比重を占める。まずはこの分野の性格について簡単に説明しておこう。[18] 私たちがふつう「倫理学」と聞いてまず思い浮かべるのは、「死刑は倫理的に許されない」といった道徳的判断の正否をめぐる議論だろう。[19] つまりそこでは、ある行為や制度がどのような道徳的価値をもつのか、また、どのような根拠や原則からそう言えるのか、といったことが焦点となる。こうした問題はひとことで言えば、倫理的議論に自ら参加する者のそれであり、[20] これらは倫理学の中でも規範倫理学と呼ばれる分野で扱われる。これに対し、メタ倫理学の問題設定は、いわば倫理的議論を外側から観察する者のそれだ。つまりメ

Causation," E. Zalta (ed.) *Stanford Encyclopedia of Philosophy*, URL=http://plato.stanford.edu/entries/mental-causation/

[17] これまで紹介したものと少し毛色は違うが、心身問題のそもそもの成立根拠をめぐるユニークな論考は次にある。永井均『なぜ意識は実在しないのか』、岩波書店、二〇〇七年。

[18] メタ倫理学を概観する日本語の文献には次のものがある。前掲赤林朗編『入門・医療倫理II』、第四―六章：坂井昭宏、柏葉武秀編『現代倫理学』、ナカニシヤ出版、二〇〇七年、第一章：大庭健『善と悪』岩波新書、二〇〇六年：佐藤岳詩『メタ倫理学入門』、勁草書房、二〇一七年。
また、より詳細な内容を含む概説書としては次が優れている。A. Miller, *An Introduction to Contemporary Metaethics*, Polity Press, 2003.

タ倫理学では、私たちがふだん従事している倫理的議論とはどのような種類の営みなのか、そこで下される道徳的判断は何を意味しているのか、といったことが問題となる。要するに、前述の「メタ形而上学」が、形而上学的探究それ自体を対象としたメタレベルの探究だったのと同様に、メタ倫理学は、私たちの倫理的実践それ自体を対象としたメタレベルの探究である。

こうしたメタ倫理学において一つの大きな争点となるのは、**道徳的事実**の実在や本性をめぐる問題だ[21]。たとえば、私たちはみな、「幼児虐待は悪い」という判断を正しいものと認めるだろう。だが、こうした道徳的判断の正しさは、いったい世界の何によって保証されているのだろうか。通常の自然的な（道徳的でない）判断の場合であれば、私たちは同様の問いかけに対し、当の判断を真にするところの客観的事実を引き合いに出して答えられる。たとえば、「サケは卵生だ」という判断が正しいのは、サケは卵生だという客観的事実が実際に成り立っているからだ、といった具合に。しかし、これと同じことが「幼児虐待は悪い」という判断についても言えるだろうか。つまり世界には、私たちの感情や態度といったものとは独立に、幼児虐待は悪いという事実が客観的に存在しているのだろうか。

たしかに一見したところ、そうした事実が存在すると考えることには根拠があるようにみえる。というのも、もし仮に何らかの大規模な異変によって、世界中の誰も「幼児虐待は悪い」と判断しなくなったとしても、幼児虐待はやはり依然として悪い

[19] 以下では「倫理的」と「道徳的」を同義のものとして使う。

[20] 【9-1】の注［22］でも触れたように、「参加者／観察者」という対比を使った説明は、前掲赤林朗編『入門・医療倫理Ⅱ』、七二頁に負っている。

[21] 同様の問題は、道徳的性質についてのものとして定式化されることもある。Cf. J・L・マッキー『倫理学――道徳を創造する』、高知健太ほか訳、哲書房、一九九〇年。

はずだし、そう言えることの根拠は、まさに幼児虐待は悪いという事実の客観的な存在に求められるはずだからである。

しかし道徳的事実は、もし存在するとすれば、とても奇妙なあり方をしているようにみえる。次の対比がそれを示してくれるだろう。まず一方で、サケは卵生だといった通常の自然的事実の場合であれば、私たちは、それが成立しているという信念だけによって、何か特定のタイプの行為へと動機づけられることはない。この信念を抱く者は人それぞれに、サケの卵を食べたいという欲求をもつことも、サケの卵を保護せねばという使命感をもつこともあるだろう。だが他方で、幼児虐待は悪いという道徳的事実の場合には、私たちは、まさにそれが成立しているという信念だけから、ある特定のタイプの行為へと動機づけられる。つまり、その信念をもつ者はみな必然的に、幼児虐待をやめたりやめさせたりするよう動機づけられるのだ。要するに道徳的事実は、もし存在するとすれば、通常の客観的事実にはない行為指令性とでも呼ぶべき特性――特定の仕方で行為するよう私たちに命じるという特性――をもっているようにみえる。だが、こんな奇妙な特性をもったものが、本当に世界の客観的な構成要素として存在しているのだろうか。また、もし存在するとすれば道徳的事実は、通常の自然的事実とどのような仕方で関係しているのだろうか。[22]

言うまでもなくこれらの問いは、ある存在者の実在や本性に関するれっきとした形而上学的問いである。そして注目すべきことに、これらの問いへの答えは、「倫理的

[22] 同様の仕方で問題となるものに、美しさや醜さなどに関する「美的事実」がある。美的事実に関する形而上学的問いは、特に「分析美学」という分野で主題的に扱われる。Cf. R・ステッカー『分析美学入門』、森功次訳、勁草書房、二〇一三年、第三―四章。

[23] 道徳的事実をめぐる問いは、翻って、形而上学全体にも大きな影響を与えることになるだろう。なぜなら、もしいま言った意味での道徳的事実が存在するならば、世界のうちには、行為指令的な事実とそうでない事実、という根本的に異なる二種類の事実が存在することになるからだ。

議論とはいったいどのような種類の営みなのか」というメタ倫理学の中心問題に極めて大きな影響を及ぼす。なぜなら、もし客観的な道徳的事実が存在するならば、私たちの倫理的議論は、あらかじめ定まった正解に辿り着こうとする知的活動の一種であることになるだろうし、もし存在しないなら、それは知的活動とは別の何か（たとえば、感情や態度の表出を通じた交渉）であることになるだろうからだ[23]。このような仕方で、形而上学的考察は、私たちの倫理的実践の本質を見究めるという場面でも大きな重要性をもつ[24]。

ここまで本章では、前章までで主題的に扱えなかった形而上学の問題領域を紹介し、また、形而上学的な探究が他の分野とどのように関わるかを瞥見してきた。本章での紹介はもとより部分的なものだが、形而上学のさらなる広がりについて、少なくともイメージくらいはもってもらえたのではないかと思う。

最後に、本書の全体（ないしそのいくつかの章）を読んでさらに先に進みたくなった読者のために、一つ有益だと思われる点を補足しておこう。この章のはじめに述べたように、そうした感心な（あるいは少なくとも、筆者たちにとって歓迎すべき）読者には、大まかに言って二つの進むべき方向がある。つまり、ある特定の問題領域の中でさらに考えを深めていくという「縦」の方向と、それ以外の問題領域にも視野を広げていくという「横」の方向だ。本章では、これら二つを一応区別したうえで話を

[24]　ここまでの内容からも予想されるように、形而上学は実のところ、他のほとんどの分野と多少なりとも密接に関わっている。だがそれを断ったうえで、あと二つだけ紹介させてもらいたい。

一つは「科学哲学」という分野であり、お勧め文献は次のものだ。戸田山和久『科学哲学の冒険』、日本放送協会出版、二〇〇五年。（特にこの本の第Ⅱ部と第Ⅲ部では、電子などの理論的存在者の身分について主題的に論じられている）：A・ローゼンバーグ『科学哲学――なぜ科学が哲学の問題になるのか』、東克明ほか訳、春秋社、二〇一一年。

もう一つは、情報工学の一分野である（その名も）「オントロジー工学」という分野である。この分野と伝統的なカテゴリー論との関係は、前掲加地『穴と境界』の付論で紹介されている。

進めてきた（横方向の案内を目指してきた）が、実のところこの二つの探究方向は、互いが互いを助け合うという仕方で、非常に密接に結びついている。この点は、次のように説明できるだろう。まず一方で、横の方向に問題意識を広げようとするとき、縦方向の知識の深さは、多くの場合助けとなる。なぜなら、形而上学の問題にはしばしば見出されるいくつかの共通のパターンがあり、一つの問題をじっくり考えることで得られる「勘どころ」は、それまで知らなかった他の問題領域に進もうとする際にも応用できることが多いからだ。[25] また他方で、ある特定の問題に関する考えを縦方向に深めようとするとき、横方向の知識の広さは必ずや助けになる。なぜなら、序章でも述べたように、形而上学の問題は互いに複雑に結び付き合っているため、最終的には、どれか個別のものだけを取り出して解決することは難しいからだ。[26] このような仕方で、縦方向と横方向の探究は互いを助け、結局のところ「この世界をよりよく知る」という目標において結びつく。どちらの方向に先に進むかは、もちろん読者次第だ。

[25] この点はすでに本章を読む中でも感じてもらえたかもしれない。たとえば、存在論（カテゴリー論）の多くの問題にかなり共通した点があるのは、【5-4 唯名論と質的同一性】の末尾で指摘したとおりだ。

[26] 序章の【0-2 形而上学的問題】を参照。その箇所では一例として、同一性、様相、因果性、自由といった問題領域が密接に結びついていることが指摘されていた。

おわりに

本書は、その名のとおり現代形而上学の入門書だ。形而上学というのは、二千年を超える哲学の伝統の中で脈々と受け継がれてきたとても由緒正しい分野の一つである。と、こんなふうに言うと過去の遺物であるかのようだが、実際のところ形而上学は、いまもなお世界中で非常に活発に研究が進められている。そしてそのことには、もちろんそれなりのわけがある。形而上学は、何と言っても面白いのだ。形而上学は、一見自明なことのうちに潜んでいるさまざまな問題をえぐり出して、私たちをはっとさせてくれる。しかもその問題は、世界のごく一般的な特徴に関わる壮大なものばかりであり、そうした問題を考えるためであれば、形而上学では想像力と論理の許すかぎり多彩な（ときにSF的な）道具立てがもちだされる。そしてもっとも大事なことは、とりわけ現代の研究ではそうであるように、形而上学の議論が、あくまで明晰かつ厳密な仕方で進められることである。私たちはそうすることで、伝統的な問いや議論を単になぞるだけでなく、自分自身で納得しながら一歩一歩進んでいくことができるのだ。

本書の執筆者たちも、こうした魅力をもった形而上学にたずさわっていることに心から喜びを感じているし、この喜びを多くの人と分かち合いたいと思っている。しかし形而上学は、なぜか日本ではまだあまりさかんでなく、初学者が読める日本語の入門書もほとんどない。だから、ときどきお勧めの本を聞かれても、すぐに英語の専門的な文献を挙げねばならなくなって、この分野から人を遠ざけることになってしまいがちだ。私たちは、このような状況を以前から歯がゆく思っていた。実際にやってみればこんなに楽しいのに、それが多くの人に知られずにいるのはもったいない。この楽しさを自分たちだけでこっそり味わっているのは何だか申し訳ない。もっと多くの人に形而上学の面白さをわかってもらい、さらに進んで学びたくなった人の手引きにもなるような、そんな本があればいいのに。——本書が生まれたのは、おおよそこんな思いからである。

現代形而上学の入門書がまだ日本に少ないこともあって、本書は、いろいろなタイプの読者にいろいろな仕方で読んでもらうことを想定している。まず想定されている読者は、大学生や大学院生だ。本書は、大学や大学院の授業用テキストとして、また独習用のテキストとしても使うことが可能なようにつくられている。（それぞれの章はおおむね独立しているので、授業で使う場合は、まず序章をみたあと時間数に合わせて残りの章をいくつか扱うことができるだろう）。また本書は、哲学の他分野や、隣接する領域の研究者にとっても役立つものとなることも目指した。とりわけ、「形而上学という伝統的な分野が最近また盛り上がっているようだが具体的にどんな議論がなされているのだろう」と気になっていた方にとって、本書は有益な情報源になるはずだ。そしてさらに、本書はより広い範囲の一般の読者にも向けられている。序章にもあるように、形而上学が扱うのは、私たちがこの世界の基礎的なあり方について深く考えてみようとするとき否応なく突き当たる（だからこそ伝統的に受け継がれてきた）問題である。そうした問題を考えることの楽しさが多くの人に伝わるよう、それぞれの章の冒頭部分では、なるべく日常的なことばを使って問題を導入するよう努めた。また、問題を考えるための基本的な道具や材料も、スペースの許す限りなるべく多く紹介するよう心がけた。

全体の章立てに関しては、現代形而上学で長らく論じられてきた標準的なトピックを中心にしつつも、近年注目を集めるようになったトピックも積極的に取り入れている。これによって、現代形而上学の現状についておおよその全体像をつかめるよう配慮したつもりである。またそれぞれの章を書く際には、初学者にもわかりやすい記述を心がけるのはもちろん、さまざまなところに散らばっている邦語文献の情報をとりまとめることにも留意した。現代形而上学に関連した日本語の文献は、一見それとわからない本の一部分として収められていたりすることもあって、いざ探そうとしてもいまいち見つけにくい状況にあったからである。もちろん、本書の中ですべてを紹介できたわけではないが、現代形而上学に関する文献を探す手引きとしても役立つものになったのではないかと思う。

最後に、本書が出版に至るまでにいろいろな形でお世話になった方々へ、感謝の言葉を述べさせていただきたい。本書の企画は、執筆者のひとりである鈴木がツイッター上で、ルーマン・フォーラム管理人の酒井泰斗さんと知り合い、酒井さんから新曜社の髙橋直樹さんを紹介してもらったことから始まった（もう三年近く前のことになる）。本書に誕生のきっかけを与えてくれた酒井さんに、まず心から感謝したい。また髙橋さんは、比較的若手の私たちに、現代形而上学を広めるまたとないチャンスを与えてくれたうえ、その後も丁寧な編集・校正作業によって支えてくれた。本書が、髙橋さんへの御恩に少しでも報いるものになっていることを祈る。さらに、柏端達也先生（慶應義塾大学）、斎藤慶典先生（慶應義塾大学）、成田和信先生（慶應義塾大学）からは、それぞれ本書の草稿の一部に対していくつもの啓発的なアドヴァイスをいただいた。また、池田誠、小草泰、笠木雅史、神原喬、木下頌子、金正旭、久保田さゆり、小林知恵、小山虎、高取正大、高橋優太、新川拓哉、山口尚、吉沢文武、の各氏からも、本書の内容の改善に役立つたくさんの建設的なコメントをいただいている。最終的な文責が私たちにあることは言うまでもないが、貴重なお時間を使って本書をよりよいものにすることをお手伝いいただいた以上の皆様に、心よりの感謝を申し上げたい。

執筆者一同

二〇一三年十二月

[1] は本書第8章がほぼ全面的に依拠するトマソンの著作。現代形而上学だけではなく、美学や文芸理論を勉強したい人にとっても興味深い内容をもつと思われる。[2] はそのトマソンが多くを負う、ポーランドの哲学者インガルデンによる音楽作品の存在論である。この著作はかの有名な『文学的芸術作品』の補遺として書かれたが、この短い論考の中にこそ、芸術作品の存在論のエッセンスが詰まっている。見過ごされやすい「小さな名著」を訳出した翻訳者に敬意を表したい。[3] は言わずと知れたサールによる社会存在論の書。本書では十分に扱うことのできなった制度的存在者についての詳しい分析を行なっている。ある種の対象が私たちの志向性に存在依存するということについて、深く考えたい人には一読の価値があろう。またこれに関連して、中山氏による社会存在論 [4] も同様にお薦めしたい。中山氏は他の一連の著作においてたびたび社会的・制度的存在者についての形而上学的考察を行なってきたが、同著作において、その考察は新たな展開を見せている。最後に [5] は近年出版された科学哲学に関する邦語文献の中で最も優れたものの一つである。植原氏は、その第4章において「人工物についての実在論」を精緻な仕方で展開している。残念ながら、[5] は本書の脱稿後に出版されたため、参考にはできなかったが、「人工物の存在論」に関心をもつ者にとっての必読文献であろう。

題的に論じられている（[2] で挙げたサイモンズ論文もそこで批判的に取り上げられている）。[5] は、各分野の重要論文を収めた論文集。第 II 部が個物の問題に当てられており、普遍者の束説に反対する M. ブラックの古典的論文などが収められている。

第 7 章　存在依存

[1] E. J. Lowe, *The Possibility of Metaphysics: Substance, Identity, and Time*, Oxford University Press, 1998.

[2] E. J. Lowe, "Ontological Dependence," in E. N. Zalta (ed.), *The Stanford Encyclopedia of Philosophy*, Available at: http://plato.stanford.edu/entries/dependence-ontological/

[3] P. Simons, *Parts: A Study in Ontology*, Oxford University Press, 1987.

[4] B. Smith (ed.), *Parts and Moments: Studies in Logic and Formal Ontology*, Philosophia Verlag, 1982.

[5] 加地大介『穴と境界 ―― 存在論的探求』、春秋社、二〇〇八年

[1] は現代形而上学をリードするイギリスの哲学者ロウの好著。この著作の第 6 章「実体と依存」は本書が扱った存在依存をさらに詳しく論じている。[2] は同じ著者によるスタンフォード哲学事典の項目である（web 上の事典）。[1] よりも多少読みやすいかもしれない。[3] はサイモンズによるメレオロジーの大著。とりわけこの著作の第 8 章「存在論的依存」は参考になる。ただし、それほど簡単に読める本ではない。[4] はスミスが編集した存在依存とメレオロジーについての論文集。コラムでも紹介したように、フッサール哲学を含む「オーストリア哲学」と現代形而上学との深い結びつきを明らかにした画期的な論集でもある。[5] は日本を代表する現代形而上学者である加地氏による話題作である。本書では扱うことのできなかった、穴や境界といった「マイナー存在者」を依存的対象として捉える見方も紹介されている。

第 8 章　人工物の存在論：カテゴリーと存在依存

[1] A. L. Thomasson, *Fiction and Metaphysics*, Cambridge University Press, 1999.

[2] ローマン・インガルデン『音楽作品とその同一性の問題』、安川昱訳、関西大学出版部、二〇〇〇年

[3] J. Searle, *The Construction of Social Reality*, The Free Press, 1995.

[4] 中山康雄『規範とゲーム ―― 社会の哲学入門』、勁草書房、二〇一一年

[5] 植原亮『実在論と知識の自然化 ―― 自然種の一般理論とその応用』、勁草書房、二〇一三年

Trope Theory, Garland, 1999.
［5］山内志朗『普遍論争――近代の源流としての』、平凡社、二〇〇八年
［6］中山康雄『現代唯名論の構築――歴史の哲学への応用』、春秋社、二〇〇九年

［1］はこの分野の第一人者による優れた入門書。現代の普遍論争について日本語で何か一冊と言われればこれを勧めたい。［2］は、［1］と並んで英語圏で標準的な入門書。コンパクトながら、それぞれの立場と問題点がかなり突っ込んで論じられている。［3］と［4］はどちらも、この分野の主要論文が集められた論文集。フレーゲ、ラッセルに始まり、クワイン、アームストロング、ルイスといった論者たちの古典的論文が収められている。どちらの本にも編者によるイントロダクションが付されていて参考になる。［5］は、中世哲学における普遍論争が本来どのようなものだったかを、近世以降の図式的な整理を問い直しつつ明らかにしようとする野心作。［6］は、メレオロジーという道具立てを用いて多元的言語論を展開し、それを歴史の哲学に応用しようとする著作。同書でいう「唯名論」は本書でいうそれと完全に重なるものではないが、形而上学的な枠組みを具体的問題に応用する独自の試みが繰り広げられている。

第6章　個物

［1］M. Loux, *Metaphysics: A Contemporary Introduction, Third edition*, Routledge, 2006.
［2］ピーター・サイモンズ、「個別の衣をまとった個別者たち」、柏端達也、青山拓央、谷川卓編訳、『現代形而上学論文集』、勁草書房、二〇〇六年所収
［3］三上真司『もの・言葉・思考――形而上学と論理』、東信堂、二〇〇七年
［4］A-S. Maurin, *If Tropes*, Kluwer Academic Publishers, 2002.
［5］M. Loux（ed.）, *Metaphysics: Contemporary Readings*, Routledge, 2001.

［1］は定評のある形而上学の入門書。同書の第3章では、個物の存在論的還元についてのまとまった議論が丁寧に展開されており、本書で取り上げられなかった「新アリストテレス主義」についても概観されている。（なお、同書は形而上学一般の入門書で、普遍や様相、因果性、時間といった他の問題領域についての優れた解説も含んでいる。）［2］は、この問題領域でいまや古典的となった重要論文。トロープの束説が独自の仕方で展開・擁護されている。［3］は、論理学の道具立てを用いつつ形而上学的問題を明晰に論じようとする著作。特に第1章では、基体説と束説の対立が詳しく論じられている。［4］は、トロープ一元論を精力的に擁護しようとする著作で、個物の問題は第6章で主

となったが、それに対してルイスは一冊の本を書いて可能主義を擁護することを試みた。それが［6］である。［7］は可能世界論についての古典的な重要論文が収められたアンソロジー。いま読んでも刺激的な論文ばかりである。

第 4 章　因果性

［1］ドナルド・デイヴィドソン、『行為と出来事』、服部裕幸、柴田正良訳、勁草書房、一九九〇年
［2］柏端達也、「出来事と因果 ── デイヴィドソン以後」、『岩波講座 哲学 2：形而上学の現在』、岩波書店、二〇〇八年所収
［3］柏端達也、『行為と出来事の存在論 ── デイヴィドソン的視点から』、勁草書房、一九九七年
［4］一ノ瀬正樹、『原因と結果の迷宮』、勁草書房、二〇〇一年
［5］E. Sosa and M. Tooley（eds.）, *Causation*, Oxford University Press, 1993.
［6］H. Beebee, C. Hitchcock and P. Menzies（eds.）, *The Oxford Handbook of Causation*, Oxford University Press, 2009.

現代を代表する哲学者の一人であるデイヴィドソンは、因果性に関しても重要な仕事を残した。とりわけ注目されるのは、因果関係に立つ出来事とはどういう存在者なのかをめぐる考察である。その話題を扱った論文「因果関係」は、［1］に所収されている（［1］には因果性と密接に関連する話題を扱った論文が収められている）。デイヴィドソンの因果論がその後どのような影響を与えたかについては、［2］が詳しい。また、デイヴィドソンの出来事論（と行為論）を整理しつつ、その擁護と展開を試みた本として［3］も紹介しておく。［4］は、ヒュームの哲学を背景にしながらも独自の因果論が展開されている本。逆向き因果や確率的因果など、本書では扱えなかった話題について知ることもできる。また、英語の本だが、［5］のアンソロジーには古典的な重要論文が収められている。因果性の哲学に興味をもったらぜひ読んでほしい。本書でも触れたルイスやアンスコムの論文などを読むことができる。さらに進んで因果性の哲学をめぐる最新の議論状況を知りたければ、［6］が役に立つ。

第 5 章　普遍

［1］デイヴィッド・マレット・アームストロング『現代普遍論争入門』、秋葉剛史訳、春秋社、二〇一三年
［2］J. P. Moreland, *Universals*, McGill-Queen's University Press, 2001.
［3］D. H. Mellor and A. Oliver（eds.）, *Properties*, Oxford University Press, 1997.
［4］M. Tooley（ed.）*The Nature of Properties: Nominalism, Realism, and*

2003.
[7] R. Kane (ed.), *Oxford Handbook of Free Will*, Second Edition, Oxford University Press, 2011.

[1] はコンパクトながら、第2章よりさらに進んだ内容を含んでいる。[2] は、自由や行為の問題に関する最重要論文を集めて翻訳したアンソロジー。第2章で論じられたストローソン、ヴァン・インワーゲン、フランクファートの重要論文をすべて含んでいるだけでなく、解説や文献案内も詳しい。[3] は、両立論者の立場から自由と責任の問題を明快に論じた単著。本書を読んでフランクファートの議論に関心をもった読者にはとくに強く推奨する。[4] は、自由と決定論の問題についてのわかりやすい教科書。[5] は、対立した立場に立つ四人の哲学者が論争するというユニークな試みであり、現代の議論状況を知るためにも最適である。[6] はこの問題に関する重要論文を集めたアンソロジー。最新の議論動向についてより包括的に知るためには、[7] が優れている。

第3章　様相

[1] 飯田隆『言語哲学大全Ⅱ —— 意味と様相（上）』、勁草書房、一九八九年
[2] 飯田隆『言語哲学大全Ⅲ —— 意味と様相（下）』、勁草書房、一九九五年
[3] 三浦俊彦『可能世界の哲学 ——「存在」と「自己」を考える』、日本放送出版協会、一九九七年
[4] ソール・クリプキ『名指しと必然性 —— 様相の形而上学と心身問題』、八木沢敬、野家啓一訳、一九八五年
[5] デイヴィッド・ルイス『反事実的条件法』、吉満昭宏訳、勁草書房、二〇〇七年
[6] デイヴィッド・ルイス『世界の複数性について』、出口康夫監訳、佐金武、小山虎、海田大輔、山口尚訳、二〇一六年、名古屋大学出版会
[7] M. Loux, (ed.), *The Possible and the Actual*, Cornell University Press, 1979.

様相の哲学を学ぼうと思ったら、[1] と [2] はぜひ読んでもらいたい。とりわけ本書でも中心的に取り上げた可能世界をめぐる議論について理解を深めたければ、[2] は必読。様相論理について詳しい説明があるのも嬉しい。ただし、そのぶん論理学的に高度でもある。そこで、[2] ほどは論理学の道具立てを使わずに可能世界をめぐる議論を紹介した本として、[3] を紹介しておこう。[4] はその後の分析哲学にとても大きな影響を与えた著作。その議論の射程は形而上学だけでなく、言語哲学や心の哲学などにも及ぶ。ルイスは、[5] の第4章で可能主義の立場を擁護している。可能主義に賛成するかどうかはともかく、一度は目を通しておきたい。なお、そこで表明された見解は批判の的

性』、寺中平治訳、産業図書、一九八六年
［2］シドニー・シューメイカー『自己知と自己同一性』、菅豊彦、浜渦辰二訳、勁草書房、一九八九年
［3］デレク・パーフィット『理由と人格——非人格性の倫理へ』、森村進訳、勁草書房、一九九八年
［4］セオドア・サイダー『四次元主義の哲学——持続と時間の存在論』、中山康雄監訳、小山虎、斎藤暢人、鈴木生郎訳、春秋社、二〇〇七年
［5］J. Perry, *A Dialogue on Personal Identity and Immortality*, Hackett Publishing, 1978.
［6］H. Noonan, *Personal Identity*, Second Edition, Routledge, 2003.
［7］J. Perry, *Personal Identity*, University of California Press, 1975.
［8］R. Martin and J. Barresi (eds.), *Personal Identity*, Blackwell, 2003.

［1］は、心理説を擁護するシューメイカーと（【1-5】の注［4］で触れられた）単純説を擁護するスウィンバーンとの論争を収めた刺激的な著作。［2］はそのシューメイカーの単著である。ただし、翻訳の出版順序とは異なり、［2］の原著が［1］よりずっと早い時期に書かれていること（［2］の初版の出版は一九六三年、［1］は一九八四年）と、シューメイカーが［2］と［1］の間に大きく立場を変えていることに注意。［3］はパーフィットによる記念碑的な著作であり、人の同一性の問題だけでなく倫理学にも大きな影響を与えた。分厚いので読み通すのは大変だが、文句なしに面白い。［4］は、通時的同一性についての理論的枠組みである「四次元主義」を体系的に擁護した著作。同一性についてより深く考察したい人に薦めたい。［5］は対話篇の形式で書かれた、人の同一性の問題についての優れた入門書。［6］は現代的な教科書であり、内容はやや高度。［7］は古典的な重要論文を集めたアンソロジーであり、［8］は現代版アンソロジーである。

第２章　自由と決定論

［1］美濃正「決定論と自由」、『岩波講座哲学２：形而上学の現在』、岩波書店、二〇〇八年所収
［2］門脇俊介、野矢茂樹編・監修『自由と行為の哲学』、春秋社、二〇一〇年
［3］成田和信『責任と自由』、勁草書房、二〇〇四年
［4］R. Kane, *A Contemporary Introduction to Free Will*, Oxford University Press, 2005.
［5］J. M. Fischer, R. Kane, D. Pereboom and M. Vargas, *Four Views on Free Will*, Blackwell, 2007.
［6］G. Watson (ed.), *Free Will*, Second Edition, Oxford University Press,

現代形而上学をさらに学ぶための文献案内

ここでは、現代形而上学に関する重要文献を紹介する。現代形而上学の研究は日本でも増えつつあるが、残念ながら現段階では十分な数の日本語の文献があるとは言いがたい。そのため以下では、比較的利用しやすく重要な英語文献も合わせて挙げている。

現代形而上学全般に関する文献

［1］アール・コニー、セオドア・サイダー『形而上学レッスン ── 存在・時間・自由をめぐる哲学ガイド』、小山虎訳、春秋社、二〇〇九年

［2］デイヴィド・ルイスほか『現代形而上学論文集』、柏端達也、青山拓央、谷川卓編訳、勁草書房、二〇〇六年

［3］S. Munford, *Metaphysics: A Very Short Introduction*, Oxford University Press, 2012.

［4］E. J. Lowe, *A Survey of Metaphysics*, Oxford University Press, 2002.

［5］H. Beebee and J. Dodd, *Reading Metaphysics: Selected Text with Interactive Commentary*, Blackwell, 2007.

［6］M. J. Loux and D. W. Zimmerman, *The Oxford Handbook of Metaphysics*, Oxford University Press, 2003.

［1］は現代形而上学に関する入門書の翻訳。本書と共通の話題が数多く論じられているため、合わせて読むことでより理解を深められるだろう。［2］は、現代形而上学の最新の論文を集めた翻訳論文集。やや専門的なものではあるが、優れた議論に触れることができる。［3］は、短くわかりやすい現代形而上学の入門書。英語の文献に初挑戦するとしたら、第一候補になるだろう。［4］はレベルの高い教科書。基本的なトピックについてさらに突っ込んだ理解を得ることができる。［5］は、編者によるコメンタリー付きのアンソロジー。重要論文が含まれているだけでなく、その読み方を学ぶことができるため、独習にも向いている。［6］は、現代形而上学の重要論点に関する解説を集めたハンドブック。内容は高度だが有益である。さらに、スタンフォード大学がオンラインで一般公開している『スタンフォード哲学事典（Stanford Encyclopedia of Philosophy）』には、現代形而上学に関する多数の項目が含まれている。最新の議論状況や文献を調べるためにとても便利なので、ぜひ活用してほしい。

第１章　人の同一性

［1］シドニー・シューメイカー、リチャード・スウィンバーン『人格の同一

■ま行

■や行

■ら行

■た行

■な行

■は行

事項索引

■た行

■な行

■は行

■ま行

人名索引

著者紹介

鈴木生郎（すずき・いくろう）

1978年生まれ。慶應義塾大学文学研究科後期博士課程単位取得退学。現在は日本大学文理学部准教授。専門は現代形而上学（同一性，時間）および関連する倫理的問題（死の害や人生の価値）。主要論文に「四次元主義と三次元主義は何についての対立なのか」（『科学基礎論研究』，44(1&2)，2017年），「死の害の形而上学」（『科学基礎論研究』，39(1)，2011年），訳書に，T・サイダー『四次元主義の哲学』（共訳，春秋社，2007年），W. G. ライカン『言語哲学』（共訳，勁草書房，2005年）などがある。

担当章：序章・第1章・第2章

秋葉剛史（あきば・たけし）

1978年生まれ。慶應義塾大学大学院文学研究科後期博士課程修了。博士（哲学）。現在は千葉大学文学部准教授。専門は現代形而上学，初期現象学，現代倫理学。主な著書・論文に『真理から存在へ―〈真にするもの〉の形而上学』（春秋社，2014年），「性質間の実現関係と特殊科学の自律性」（『科学基礎論研究』，49，2022年），「道徳的真理・ミニマリズム・非認知主義」（『倫理学年報』，67，2018年），訳書にD. M. アームストロング『現代普遍論争入門』（春秋社，2013年）などがある。

担当章：第5章・第6章・終章

谷川　卓（たにかわ・たく）

1979年生まれ。千葉大学大学院自然科学研究科博士後期課程修了。博士（学術）。現在は高崎経済大学経済学部准教授。専門は現代形而上学（とくに因果論と様相論）。主な著書・論文に「出来事の不生起と因果連鎖」（『科学基礎論研究』，37(2)，2010年），「因果的先回りケースにおける原因と結果」（『科学哲学』，38(2)，2005年），『情報倫理入門』（共著，アイ・ケイコーポレーション，2012年），訳書に『現代形而上学論文集』（共編訳，勁草書房，2006年）などがある。

担当章：第3章・第4章

倉田　剛（くらた・つよし）

1970年生まれ。東京大学大学院人文社会系研究科博士課程修了。博士（文学）。現在は九州大学大学院人文科学研究院教授。専門はオーストリア哲学，現代存在論。主な著書に『論証の教室〔入門編〕―インフォーマル・ロジックへの誘い』（新曜社，2022年），『現代存在論講義Ⅰ―ファンダメンタルズ』，『現代存在論講義Ⅱ―物質的対象・種・虚構』（ともに新曜社，2017年），『日常世界を哲学する―存在論からのアプローチ』（光文社新書，2019年）などがある。

担当章：第7章・第8章

新曜社
ワードマップ
現代形而上学
分析哲学が問う，人・因果・存在の謎

初版第 1 刷発行　2014 年 2 月 21 日
初版第 7 刷発行　2024 年 6 月 21 日

著　者　鈴木生郎・秋葉剛史
　　　　谷川　卓・倉田　剛
発行者　塩浦　暲
発行所　株式会社　新曜社
〒 101-0051　東京都千代田区神田神保町 3-9
電話（03）3264-4973（代）・FAX（03）3239-2958
E-mail：info@shin-yo-sha.co.jp
URL：http://www.shin-yo-sha.co.jp/
印　刷　長野印刷商工㈱
製　本　積信堂

ISBN978-4-7885-1366-2　C1010